An Introduction to English Education in Elementary School

新編 小学校英語教育法入門

樋口忠彦(代表)・加賀田哲也・
泉惠美子・衣笠知子 [編著]

研究社

はしがき

　小学校の外国語教育は世界のほとんどの国で実施されており、開始学年の低学年化が進んでいます。これは、加速度的に進展するグローバル化への対応策のひとつであると言ってよいでしょう。それと同時に、小学生は異言語や異文化に心が開き、柔軟な適応力を備えており、小学生の段階は、

① 異言語や異文化を理解し、それらを持つ人々とともに生きていく資質や能力、

② 外国語で相手の考えや気持ちを理解したり、自分の考えや気持ちを伝えたりするコミュニケーション能力

の「土台づくり」に適しているからにほかなりません。今回の学習指導要領改訂のねらいも、おおむねこのあたりにあります。

　さて、新学習指導要領は 2018 年、2019 年度の 2 年間の移行期を経て、2020 年度から全面実施されます。授業は、中学年の外国語活動も高学年の外国語科も担任と ALT 等とのティームティーチングが中心です。担任は、グローバル化時代を逞しく生きる市民に必要な、上述のような資質や能力の土台づくりのために、ALT 等と協力して、児童に豊かな外国語教育を与えるという大切な役割を担います。これから小学校教員として活躍しようとする学生諸君は、外国語教育の目的や目標、指導内容や方法、評価方法等についてしっかり学習しておくことが必要です。

　本書は、このような学生諸君のために刊行し、ご好評を賜った『小学校英語教育法入門』の新学習指導要領に準拠した改訂版です。本書編集の基本方針、言い換えれば本書の特色は、旧版と同様、次の 4 点です。

① 外国語教育に携わる者が知っておきたい基本的知識、身につけておきたい基本的な指導技術、絶えず問題意識を持って考えてもらいたい諸問題について、簡潔かつ具体的に示す。

② 外国語教育について学んだことを、他の学生を児童に見立て、マイクロティーチング形式で実際に試してみることが可能な内容とする。

③ 各章末に 2 題ずつ学習課題を設定する。ひとつは、各章の内容の理

解度を確認する課題、もうひとつは、課題について各自で考え、必要に応じて参考図書等で調べ、創意工夫を凝らしてまとめ、レポートにしたり、発表したり、ペアやグループで話し合ったりする課題とする。このような問題解決型の課題を通して、外国語の授業に主体的に取り組む姿勢の形成に役立てる。

④　半期15週用の教科書であるが、学生諸君による模擬授業の実施が可能になるよう14章構成とする。なお、例えば、4章「教材の構成と内容」と6章「言語材料と4技能の指導」、あるいは相互に関係の深い他の2つの章を組み合わせて1回の授業で扱うことにより、模擬授業を2回あるいは3回計画することを可能にする。

　以上のような編集方針を具体的な形にするために、執筆者は、小学校英語教育の分野で理論、実践の両面に精通し、かつ、現在、教員養成大学や学部で「小学校英語教育法」関係の授業を担当されている方、および公立小学校の外国語教育において先導的な役割を果たしすばらしい成果をあげておられる方に依頼し、玉稿をお寄せいただきました。

　なお、本書は、これから小学校の教壇に立つ学生諸君のために刊行しましたが、小・中学校の先生方にとっても非常に有益な書であり、ぜひ役立てていただきたいと思います。

　小学校の先生方には、よりよい外国語教育を展開する視点やヒントを得る自己研鑽に活用したり、職場や地域の小学校の先生方との研究会や輪読会のテキストとして利用されるのもよいでしょう。

　中学校の先生方には、小学校の外国語教育を正しく理解し、小・中の接続や連携について計画し、実践する糧になるでしょう。

　最後に、本書刊行の機会を与えていただいた株式会社研究社にお礼を申し上げたいと思います。とりわけ、書籍編集部の津田正氏には本書の企画段階から刊行に至るまで、松本千晶氏には編集段階で、貴重なご助言とご配慮を賜りました。両氏に心よりお礼を申し上げておきます。

2017年10月

編著者代表　樋口忠彦

目　　次

はしがき……………………………………………………………… iii

1章　外国語教育の目的と目標

1節　外国語教育の教科化の経緯と目的、理念 ………………… 2

2節　学習指導要領における外国語活動、外国語科の目標……… 5

　1．外国語活動、外国語科の目標 ……………………………… 5

　2．育成を目指す資質・能力の三つの柱と指導上の留意点 …… 7

3節　小・中・高の外国語教育における小学校の役割…………… 9

　1．小・中・高の外国語教育の目標 …………………………… 9

　2．小・中・高の領域別目標…………………………………… 10

4節　小学校の外国語は英語が原則である理由 ………………… 11

5節　諸外国の小学校外国語教育——共通点と相違点 ………… 12

2章　関連分野からみる外国語教育の意義と方向性

1節　母語習得と第二言語習得 ………………………………… 16

　1．母語習得研究 ………………………………………………… 16

　2．第二言語習得研究…………………………………………… 19

2節　神経言語学と臨界期仮説 ………………………………… 21

　1．脳の働き ……………………………………………………… 21

　2．臨界期仮説 …………………………………………………… 22

3節　発達心理学と学習者要因 ………………………………… 23

　1．発達心理学 …………………………………………………… 23

　2．学習者要因 …………………………………………………… 24

4節　コミュニケーション能力 ………………………………… 24

5節　国際教育、国際理解教育、

　　　および異文化間コミュニケーション ……………………… 25

COLUMN ❶　児童の発達段階に即した授業づくり…………… 27

3章 指導者の役割、資質と研修——よりよい指導者をめざして

1節 指導者と指導形態 …………………………………………………… 28

  1. 日本の現状 ………………………………………………………… 28

  2. 諸外国の現状 ……………………………………………………… 29

  3. 質の高い授業づくりをめざして ………………………………… 29

2節 指導者の役割——担任の役割を中心に ………………………… 30

3節 指導者に求められる資質と能力 ………………………………… 31

4節 よりよい指導者をめざす ………………………………………… 34

  1. 自己研修 …………………………………………………………… 34

  2. 校内研修会 ………………………………………………………… 35

  3. 外部機関による研修会 …………………………………………… 36

COLUMN ❷ 指導者に求められる資質と能力
         ——ファシリテーターとしての教師 ……………………… 40

4章 教材の構成と内容

1節 教材の役割と使用法 ……………………………………………… 41

2節 教材・テキスト作成の基本方針 ………………………………… 41

  1. 文法・構造シラバス ……………………………………………… 42

  2. 題材（話題・場面）シラバス …………………………………… 42

  3. 概念・機能シラバス ……………………………………………… 42

  4. タスクシラバス …………………………………………………… 43

3節 日本で使用されるテキストの構成と内容 ……………………… 43

  1. 第3・4学年外国語活動年間指導計画例 ……………………… 44

  2. 第5・6学年外国語年間指導計画例 …………………………… 46

4節 韓国、台湾のテキストの内容と構成 …………………………… 54

  1. 韓　国 ……………………………………………………………… 54

  2. 台　湾 ……………………………………………………………… 56

5章 指導目標、領域別目標、年間指導計画の立て方と具体例

1節 指導目標、領域別目標、年間指導計画の設定にあたって … 60

  1. 学習指導要領改訂の基本的な考え方 …………………………… 60

  2. 国際理解教育の目標 ……………………………………………… 61

3. 学習指導要領における外国語活動・外国語科の目標と領域別目標… 62
4. 地域や学校の条件 …………………………………………………… 63
2節 指導目標および領域別目標の具体例 ……………………………… 64
1. 指導目標の具体例——京都教育大学附属京都小中学校 ………… 64
2. 領域別目標の具体例——岐阜県大垣市立小野小学校 …………… 65
3節 年間指導計画の立て方……………………………………………… 68
1. 作成者と作成の手順 ………………………………………………… 68
2. 指導内容選択の視点 ………………………………………………… 69
4節 年間指導計画の具体例——京都教育大学附属京都小中学校… 71

6章 言語材料と4技能の指導
1節 外国語活動・外国語科の言語材料…………………………………… 74
2節 4技能の指導 ……………………………………………………… 75
1. 聞くこと ……………………………………………………………… 75
2. 話すこと ……………………………………………………………… 78
3. 読むこと、書くこと（リテラシー）の指導………………………… 80

7章 教材研究①——児童が英語に楽しく触れ、慣れ親しむ活動
1節 望ましい活動の条件と活動の選択、開発の視点…………… 84
2節 活動の具体例 ……………………………………………………… 85
1. うた、チャンツ、ライム ………………………………………… 85
2. クイズ………………………………………………………………… 91
3. ゲーム ………………………………………………………………… 93
4. 絵 本 ………………………………………………………………… 97
COLUMN ❸ 児童の興味・関心を引きつける活動の工夫……………… 102

8章 教材研究②——児童が創意工夫し、生き生きと英語を使う活動
1節 望ましい活動の条件と改善・開発の視点 …………………… 103
1. 望ましい活動の条件 ……………………………………………… 103
2. 改善・開発の視点 ………………………………………………… 103
2節 創意工夫し、英語を生き生きと使う活動 …………………… 104
1. コミュニケーション・自己表現活動 …………………………… 104
2. 国際理解活動 ……………………………………………………… 112

3．　プロジェクト活動･･ 114
　4．　国際交流活動 ･･ 118
COLUMN ❹　児童が生き生きと英語を使う活動とは？････････････ 122

9章　指導方法と指導技術

1節　外国語の授業で活用できる指導法･････････････････････････････ 123
　1．　Communicative Language Teaching (CLT, 伝達中心の指導法)･･･ 123
　2．　The Natural Approach (ナチュラル・アプローチ) ･････････ 125
　3．　Content-Based Instruction (CBI, 内容中心の指導法)･･･････ 126
　4．　Content and Language Integrated Learning
　　　(CLIL, 内容言語統合型学習) ･･････････････････････････････ 127
　5．　Task-Based Language Teaching (TBLT, タスク中心の指導法)･･･ 129
　6．　Total Physical Response (TPR, 全身反応指導法) ････････ 130
2節　児童に合った望ましい指導法とは ･･････････････････････････ 131
　1．　発達段階と学習段階 ･････････････････････････････････････ 131
　2．　授業時数 ･･･ 132
　3．　学習者の特性 ･･･ 132
　4．　母語の役割 ･･･ 132
3節　外国語の授業で活用したい指導技術 ･････････････････････････ 133
　1．　アクティブ・ラーニング (AL) と協働学習････････････････ 133
　2．　発問、指名の方法･･･ 134
　3．　活動形態 ･･･ 135
4節　指導形態に応じた円滑な授業実践のために大切なこと･･･ 137
　1．　単独授業、ティームティーチングに共通する大切なこと ････････ 137
　2．　学級担任による単独授業で大切なこと････････････････････ 137
　3．　ティームティーチングで大切なこと ････････････････････ 137

10章　いろいろな教材、教具の活用法

1節　教材、教具の選定の視点 ････････････････････････････････････ 139
　1．　視点①──音声や基本的な表現に慣れ親しませる･･･････････ 140
　2．　視点②──主体的にコミュニケーションを図ろうとする態度の育成･･ 141
　3．　視点③──異文化について理解を深める ･････････････････ 143
2節　教材、教具、機器の活用法と作成方法･････････････････････ 144

1.　実物、模型、写真、パペットなど ………………………… 144
　　2.　絵カード ………………………………………………… 146
　　3.　マルチメディア教材——CD, DVD, PC, タブレットなど ……… 148
　3節　教材、教具、機器利用上の留意点 ………………………… 149

11章　評価のあり方、進め方
　1節　評価とは ……………………………………………………… 151
　2節　評価方法 ……………………………………………………… 152
　3節　評価の観点と望ましい評価のあり方 …………………… 153
　4節　さまざまな評価方法と進め方 …………………………… 155
　　1.　児童の発表や行動の観察による評価 ………………… 157
　　2.　自己評価 ………………………………………………… 158
　　3.　パフォーマンス評価 …………………………………… 159
　　4.　ポートフォリオ評価 …………………………………… 160
　　5.　その他の評価方法 ……………………………………… 162
　5節　評価の活かし方と留意点 ………………………………… 162
　COLUMN ❺　児童を育てる相互評価と自己評価 ………………… 164

12章　授業過程と学習指導案の作り方
　1節　授業過程——各授業過程の役割と必要な活動 ………… 165
　　1.　授業過程 ………………………………………………… 165
　　2.　各授業過程の役割と必要な活動 ……………………… 167
　2節　学習指導案の構成と作り方 ……………………………… 169
　　1.　学習指導案の構成と内容 ……………………………… 169
　　2.　本時の展開の内容と書き方 …………………………… 171
　3節　学習指導案の具体例 ……………………………………… 172
　　学習指導案①——Let's Try! 2 を創造的に活用した学習指導案 ……… 173
　　学習指導案②——コミュニケーション能力の育成を目指した学習指導案… 178
　4節　学習指導案の活用 ………………………………………… 184

13章　授業づくり——事前準備から振り返りまで
　1節　授業前の準備 ……………………………………………… 186
　　1.　単元における本時の位置づけの明確化 ……………… 187

2. 教材研究 ··· 188
3. 学習指導案（本時の展開部分）の作成 ··························· 190
4. 単元の評価を行う活動と評価方法の検討 ····················· 191
5. 視聴覚教材、教具、ICT 教材の準備 ························· 191
6. 振り返りカード、ワークシートの作成 ························· 191
7. 教室環境の整備 ·· 191
8. ALT や特別非常勤講師等の外部講師との打ち合わせ ········ 192
2 節　授業中の留意点 ·· 192
1. 授業過程全体に共通する留意点 ································· 192
2. 各授業過程における留意点 ······································ 194
3 節　授業後の振り返り ··· 195
1. 振り返りの方法 ·· 196
2. 振り返りの内容 ·· 197
3. 振り返りの活用 ·· 198
COLUMN ❻　授業づくりのコツ——3 つの共有と PDCA サイクル····· 199

14章　豊かな小学校外国語教育をめざして
——外国語活動の成果と課題を踏まえて

1 節　外国語活動の成果と課題 ··· 200
1. 外国語活動の成果 ··· 200
2. 外国語活動の課題 ··· 201
2 節　小学校外国語教育の課題と改善策 ······························ 202
1. 指導者と指導体制 ··· 202
2. 高学年の時間割編成——短時間授業と長時間授業の活用法····· 205
3. 読むこと、書くこと（リテラシー）の指導 ····················· 206
4. 小・中の接続・連携 ·· 207
5. 教育予算 ··· 208

資料①　教室英語 ··· 211
資料②　小学校学習指導要領　「外国語」··························· 216
参考文献 ··· 228
索　引 ··· 233

新　編

小学校英語教育法入門

1章 外国語教育の目的と目標

　2017 年告示の新学習指導要領において第 3, 第 4 学年に外国語活動、第 5, 第 6 学年に外国語科が導入された。新学習指導要領は、2018, 2019 年度の移行期を経て、2020 年度から全面実施される。本章では、まず今回の外国語の教科化に至るまでの経緯をたどり、外国語活動および外国語科の目的や理念、目標について考えるとともに、小・中・高の外国語教育における小学校の役割について考える。次に、小・中において「外国語は英語を原則」とする理由について検討し、最後に、我が国の小学校外国語教育の現状を客観的に把握するために、諸外国の小学校における外国語教育を概観する。

1節　外国語教育の教科化の経緯と目的、理念

　我が国の公立小学校における英語教育の歴史は古い。1872 年に学制が制定され、小学校は 4 年制の下等小学校（後に尋常小学校）と 4 年制の上等小学校（後に高等小学校）からなり、上等小学校では地域の実態等によって、「加設科目」として英語科を加えることが可能とされた。しかし、1907 年度から尋常小学校が 4 年間から 6 年間に延長され、高等小学校の生徒は現在の中学生の年齢にあたるようになり、実質的には小学校から英語が姿を消したことになる。以後、2002 年に「総合的な学習の時間」で国際理解教育の一環として外国語会話等が行われるようになるまで、およそ 100 年間、公立小学校で英語・外国語教育は実施されてこなかったのである。では、外国語はどのような経緯で教科化されたのであろうか。以下、文部省や文部科学省（以下、文科省）関係の審議会等の答申や報告を中心にたどってみたい。

●外国語教科化の経緯

1986 年	臨時教育審議会答申：英語教育改革の一環として小学校への英語教育の導入について検討を提言。
1992 年	大阪市立真田山小学校、味原小学校および大阪市立高津中学校の 3 校を研究開発校に指定。研究テーマ「英語学習を含む国際理解教育」。
1993 年	外国語教育改善に関する調査研究協力者会議報告：児童は外国語の習得にはきわめて適しているが、小学校段階で教科として導入するには解決しなければならない課題が多い、と推進論、慎重論の両論併記。また国語力の増進の方策についても提言。 　　*文部省は、1993 年度に 2 校、1994 年度に 12 校、1996 年度には 34 校を研究開発学校に指定。
1996 年	第 15 期中央教育審議会答申：地域や学校の実態に応じ、国際理解教育の一環として、「総合的な学習の時間」や特別活動などの時間において、外国語会話等の導入を答申。
1998 年	学習指導要領告示（2002 年度から施行）。「総合的な学習の時間」の国際理解における外国語学習に関わる内容：国際理解に関する学習の一環としての外国語会話等を行うときは、学校の実態等に応じ、児童が外国語に触れたり、外国の生活や文化などに慣れ親しんだりするなど小学校段階にふさわしい体験的な学習が行われるようにすること。
2001 年	文部科学省『小学校英語活動実践の手引き』刊行：小学校では身近な、簡単な会話を聞いたり話したりする体験的な活動が中心になるので、「総合的な学習の時間」で扱う英会話を「英語活動」と呼ぶ。 　　*英語活動実施校は、2003 年度は 88％, 2005 年度は 94％, 2007 年度は 97％, 2009 年度は 99％（文部科学省）。
2006 年	第 16 期中央教育審議会外国語専門部会審議のまとめ：次の 3 つの観点から小学校英語教育の充実を提言。 　1）　小学生の柔軟な適応力を生かすことによる英語力の向上 　2）　グローバル化の進展への対応 　3）　教育の機会均等の確保 　また小学校英語教育の目標については、英語のスキルの向上を目標とするより、英語を用いて、言語や文化に対する理解、積極的にコミュニケーションを図ろうとする態度、国際理解を深めることを目標とすることを提言。
2008 年	第 16 期中央教育審議会答申：上記の外国語専門部会の提言を踏まえ、以下の答申をした。 　1）　外国語活動を第 5, 第 6 学年で必修とするが、教科とせず領域として位置づける。 　2）　年間 35 単位時間、週 1 コマとする。 　3）　総合的な学習の時間の場合と異なり、国として外国語活動の目標や内容を示す。

	4) 教科のような数値的な評価はしない。
	5) 外国語は原則として英語とする。
2008 年	学習指導要領告示 (2011 年度から施行)。 学習指導要領・外国語活動の目標については 2 節参照。
2009 年	共通教材『英語ノート』発行、配布 (2011 年に *Hi, friends!* (『英語ノート』の改訂版) の発行、配布)。
2013 年	文部科学省「グローバル化に対応した英語教育改革実施計画」発表: 教育再生実行会議の提言を受け、小学校外国語教育の拡充策を提案。 ・中学年: 外国語活動、週 1〜2 コマ、高学年: 週 3 コマ (1 コマは 45 分、高学年の 3 コマのうち 1 コマは 15 分の短時間授業として週 3 回実施)。
2014 年	英語教育の在り方に関する有識者会議報告: 今後の英語教育の改善・充実策として、小・中・高の英語教育において、「英語を使って何ができるか」という観点から一貫した目標を示すこと、および小学校では中学年で外国語活動を開始し、高学年では学習の系統性を持たせるという観点から外国語科とすることを提案。
2016 年	第 17 期中央教育審議会答申: 上記有識者会議の報告や中教審外国語ワーキンググループの審議の取りまとめを踏まえ、グローバル化が急速に進展する中で、コミュニケーション能力は、国民一人ひとりが生涯にわたりさまざまな場面で必要となるという観点から、小・中・高の外国語教育において育成を目指す資質・能力を提示。また小学校外国語については以下を答申。 1) 中学年では「聞くこと」「話すこと」を中心とした外国語活動を通じ、外国語に慣れ親しみ、外国語学習への動機づけを高める。年間 35 単位時間。 2) 高学年では、発達段階に応じて段階的に「読むこと」「書くこと」も加え、外国語科として 4 技能を総合的、系統的に学習する。年間 70 単位時間 (授業時間の確保については、短時間授業や長時間授業の活用など、弾力的な時間割編成を行う)。 3) 高学年では数値評価を行う。
2017 年	新学習指導要領告示。
2018 年 〜 2019 年	新学習指導要領への移行期: ・中学年では年間 15 時間確保し、外国語活動を実施、高学年との接続の観点から、必要最低限の内容を言語活動中心に取り扱う。 ・高学年では、年間 15 時間を加え、50 単位時間を確保し、外国語活動に加えて外国語の内容を扱い、中学校との接続の観点から、必要最低限の内容を言語活動中心に取り扱う。 *教材は中・高学年用とも文部科学省作成、配布。
2020 年	新学習指導要領全面実施。 *中学年は文部科学省作成教材、高学年は教科書会社作成の検定済教科書を採択、使用。

以上のように、小学校における外国語の教科化には、臨時教育審議会（以下、臨教審）が 1986 年に小学校への英語教育の導入の検討を提言して以来、30 年を越える長い年月を要した。その間、臨教審をはじめ各種審議会や委員会等は、国際化の進展やグローバル化の進展に対応するために、国際理解教育の充実とコミュニケーション能力の育成という視点から外国語（英語）教育の改善を繰り返し提言してきた。このような流れの中で小学校の外国語（英語）教育の教育課程への位置づけは検討されてきたものであるから、その主要な目的は国際理解のための態度と外国語によるコミュニケーション能力の素地や基礎の育成である。

　第 16 期中央教育審議会（以下、中教審）答申等に示されている小学校外国語（英語）活動の基本理念は、概略、次の通りである。

1)　小学生の柔軟な適応力を生かすこと

　小学生の柔軟な適応力は、コミュニケーションへの積極的な態度の育成や、英語の音声や基本的な表現に慣れ親しむことに適しており、コミュニケーション能力を育成する上で重要なものと考えられる。

2)　グローバル化の進展への対応

　小学校での外国語教育は、グローバル化が進展する中でその必要性が高まっている。小学校での外国語活動を充実することにより、次世代を担う子どもたちに国際的視野を持ったコミュニケーション能力を育成する必要があると考える。

　そして、今回の小学校の外国語の教科化を含む小・中・高の外国語教育の改善策では、4 頁の年表で示した第 17 期中教審答申に見られるように、グローバル化の進展への対応が一段と重視されている。

2 節　学習指導要領における外国語活動、外国語科の目標

1.　外国語活動、外国語科の目標

　第 16 期中教審外国語専門部会は、小学校外国語教育の方向性をめぐり、「スキルをより重視する考え方」と「国際コミュニケーションをより重視する考え方」について検討を加えた（2006）。

1)　スキルをより重視する考え方

小学校段階では、音声やリズムを柔軟に受け止めるのに適していること などから、音声を中心とした英語のコミュニケーション活動や、(中略) 音 声、会話技術、文法などのスキル面を中心に英語力の向上を図ることを重 視する。

2) 国際コミュニケーションをより重視する考え方

　小学校段階では、言語や文化に対する関心や意欲を高めるのに適してい ることなどから、英語を使って活動をすることを通じて、国語や我が国の 文化を含め、言語や文化に対する理解を深めるとともに、(中略) 積極的に コミュニケーションを図ろうとする態度の育成を図り、国際理解を深める ことを重視する。

　外国語専門部会は、これらを総合的に勘案し、中学校での英語教育を見 通して、何のために英語を学ぶのかという動機づけを重視し、言語やコミュ ニケーションに対する理解を深めることで国語力の育成にも寄与するとの 観点から、2) の考え方を基本とした。また、小学生の柔軟な適応力を生か して、英語の音声や基本的な表現に慣れ親しみ、聞く力を育てることなど は、教育内容として適当とした。

　このような議論を踏まえた 2008 年告示の学習指導要領の外国語活動「第 1　目標」は、次の通りである。

　外国語を通じて、言語や文化について体験的に理解を深め、積極的 にコミュニケーションを図ろうとする態度の育成を図り、外国語の音 声や基本的な表現に慣れ親しませながら、コミュニケーション能力の 素地を養う。

　さて、2017 年告示の新学習指導要領では、小学校外国語教育の拡充とい うことで、中学年では外国語活動として「聞くこと」および「話すこと」 を中心に外国語に慣れ親しみ、外国語学習への動機づけを高めた上で、高 学年では外国語科として段階的に「読むこと」「書くこと」を加え、総合 的・系統的に学習を行う。すなわち、中学年では「国際コミュニケーショ ンをより重視した考え方」に基づき、高学年では中学年での学習を生かし ながら「スキルをより重視する考え方」に基づき学習を行うことになる。

新学習指導要領の外国語活動・外国語科の「第1　目標」は次の通りである。

〈小学校外国語活動目標〉
　外国語によるコミュニケーションにおける見方・考え方を働かせ、外国語による聞くこと、話すことの言語活動を通して、コミュニケーションを図る素地となる資質・能力を育成する。

〈小学校外国語科目標〉
　外国語によるコミュニケーションにおける見方・考え方を働かせ、外国語による聞くこと、読むこと、話すこと、書くことの言語活動を通して、コミュニケーションを図る基礎となる資質・能力を育成する。

*外国語活動および外国語科の目標の文尾「(次のとおり) 育成する (ことを目指す)」の (　) 部分は省略した。
**育成を目指す資質・能力は本節2および5章1節3参照。

　なお、目標の冒頭の「外国語によるコミュニケーションにおける見方・考え方」について、第17期中教審答申 (2016) は、「外国語で表現し伝え合うため、外国語やその背景にある文化を、社会や世界、他者との関わりに着目して捉え、コミュニケーションを行う目的や場面・状況等に応じて、情報や自分の考えなどを形成、整理、再構築すること」として整理している。そして、『小学校学習指導要領解説　外国語活動編・外国語編』(以下、『解説』) (2017e) では、小学校においては、とくに「外国語やその背景にある文化を、社会や世界、他者との関わりに着目して捉える点を重視すべきである」と補足している。

2. 育成を目指す資質・能力の三つの柱と指導上の留意点

❶　育成を目指す資質・能力の三つの柱
　外国語活動、外国語科の目標である「コミュニケーションを図る素地や基礎となる育成を目指す資質・能力」の三つの柱は、「知識・技能」「思考力・判断力・表現力等」「学びに向かう力・人間性等」である。
　中教審外国語ワーキンググループはこれらの資質・能力をおおむね次頁の表1.1のように整理している (2016b)。

表 1.1　外国語活動・外国語科において育成を目指す資質・能力の整理

	小学校外国語活動	小学校外国語科
知識・技能	・外国語への慣れ親しみ ・外国語を用いてコミュニケーションを図る楽しさを体験すること 　外国語を聞いたり、話したりすること	・言葉の仕組みへの気付き（音、単語、語順など） ・聞くことに関する知識・技能 　話すことに関する知識・技能 　外国語を読んだり、書いたりすること
思考力・判断力・表現力等	・簡単な語句や表現を使って、自分のことや身の回りのことについて、友だちに質問したり質問に答えたりするコミュニケーション力	・馴染みのある定型表現を使って、自分の好きなものや、1日の生活などについて、友だちに質問したり質問に答えたりするコミュニケーション力
学びに向かう力・人間性等	・外国語を用いた体験的なコミュニケーション活動を通じて言語の大切さや、文化の違いに気付く ・外国語を用いてコミュニケーションを図ることの楽しさや言語を用いてコミュニケーションを図ることの大切さを知り、相手に配慮して外国語を用いてコミュニケーションを図ろうとする態度、など	・外国語の学習を通じて、言語やその背景にある文化を尊重しようとする態度 ・外国語を用いてコミュニケーションを図ることの楽しさや言語を用いてコミュニケーションを図ることの大切さを知り、他者に配慮して外国語を用いてコミュニケーションを図ろうとする態度、など

❷　三つの柱——指導上の留意点

　外国語活動・外国語科で育成を目指す三つの資質・能力に関する指導上の留意点を、第17期中教審答申中や『解説』に沿ってあげておく。

●外国語の音声、単語、表現などに関する「知識・技能」は、実際のコミュニケーションにおいて活用することによって主体的に運用する技術が向上する。また実際のコミュニケーションにおいて「思考・判断・表現」することを繰り返すことによって知識が獲得され、理解が深まる。

●「知識・技能」を実際のコミュニケーションの場において活用し、考えを整理し、まとめ、深めて話したり書いたりして表現することを繰り返すことで自信が生まれ、コミュニケーション能力を身につける上で不可

欠な「主体的に学習に取り組む態度 (学びに向かう力・人間性等)」が形成される。

以上のように、三つの資質・能力は密接に結びついている。

3節　小・中・高の外国語教育における小学校の役割

1. 小・中・高の外国語教育の目標

　小学校外国語活動および外国語科の目標は前節で示した。この節では中・高の外国語科の目標のみを示す。

〈中学校外国語科目標〉

　外国語によるコミュニケーションにおける見方・考え方を働かせ、外国語による聞くこと、読むこと、話すこと、書くことの言語活動を通して、簡単な情報や考えなどを理解したり伝え合ったりするコミュニケーションを図る資質・能力を育成する。

〈高等学校外国語科目標〉

　外国語によるコミュニケーションにおける見方・考え方を働かせ、外国語による聞くこと、読むこと、話すこと、書くことの言語活動及びこれらを結び付けた統合的な言語活動を通して、情報や考えなどを的確に理解したり適切に表現したり伝え合ったりするコミュニケーションを図る資質・能力を育成する。

*目標の文尾、「(次のとおり) 育成する (ことを目指す)」の (　) 部分は省略。

　以上のように、小・中・高に一貫する目標は、コミュニケーションを図る資質・能力の育成である。小学校中学年では「聞くこと」「話すこと」の言語活動を通して、小学校高学年以降では４技能を通して、また小学校中学年 → 小学校高学年 → 中学校 → 高等学校と進むにつれ、「素地となる」→「基礎となる」→「簡単な情報や考えなどを理解したり表現したりする」→「情報や考えなどを的確に理解したり適切に表現したりする」コミュニケーションを図る資質・能力と、段階的により高いレベルの資質・能力の育成がめざされている。

2. 小・中・高の領域別目標

　文科省は、各学校段階の学びを接続させることや、「知識・技能（何を知っているか、何ができるか）」と「思考力・判断力・表現力等（知っていること、できることをどう使うか）」を一体的に育成することをめざし、「外国語を使って何ができるようになるか」という観点から、「聞くこと」「読むこと」「話すこと（やり取り）」「話すこと（発表）」「書くこと」の5領域について、小・中・高に一貫する領域別目標（指標形式で示された学習到達目標）を設定している。

　これを踏まえて、小・中・高の学習指導要領には領域ごとに各数項目の目標が示されている。例えば、話すこと（発表）のアでは、次のような目標があげられている。

〈小学校外国語活動〉

　ア　身の回りの物について、人前で実物などを見せながら、簡単な語句や基本的な表現を用いて話すようにする。

〈小学校外国語科〉

　ア　日常生活に関する身近で簡単な事柄について、簡単な語句や基本的な表現を用いて話すことができるようにする。

〈中学校外国語科〉

　ア　関心のある事柄について、簡単な語句や文を用いて即興で話すことができるようにする。

〈高等学校外国語科──英語コミュニケーションⅠ〉

　ア　日常的な話題について、使用する語句や文、事前の準備などにおいて、多くの支援を活用すれば、基本的な語句や文を用いて、情報や考え、気持ちなどを論理性に注意して伝えることができるようにする。

　外国語の目標と同様に、領域別目標においても、段階が進むにつれ、題材、語句、表現、話し方などがより高いレベルに設定されている。

　本節1, 2で見てきた外国語活動や外国語科の目標、領域別目標から明らかなように、小学校外国語教育は「外国語学習の基礎づくり」の段階であ

る。小学校の外国語教育でしっかりした基礎を築けなければ、中学校以降の外国語教育は砂上の楼閣である。小学校外国語教育は我が国の外国語教育全体においても非常に重要な役割を担っていることになる。

4節　小学校の外国語は英語が原則である理由

　小学校の外国語はなぜ英語を原則とするのだろうか。第16期中教審答申（2008）は、次のように理由を示している。

　アジア圏においても国際共通語として英語が使われていることなど、国際的な汎用性の高さを踏まえれば、中学校における外国語は英語を履修することが原則とされているのと同様、小学校における外国語活動においても、英語活動を原則とすることが適当と考えられる。

次期学習指導要領『解説』（文科省 2017e）においても、ほぼ同じ理由が示されている。
　では英語はなぜ国際的汎用性が高いのだろうか。
　図1の内円（Inner Circle）は英語を母語として使用する人が多い国、外円（Outer Circle）は英語を第2言語あるいは公用語として使用する国、膨張円（Expanding Circle）は英語を外国語として学習し、使用する人が多い国である。この図が示すように英語を使用する人の数が多く、使用する人々

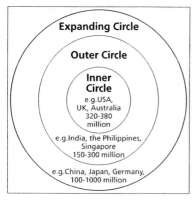

図1.1　英語の世界（Crystal, 1997）（図は河原（2008）を借用）

は世界に広く分布していることがあげられる。さらに世界のラジオやTV,インターネット等で英語が広く使用されており、学術雑誌や国際航空や船舶交通の用語であること、英語を母語とする人の多い国の政治的、経済的影響が大きいことなどもあげられよう。

しかし、図が示すように、内円、外円、膨張円の国や地域で使われるさまざまな英語がある。また英語の汎用性が高いからと言って小学校段階から内円の英語圏の英語だけでは、英語圏の英語や文化に対する単なるあこがれの気持ちや同化的な態度を植え付けるだけで国際理解につながらない危険性があるように思われる。この英語圏の英語一辺倒の弊害を取り除くために、次の点に十分留意したい。

1) 世界で話されている多様な英語に機会を見つけて触れさせる。
2) 世界の多様な文化に触れさせる。
3) 世界の言語、とくに近隣諸国の言語のごく簡単な表現などにほんの少しでも触れさせる。
4) 高校、少なくとも大学の段階で多くの外国語を提供し、第2外国語を選択必修とする。

5節　諸外国の小学校外国語教育——共通点と相違点

世界のほとんどの国において、小学校で外国語教育が推進されている。以下、東南アジアの2つの国と1つの地域、およびEU加盟国の一つであるフランスにおける小学校外国語教育の導入時期、開始学年、授業時数、指導目標、教材、指導者について概観する。また外国語教育において重要な役割を果たす第2, 第3外国語教育についても概観する。

なお、次頁の表1.2のデータは、外国語能力の向上に関する検討会(2011)、樋口他(2010a, 2017)に基づいている。

さて、諸外国と日本における小学校の外国語教育の目標は、おおむね共通しており、次のようにまとめることが可能である。

1) 外国語学習に対する興味・関心を高める。
2) コミュニケーション能力の基礎を培う。
3) 外国文化および自国文化の理解を深める。

表 1.2　諸外国における小学校外国語教育の実施状況

項目 ＼ 国名	中　国	韓　国	台　湾	フランス
導入時期	2001 年	1997 年	2001 年	2002 年
開始学年[*1]	小学校 3 年	小学校 3 年	小学校 3 年（導入当初は 5 年）	小学校 1 年
授業時数	●週 4 回以上 ●3, 4 年は短時間（30 分）授業中心 ●5, 6 年は短時間授業と長時間（40 分）授業。長時間授業は週 2 回以上	●3, 4 年は週 2 コマ。5, 6 年は週 3 コマ、1 コマ 40 分 *2008 年の改訂以前は、3, 4 年週 1 コマ、5, 6 年は週 2 コマ	●週 2 コマ、1 コマ 40 分	●年間 54 時間、1 コマ 45 分 *2008 年の改訂以前は、1〜3 年は週 1〜2 コマ、4〜6 年[*2] は 1.5〜2 コマ
指導目標	●コミュニケーション能力の基礎力の育成 ●英語圏の文化の理解、自国文化と外国文化の違いの理解	●英語学習に対する興味・関心の高揚 ●日常生活で使用する基礎的な英語を理解し、表現する能力の育成	●基本的なコミュニケーション能力の育成 ●英語学習に対する興味・関心の高揚 ●自国文化と外国文化の理解	●基礎段階の言語使用者[*3] として、理解する（聞く、読む）こと、話す（やり取り、発表）こと、書くことができる能力の育成
教　材	検定教科書およびさまざまな補助教材	検定教科書およびさまざまな市販の補助教材	検定教科書およびさまざまな補助教材（教育部審査）	（検定制度なし） 市販の教科書および補助教材
指導者	主として専科教員	学級担任。ただし、専科教員や外国人教員が徐々に増加	専科教員中心。都市部では専科教員が多く、非都市部では少ない	学級担任および専科教員。ただし、学級担任の場合が多い[*4]

第2, 第3外国語	● 高校で選択科目として開講 ● 日本語、フランス語、スペイン語、ロシア語など8言語	● 高校で選択必修科目として開講 ● 日本語、ドイツ語、中国語、アラビア語など7言語	● 高校で選択必修科目として開講 ● 日本語、フランス語、ドイツ語	● 小学校で英語を含む8言語のいずれかを第1外国語、小学6年から第2, 中学2年から第3外国語を履修

*1 中国、台湾の都市部では、小学校1年から実施しているところもある。
*2 フランスでは第6学年以降は中学校。
*3 EU加盟国では、CEFR（外国語の学習、教授、評価のためのヨーロッパ共通参照枠）に基づいて、国や自治体の実態に応じて指導／到達目標を設定し、外国語教育を実施している。上記のフランスの第5学年修了時の到達目標はCEFRのA1（基礎段階の言語使用者）、英検3〜5級相当レベルである。
*4 フランスでは外国語の能力がすぐれている学級担任が複数のクラスを担当する場合がある。

しかし、細部については以下に示すようにかなり違っている。

1) 諸外国では低学年で指導する場合も高学年で指導する場合も、外国語は教科である。

2) 諸外国では我が国が外国語を導入した10年以上前に外国語を本格的に導入している。

3) 諸外国では授業時数が日本と比べてややあるいはかなり多い。

4) 学習到達目標は示さなかったが、教科書の内容から分かるように、授業時数の関係もあり、諸外国の学習到達目標のレベルは日本と比べやや高い。とくに「読むこと」「書くこと」について差がある。[☞4章4節]

5) 諸外国では授業者は専科教員、専科教員と学級担任、および学級担任の3種類に分けられるが、日本ではALTや外部講師と学級担任のTT, および学級担任単独の授業が多い。[☞3章1節]

6) 国によっては小学校や中学校から、遅くとも高校において第2外国語を選択必修としている国が多い。また学習者に多様な外国語を学習する機会が提供されている。

以上のように、諸外国では小学校の外国語教育を重視し、本格的に取り組んでいる。我が国は我が国の考え方に基づき独自の外国語教育を展開すればよいわけであるが、諸外国の取り組みも頭の片隅に入れておきたい。

（樋口　忠彦）

学 習 課 題

1. 次の文章は、今回の学習指導要領の改訂にあたり、第17期中教審
   (2016) が2008年度から実施されてきた外国語活動の成果と課題をまと
   めた文章*である。空欄に適当な語句を書き入れよう。(語句は内容的に
   適切であればよい)

   　　*筆者が一部加筆修正。

   　高学年の外国語活動により、児童の外国語学習に対する高い（　1　）、
   中学生の外国語学習に対する積極性の向上といった成果が認められる。
   一方で、① 音声中心で学んだことが、中学校の段階で音声から文字への
   学習に円滑に（　2　）されていない、② 国語と英語の音声の（　3　）や
   英語の発音と綴りの（　4　）、文構造の学習において課題がある、
   ③ （　5　）学年は、児童の抽象的な思考力が高まる段階であり、より
   （　6　）な学習が求められるなどの課題がある。

2. 次の①〜④の教材を使って、言語や非言語について児童にどのような
   気づきを促したいですか。

   ①　発音: milk

   ②　語順: I like math.

   ③　動物の鳴き声: bow-wow, oink oink

   ④　ジェスチャー: 英語の "Me?" と日本語の「私？」と言うときのジェ
   スチャー

📖 参考図書

中央教育審議会答申 (2016)「幼稚園、小学校、中学校、高等学校及び特別
　支援学校の学習指導要領等の改善及び必要な方策等について」.

文部科学省 (2017e)『小学校学習指導要領解説　外国語活動編』、『小学校
　学習指導要領解説　外国語編』.

2章 | 関連分野からみる 外国語教育の意義と方向性

　児童が母語以外の言語を学ぶにあたり、母語習得や第二言語習得の知見から言語習得の特徴を理解すること、小学校6年間で、認知的・社会的にも大きく発達する過程や特徴を理解すること、さらにはコミュニケーション能力や国際理解教育・グローバル教育のあり方などを理解することは、外国語教育を指導するさいに重要である。そこで本章では、関連する分野や領域の理論から外国語教育のあり方について示唆を得る。

1節　母語習得と第二言語習得

　母語習得研究と、それをもとに1980年代以降急速に発達してきた第二言語習得研究は、外国語教育に大きな影響を及ぼしてきた。外国語学習とも深く関わるこれらの言語習得に関する理論を概観しておきたい。

1.　母語習得研究

❶　行動主義的アプローチ

　行動主義的アプローチは、1920年から1950年頃まで米国心理学の主流であった行動主義の考え方に基づき、言語習得をオペラント条件づけによる言語行動の形成であると考えた。すなわち、言語習得には模倣（imitation）と強化（reinforcement）の過程が不可欠であるとした。つまり、刺激と反応のメカニズムにより、文構造を何度も模倣したり、反復したり、自分の応答に対する周囲からの訂正等により正しい行動が強化されることにより、過剰学習（overlearning）の域に達し、文構造が無意識の習慣として自動化するようになるという考え方である。外国語教育においては、反復・模倣を用いた文型練習は重要であり、聞こえる通りに模倣したり、繰り返しを

いとわない児童の特性も生かしてチャンツ等を取り入れた指導を行いたい。しかし、意味のないドリル的な活動で機械的になったり、過度にならないように留意し、文型練習を楽しく行うことが大切である。

❷ 生得主義的アプローチ

1960 年代には行動主義に代わり、生得主義的アプローチが主流となった。子どもは言語を獲得する能力、すなわち言語獲得装置 (LAD: Language Acquisition Device) というヒトに固有な生得的言語機能を産まれつき備えているとされ、文法処理プロセスは意識的なものではなく、言語刺激に反応して生成されると考えられた。Chomsky (1965) は人間が生得的に共有する言語に関わる知識を普遍文法 (UG: Universal Grammar) と呼び、UG は、個別言語に共通の性質である「原理」と、日本語と英語など個別言語間の構造上の差異を生み出す「パラメータ」からなると規定している。したがって、誕生時は初期状態でどの言語でも習得可能であるが、その後言語環境に接触し始めると数年で個別言語の文法ができあがる。そこで母語に加え、外国語を習得するさいには、児童に第二言語、例えば英語のインプットを豊富に与え、時に日本語との違いや文法の気づきを促す指導を行うことが大切であろう。また、母語の干渉についても注意が必要である。

❸ 相互交渉主義的アプローチ

1970 年代には環境からの入力を強調し、認知・社会的知識が言語習得に関わっているとするアプローチが提唱されるようになった。これは、ピアジェが提唱した認知発達モデル [☞ 3 節 1] の影響を受けている。すなわち、ある言語構造が現れるためにはその概念が発達していなければならず、言語は認識や状況、文脈との関係などから発生、発達する。幼児は外界と相互交渉をしながらまず知識の獲得を行い、発達の過程でさらなる知識や言語を獲得する。したがって、言語環境において周囲の大人との交流が大切であり、周囲の人々は幼児が理解しやすいように修正した入力 (modified input) や、母親言葉などの世話人言葉 (caretaker speech) を用いることが重要である。これは、易しい語彙や構造的に単純な、短い文を用いて、明瞭な発音で繰り返し、ゆっくり抑揚をつけて話すなど、第二言語を学ぶさいのフォリナー・トーク (foreigner talk) やティーチャー・トーク (teacher talk) とも共通している。

❹ 用法基盤モデル（Usage–Based Model）とアイテム学習

　母語の動詞の習得に関する Tomasello (2003) による用法基盤モデルが参考になる。2 歳児は周囲の大人が語りかける豊富なインプットを模倣しながら、動詞をアイテムごとに学ぶ (get sauce, get it など)。最初は各アイテムは独立しており、幼児は丸ごと覚えるが、やがて認知発達とともにまとまりのある言語スロットを持ち始め、抽象概念のスキーマ "X gets Y" を形成する。これは「動詞のスキーマフォーメーション」と呼ばれ、他者の意図を読み取ろうとする状況 (intention reading) で促進される。そこで、児童に場面の中で理解できるまとまりのある動詞句などの表現を何度も繰り返し導入することで、パターンに気づかせることが大切である。

❺ その他の幼児の言語習得の特徴

　❶～❹以外の幼児の言語習得の特徴をいくつかあげてみたい。

1）　具体的な場面で、音声と意味を自然に結びつけようとする。それゆえ、新しい学習内容を導入するさいには、場面と意味が分かる会話やスキットなどでまず内容を理解させることが大切である。

2）　特定の文法形態素に関して予測可能な一定の習得順序が見られる。例えば、進行形 (-ing)・複数形 (-s)・連結詞 (to be) ⇒ 助動詞・冠詞 (a, the) ⇒ 不規則動詞の過去形 ⇒ 規則動詞の過去形・3 人称単数 (-s)・所有格 (’s) といった順序である。これは、第二言語習得の場合も基本的に同じであるが、教材作成や指導にあたり、進行形や不規則動詞の過去形を比較的早い時期に導入するなど、言語の習得順序についてもう少し配慮する必要があるかもしれない。

3）　中間言語 (interlanguage) の段階で、過剰般化 (overgeneralization) による誤りの特徴がみられる。例えば、規則変化する動詞の過去形の作り方の規則を不規則変化を伴う動詞に当てはめ、went と言うべきところを goed と言い、その後 went に修正されるといった現象がみられる。したがって、教師が誤りを修正するときに、次のように言い直す (recast) ことで気づかせるなど、誤りの修正の仕方にも工夫が必要である。

　　S:　I swimmed.

　　T:　Oh, you swam in the swimming pool.

2. 第二言語習得研究

❶ インプット仮説

Krashen (1982) がモニター・モデルと呼んだいくつかの仮説 [☞9章1節] の一つにインプット仮説がある。彼は、インプット（入力）の質や量の重要性を指摘し、学習者が現在の中間言語のレベル (i) より一段高いレベルのインプット ($i+1$) を理解することにより、言語習得が無意識的に進められると説明している。また前後の文脈や教師の発話、言語外情報の助けにより理解が可能になる、理解可能なインプット（comprehensible input）の重要性を示している。

❷ アウトプット仮説

Swain (1985) は、学習者が目標言語をアウトプット（出力）することは、第二言語習得において不可欠であると主張し、理解可能なインプットを大量に受けることに加え、理解可能なアウトプットを産出する機会をできるだけ多く持つことが重要であるとしている。その理由として、目標言語の規則と自分が習得している言語規則の間のギャップに気づくことができる、何らかのフィードバックを得て、自分の仮説の正しさを検証し、確認・修正・棄却することができる、目標言語の構造的特徴（言語形式）について意識的・分析的に考え、意味との関係を明確に把握することができるということをあげている。

❸ インタラクション仮説

インタラクション仮説 (Long 1981) は、インプット、アウトプットのみならず、"Do you understand?" など、相互に相手の理解度を確認したり、"Sorry? What do you mean?" と明確化を要求したり、"Do you mean ...?" と相手に確認するなど、互いに意味のやり取りを行ったり、修正されたインプットを用いることで、第二言語が習得されるというものである。

❹ 社会文化理論

Vygotsky (1962) らによる社会文化理論では、学習者の認知的発達が社会的かつ文化的に形成されると考えられており、外国語学習では教室内における教員や仲間等の他者、教材等の媒介、自己内省、などによる相互行為が重要であるとされる。とくに学習者が自力で解決できる能力と、教師や仲間など他者の援助や協働により達成できる能力の2つの水準の間の範

囲を表した最近接発達領域 (ZPD) や、支援のための足場かけ (scaffolding)、言語を思考しながら使用することで深い学びにつながるランゲージング (languaging) などの概念が中心となり、他者との協働の学びの中で言語は習得されると考えられる。

❺　その他の第二言語習得の特徴

❶〜❹以外の第二言語習得の特徴をいくつかあげてみたい。

1)　学習者は、インプットからインテイク（取り込み）、インテイクからアウトプットの過程で文法構造などに気づき、理解した文法構造などを自分で考えて応用することで、自らが新たに文を生成し産出できるようになる。

2)　文法指導においては、言語形式 (form) のみを教えるのではなく、例えば "I can ...." なら、can が使われる場面や文脈を指導者が与えて意味を理解させながら自分ができることを言わせるなど、コミュニカティブなタスクを用いて指導を行うことが望ましい (Focus on Form)。また、Nation (2007) は、意味に焦点を当てたインプット、意味に焦点を当てたアウトプット、語彙や文法構造などの言語に焦点を当てた学習、既知の知識を駆使して英語を使う活動の4つが大切であるとしている。

3)　語彙などは、関連した意味を持つものをまとめて覚えると記憶に残りやすい。

4)　外国語習得の初期段階では、チャンクといった短い塊で意味を構成しているもの（例: go to school / at night）や、定型表現など場面依存度が高く、音声的に1つのユニットとして結合しているもので使用頻度が高いもの（例: Excuse me.）を優先して教え、習得させることが望ましい。

5)　誤りに対しては、冠詞や複数形など、局所的な誤りを細かく修正する

よりは、語順や時制など、伝達上大きな支障を及ぼす誤りを、教師が正しく言い直すことが必要である。教師は、適宜、必要に応じて確認や修正を会話の中で行い、児童に気づかせることが大切である。
6) 教師は世話人言葉などと同様に、児童が理解できるように、分かりやすい平易な英語を用いることが重要である。

2節　神経言語学と臨界期仮説

脳科学や神経言語学といった領域からも示唆を得ることができる。

1. 脳の働き

脳は右脳と左脳からできている。それぞれの働きとして、右脳は図形を読みとる能力、音楽などを聞き取る能力、全体を見る力、直感力などに優れ、芸術性・創造力に対する働きが活発である。一方、左脳は言語の読み取り、聞き取り能力、分析する力、思考力などに優れ、公式・計算・理論に基づく働きがあるとされている。また、9歳までは右脳が活発でそれ以降は左脳が右脳をしのぐと考えられている。言語中枢としては優位な左脳

図 2.1　大脳側面図

だが、その中でも言語産出に関わる前頭葉後部の「ブローカ野」と言語理解に関わる側頭葉の「ウェルニッケ野」の機能が認められ、両者を結ぶ神経経路である「弓状束」が、話し言葉の処理に関する連携を取っている。また、文字を読んで理解するためには「角回」や「縁上回」と呼ばれる領域が重要な役割を果たしている。しかし、話し言葉におけるイントネーションは右脳が関係したり、自由に話すさいは小脳の領域も働くなど、言葉は脳全体で処理されていると考えられる。

2. 臨界期仮説

　早期外国語教育の有効性を主張する理由の一つとして Lenneberg (1967) による臨界期仮説 (Critical Period Hypothesis) があげられてきた。これは、2歳頃から思春期までの臨界期は刺激に対してきわめて鋭敏で、自然な言語習得が可能であるが、臨界期以前は脳の機能が未成熟であり、臨界期以後は脳の柔軟性が低下し、自然な言語習得能力が衰えるという考え方である。しかし臨界期に関しては、16歳までに米国に到着したグループは母語話者並みの能力を身につけることができた (Birdsong & Molis 2001) といった研究結果をはじめ、臨界期以降の学習でも外国語習得は可能であるとする研究が多い。ただし、一般的には発音については臨界期が認められるとされ、米国在住の日本人を対象に英語のリスニングと発音の調査を行った結果、思春期開始期を越えると母語話者レベルに到達するのは難しいとする研究などがある (Aoyama, et al. 2008)。年齢が低ければ母語と異なる音声でも無理なく受け入れたり、英語を構造的・分析的に見るのではなく、1つの塊 (チャンク) として総合的に学習することができるなどの利点があると考えられる。

　英語教育では楽しく意味ある活動で脳全体を活性化し、音楽や映像などを用いて英語の音声を導入したり、低学年は全体的処理、高学年になると分析的処理をともなう活動などを盛り込むことが大切である。あいさつなどの基本的対人伝達能力 (BICS: Basic Interpersonal Communicative Skills) と、思考などをともなう認知・学習言語能力 (CALP: Cognitive Academic Language Proficiency) といった言語能力モデルなども参考に、年齢に合った指導が必要であろう。

3節　発達心理学と学習者要因

1．発達心理学

ピアジェは、認識の発達を次の 4 段階に分けている。

・感覚運動期 (0〜2 歳)：感覚と運動が直接結びつき、表象的な知能活動はみられない。

・前操作期 (2〜7 歳)：身体活動から思考活動への内化。ごっこ遊びのような記号的機能、表象形成、象徴活動、直感的思考が生じる。

・具体的操作期 (7〜11, 12 歳)：数や量の保存概念が成立し、事物そのものを使った思考活動が可能。可逆性を獲得し、論理的思考も行うことができる。

・形式的・抽象的操作期 (11, 12 歳以降)：形式的、抽象的操作が可能になり、仮説演繹的思考ができるようになる。

このように、乳児、幼児、小学生、中学生以降では、言葉の学習方法や獲得の仕方が異なる。例えば、低・中学年は具体的操作期にあたり、高学年は形式的操作期にあたる。そこで、外国語教育を行うさいには、発達段階を意識した指導を行うことが望まれる。

❶　低・中学年：児童は無意識に言語に接する。教室の空間をうまく利用して、音やリズムに合わせて身体を動かしたり、"Touch your head / shoulders." など音声を聞いて即座に意味を理解し、全身を使って反応する全身反応指導法 (TPR: Total Physical Response) など、音と意味の基礎となるさまざまな体験を通して言葉を覚えたり、五感を用いた活動を心がけ取り入れたりなどの工夫をする。また、児童の全体的処理能力を活用して、"Here you are." "Thank you." といった定型表現などを導入し、その表現が使われる場面を繰り返して示しながら、児童が理解して使えるようにさせるとよい。

❷　高学年：他教科の内容と関連づけ、例えば栄養素のカロリー計算を取り入れたヘルシーランチの提案や、フィート・インチを用いて背の高さ、足のサイズを測らせたり、単数・複数形や語順を意識させるなど、既知の知識を活用しつつ言語を用いて認知的・分析的な活動を行うとよい。

2. 学習者要因

　外国語の習得には個人差があり、その要因として学習者におけるさまざまな認知・情意要因が考えられる。例えば、何歳頃から外国語に触れるかといった年齢要因や、音をとらえて記憶する力、文法規則を見つけ出す力、パターンを発見する力、暗記力などの言語適性、視野に影響され弁別に時間がかかる場依存型とそうでない場独立型といった認知スタイルや、学習不安などが外国語の習得に影響を及ぼす。また、どのように外国語学習に取り組むかといった学習方略や動機づけも大きな要因である。学習内容に対する個人的興味等に基づき学習自体が目標となる内発的動機と、試験・就職等の外的目的のために学習が手段となる外発的動機はいずれも重要であるが、1990年代頃から、Deci and Ryan（1985, 2002）らによって両者を連続体とし、自己決定性の高い動機（主に内発的動機）が第二言語学習に寄与するとした自己決定理論が注目されている。これは自律した学習者を育成することの重要性を示唆するものであろう。また、他者との協働的学びや関わりの中で個人の理解や学習が進むと考えられており、ペアやグループなどの協働学習も大切である［☞9章3節］。

4節　コミュニケーション能力

　多くの研究者の定義から、コミュニケーションとは、言語や非言語の手段を使って相手と気持ちや考え、思いなどを伝え合い、メッセージを交換することで互いに「意味」を生成することであると考えられる。そのさい、言葉は意味を伝え、気持ちを運び、人とつながる道具となり、他者とのこころの交流を通して、相手を含めた周りについての新たな発見が生まれる。したがって、生きたコミュニケーションとは意味を介在として社会や他者との結びつきを可能にし、豊かにしてくれるものである。

　コミュニケーション能力については、多くの研究者が定義や構成概念を述べているが、よく引用されるのは、Canale（1983）による文法能力、談話能力、社会言語学的能力、方略的能力の4つの構成概念である［☞9章1節］。小学校における外国語教育では、ジェスチャーなどの非言語コミュニケーションを含めた方略的能力も大切にし、中学、高校と進むにつれて、

文法能力や談話能力、社会言語学的能力などをより重視し、コミュニケーション能力を総合的に育成することが望まれる。

5節　国際教育、国際理解教育、および異文化間コミュニケーション

　世界は急速にグローバル化が進み、解決しなければならない課題も山積している。日本人も地球市民の一員として共生・共存をめざし国際社会に貢献していく必要がある。国際理解教育の変遷と概要を簡単に紹介したい。

　1974年の第18回ユネスコ総会で「国際理解、国際協力および国際平和のための教育ならびに人権および基本的自由についての教育勧告」（ユネスコ教育勧告）が採択された。その柱は1) 人権の尊重、2) 文化の多様性の理解、3) 国際社会の相互依存の理解、4) コミュニケーション能力の育成、5) 環境、開発、人権、平和等の世界的な共通課題の理解、6) 教育に国際的側面および世界的視野を持たせる、などである。1994年の第44回国際教育会議では、「平和、人権、民主主義のための教育宣言」が採択され、翌年には、「平和・人権・民主主義のための教育に関する包括的行動計画」が作成された。注目すべきは、ユネスコはこの行動計画において「国際理解教育」という言葉を使用せず、人類の共通課題を主な内容にする「国際教育」を包括的概念としたことである。これは、国と国とが相互に理解し合うというよりも、国を越えて地球規模で解決すべき課題を考えていこうとする方向に移ってきたことを示している。

　他方、日本では、1996年の「第15期中央教育審議会答申」において「国際理解教育」推進の三本柱を、1) 異文化の理解と、異文化を尊重する態度や異なる文化を持った人々との共生のための資質や能力の育成、2) 日本人としての自己の確立、3) 外国語能力や表現力等のコミュニケーション能力の育成、とした。そして2005年には、「初等中等教育における国際教育推進検討会報告——国際社会を生きる人材を育成するために」において「国際理解教育」を「国際教育」と改めるとともに、三本の柱を一部改訂した[☞5章1節]。

　最近はグローバル教育とグローバル人材育成の重要性が取り上げられている。そのさい、異なった文化的背景を持つ人々の間の意味を中心とした

意思伝達過程である異文化間コミュニケーション（intercultural communication）が大切となる。なお、文化とは一定の時期に、ある特定の集団によって形成され共有される生活様式の総体系であり、価値観、思考様式などの「精神文化」、言語・非言語行動を含む「行動文化」、衣食住などの「物質文化」が含まれる。

　外国語教育で異文化を扱う目的と意義は、異文化体験をさせたり、日本と外国の言葉と文化を比較させ、相違点や共通点などに気づかせ、相違点の根底にある必然性を理解させることである。そして、異文化・異言語を認め、尊重する寛容性や忍耐力、異文化・異言語を持つ人々とコミュニケーションを図るスキルとともに、自国文化を知り、地球市民として行動できる実践的な資質や能力を身につけさせることであろう。　　　（泉　惠美子）

学　習　課　題

1.　第二言語習得でインプットとアウトプットが重要である理由をまとめてみよう。
2.　外国語教育の関連領域で興味のある分野について調べ、小学校英語にどのようなことが生かせるかを話し合ってみよう。

📖 参考図書

岡秀夫・金森強（編）（2009）『小学校英語教育の進め方──「ことばの教育」として（改訂版）』成美堂.

樋口忠彦・金森強・國方太司（編）（2005b）『これからの小学校英語教育──理論と実践』研究社.

COLUMN

❶ 児童の発達段階に即した授業づくり

　授業の成功のためには、いくつかのポイントがある。まずは、児童の発達段階に見合ったものであること。その上で、指導者は、クラスの実態や児童の個性を生かした授業づくりを行う。児童のよさを引き出せるようにと、教材開発や指導法に工夫を凝らすのである。

　私の学校でも、外国語の授業は児童たちに人気が高い。では、どんな授業が行われているのだろうか、教室をのぞいてみよう。

　低学年の教室は、とにかく元気がいい。歌やチャンツは、大きな声に身体表現も加わり、楽しそうである。指導者は、ゲームやインタビュー活動、絵本の読み聞かせといったバラエティーに富んだアクティビティを用意する。パペット（人形）に話をさせるのも、児童の意欲を高めるだろう。

　低学年の児童は、繰り返しを好む傾向がある。また、聞いた通りに発音することが得意で、英語独特のリズムやイントネーション、発音のよさに驚かされる。聞こえてくる英語を塊として意識し、日本語を介さずに理解可能な単語をつないで意味を解釈しようとしている。この姿勢を大切に育てていきたい。

　高学年の教室はどうだろう。低学年に比べて落ち着いた雰囲気である。授業の導入として、授業者と英語アシスタントが、児童もよく知っている学校行事などの話題を選んで、楽しく英語で会話する場面を設定している。

　興味深いことに、話の後半になると、それまでじっと聞いていた児童が話に参加したり、授業者の問いかけに英語で応えようとしたりする。何とか類推しようとしているのである。

　高学年の児童には、「調べてよかった」「練習したかいがあった」といった達成感や喜びを持たせることが大切である。調べ学習や国際交流活動においては、自分を地球市民の１人として意識することになるだろう。

　そして、もう１つ。日々の授業の向こうに、児童にどんなイメージを抱かせることができるかである。グッドコミュニケーターとして、世界の人々と英語でつながっていくことに自信が持てるよう、児童のあこがれや夢を育てていきたいと思う。

（河合　摩香）

3章 指導者の役割、資質と研修
——よりよい指導者をめざして

　外国語の授業は誰が指導すべきか。指導者はどのような課題を抱えているのか。指導者に求められる資質や能力とはどのようなものか。本章では、諸外国の現状も踏まえながら、まず日本における外国語授業の指導者と指導形態、指導者の役割について考え、次に、指導者に求められる資質や能力を明らかにする。その上で、よりよい外国語の指導者をめざすためにはどのような研修が必要か考えたい。

1節　指導者と指導形態

1. 日本の現状

　現在、外国語の指導者は、学級担任、外国語指導助手 (通常、ALT や AET と呼ばれる外国人指導助手、以下、ALT と呼ぶ)、特別非常勤講師 (外国生活経験者や外国語に堪能な外部講師)、日本人や外国人の地域ボランティア、専科教員、中学・高校の英語科教員など多岐にわたる。そのなかでも、担任がもっとも多く、担任以外では ALT や特別非常勤講師が多い。指導形態としては、担任単独、担任と ALT, 特別非常勤講師、地域ボランティアとのティームティーチング (TT) が多い。ただし、ALT 等との TT については、自治体の外国語教育に関する教育方針や財政状況によって、毎時間行っている小学校もあれば、学期に数回程度という小学校もあり、自治体間でかなりの格差がみられる。

　さて、小学校教員の多くは、指導者は専科教員が望ましいと考えている。実際、2011 年に外国語活動が必修化されると同時に、これまで率先して高学年の担任を希望してきた教員の中に、高学年の担任をしぶる者が少なからず出てきた。これはまさに外国語活動の指導における担任の負担や不安を反映したものであろう。小学校教員を対象とする各種調査によると、担

任が指導する場合の主な課題として、担任の「英語運用能力」や「外国語の指導力」の不十分さがあげられている。

2. 諸外国の現状

　ここで、諸外国の現状を見ていきたい。諸外国の小学校の外国語指導者は、主に専科教員もしくは担任である［☞1章5節］。専科教員が主として担当している国や地域にはスペイン、中国、台湾等、担任が主として担当している国にはスウェーデン、ドイツ、フランス等があげられるが、後者の国々では、教員養成や研修がしっかりなされている上、TOEFL の国別スコア等が高く、担任の英語の指導力や英語力もかなり高いと考えられる。

　一方、指導者が主として担任の場合、例えば韓国のように、小学校英語教育の理論と実践、英語の知識と技能についてかなり多くの時間をかけた研修を実施し、指導者の育成に力を注いできた国が多い。その韓国でも、最近では専科教員に移行しつつある。これは、小学校外国語指導者には外国語や異文化について高度な知識や技能、指導力が要求されるからである。また、韓国や台湾では、近年、担任や専科教員に加えて外国人講師が増えてきており、その場合は、担任と外国人講師、あるいは専科教員と外国人講師の TT が多い。

3. 質の高い授業づくりをめざして

　外国語の指導者には、それぞれ強みと弱みがある。一般に、担任は小学校教育や児童理解に長けているが、英語運用能力や英語の指導力が十分でない場合が多い。一方、担任以外の指導者は、英語運用能力は高いが、小学校教育や児童理解が十分でない場合や小学校の外国語教育に対する理解や指導力が十分でない場合がある。それぞれの指導者が持つ弱みについては、それらを克服するために、各自がたとえ少しずつでも研修を重ねていくことが大切である。

　同時に、一方の指導者の弱みを他方の指導者が補完するといったことから、TT の活用が重要である。担任が英語運用能力に自信がない場合には、それを ALT や特別非常勤講師等が補ったり、逆に、ALT や特別非常勤講

師等の児童理解が十分でない場合には、それを担任が補ったりして、より質の高い授業づくりをめざしたい。TTを行うことで、新しい学習内容を2人でデモンストレーションを行いながら導入する等、これまで単独の授業ではできなかった指導ができたり、児童と英語で対話する機会が増えたり、児童一人ひとりにより細かな指導を行ったりすることも可能となる。

2節　指導者の役割——担任の役割を中心に

　現在、外国語の授業は担任単独、担任とALT,　特別非常勤講師等とTTで指導する場合が多いが、担任はALTや特別非常勤講師等と比較すると、次のような特徴を備えている。

〈担任の特徴〉

・当該学年の児童の発達段階の特徴や傾向をよく理解している。

・各教科や他領域の学習内容や学校行事などをよく理解している。

・学級集団としてのクラスの特徴や学級集団内の人間関係をよく理解している。

・児童一人ひとりの性格や特徴、興味・関心・ニーズなど児童の生活全般についてよく理解している。

・児童一人ひとりの各教科や領域で身につけている知識や技能および学習意欲についてよく理解している。

　このような特徴を備えた担任だからこそ、外国語の授業においても学級や児童の実態に応じた授業設計や授業展開が可能である。

　実際、授業で担任がALTなどと楽しそうにコミュニケーションを図っていると、児童は生き生きと活動に取り組んでいる。また、以前は外国語の授業に傍観者的な関わりしか持てなかった担任が授業に積極的に関わるようになったことで、児童の態度が変わり、授業が変わった例をよく目にする。ある担任から、「以前はALTから英語を教わりたいと思う子どもたちが多かったが、担任が外国語の指導に慣れ、教室英語をスムーズに使ったり、充実した活動を準備、提供できたりするようになるにつれ、担任から教わりたいと言う子どもたちが増えてきた」といった話を耳にしたこともある。これは、英語運用能力や外国語の指導力が向上すれば、担任は指導

者としてふさわしいことを示唆している。

では、外国語を指導する担任にはどのような役割、仕事があるのだろうか。その主な内容を表 3.1 に示す。

表 3.1　担任の役割、仕事

〈日々、研究・研鑽すべきこと〉
　外国語の授業のあり方についての研究、教材研究、指導法や指導技術についての研究、評価方法についての研究など
〈年度初めまでにすべきこと〉
　学校および各学年の外国語指導目標、領域別目標、年間指導計画の作成など
〈新しい単元の学習が始まるまでにすべきこと〉
　単元の指導目標、領域別目標、指導計画の作成など
〈授業を行うにあたりすべきこと〉
授業前：教材研究、学習指導案の作成、教材・教具の準備、ワークシート、振り返りカードの作成など
授業中：コミュニケーターとしての英語のモデルかつ英語学習者としてのモデルの提示、支持的な学習環境の醸成、児童の授業への積極的参加の促進、児童観察、質問や声掛け、理解度の確認など
授業後：授業の振り返り、評価など

上にあげた役割や仕事を担任が計画的かつ継続的に遂行することで、担任の指導力向上のみならず、ひいては、充実した授業の展開、児童の主体的な授業参加を促すことへとつながるのである。

3 節　指導者に求められる資質と能力

外国語教育の目標を達成するために実りある授業を展開するには、指導者はどのような資質や能力を身につけておく必要があるのだろうか。

諸外国では、小学校外国語教育を導入するにあたり、指導者の資質や能力の向上を目的とするさまざまな施策がとられてきた。例えば、台湾では

小学校英語教育の導入期には、小学校英語教員採用認証試験が行われた。受験者のほとんどは民間人で、1次試験は筆記とリスニング試験、2次試験は口頭での英語運用能力が試されたが、それらに合格した者には360時間の研修が課せられた。その内訳は「英語技能（発音、文法、会話、等）」に関する研修が240時間、「英語指導（教材論、教授法、評価論、等）」に関する研修が120時間であった。現在は、師範大学や教員研修センター等で、夏季・冬季休暇や週末、夜間を利用した研修、大学主催のインターネットを活用した研修、国による海外派遣等が積極的に実施されている。

韓国では、導入期には「基礎コース」および「上級コース」の研修を実施し、基礎コースでは120時間の研修（英会話58時間、理論12時間、指導法15時間、実践例16時間、実習15時間、その他4時間）、上級コースでは125時間の研修（英会話78時間、理論と実践に関わる講義、演習47時間）が実施された。現在は毎年、小・中・高の英語指導者を対象に国内研修、国外研修を精力的に実施し、指導者の資質や能力の向上に努めている。

そもそも指導者には、「指導者の人格的特性（感受性、受容性、共感性、柔軟性、等）」「児童を観察する能力」「支持的な学習環境を醸成する能力」「学級運営を発展、維持する能力」等、教育全般に関する資質や能力が求められることは言うまでもない。それに加えて、外国語を指導するにあたっては、とくに「外国語に関する知識や実践力」「英語運用能力」および「外国語教育関連分野についての知識」が必要となる。文部科学省（以下、文科省）が2015年に公表した「英語教育の抜本的強化のイメージ」において、高学年では、「学級担任が専門性を高め指導、併せて専科指導を行う教員を活用、ALT等を一層積極的に活用」とあるように、教科型の英語教育にはかなりの「専門性」を求めている。

以下、先述した台湾や韓国の研修内容、および今後の大学での教員養成課程で指導者が身につけるべき能力や資質を提言した文科省委託事業『英語教育の英語力・指導力強化のための調査研究事業——平成28年度報告書』（東京学芸大学 2017）を参照しながら、小学校の外国語指導者に必要な知識や能力についてまとめると、次頁の表3.2の通りである。

表 3.2　小学校の外国語指導者に必要な資質や能力

〈外国語指導に関する知識や実践力〉
① 小学校外国語教育の意義や目的論について理解している [☞ 1 章]。
② 指導目標や領域別目標を作成し、その目標に則して年間指導計画や学習指導案の作成ができる [☞ 5 章、12 章]。
③ ICT 等を効果的に活用したり、既製の教材を児童の実態に合った教材に改良、改善したりすることができる。また、教材を発掘したり、教材開発をしたりできる [☞ 7 章、8 章、10 章]。
④ 指導法や指導技術についての知識やスキルを備えている。また、それらを児童の実態に合わせて改良、改善することができる [☞ 6~9 章]。
⑤ ALT 等との TT による指導のあり方を理解し、担任の果たす役割について理解できる [☞ 3 章]。
⑥ 評価についての知識と実践力を備えている [☞ 11 章]。
⑦ 小・中・高等学校との連携のあり方、またその中での小学校の果たす役割を理解し、指導に生かすことができる [☞ 14 章]。

〈英語運用能力〉
・音声、語彙、文法、言語の働き等について、知識・理解レベルでは少なくとも高校卒業程度の英語を身につけており、運用レベルでは少なくとも中学卒業程度の英語をある程度使いこなすことができる。
・授業で扱う英語表現を正しく使うことができる。
・発音や強勢・リズム・イントネーションを意識した発話ができる。
・身近な話題や日常生活について簡単な会話ができる。
・身近な話題や日常生活についてあらかじめ原稿を作成、準備して small talk ができる。
・児童の発話や行動に対する適切な言い直しや、児童の理解に合わせた適切な言い換えができる。
・児童の発話や行動に対する即興的な反応ができる。
・感情を込めて絵本の読み聞かせができる。
・教室英語を流暢に使うことができる [☞ 資料①]。
・簡単な英語を使って、ALT と授業の打ち合わせができる。

〈初等外国語教育関連分野についての知識〉
　母語習得、第二言語習得、国際理解教育、異文化間コミュニケーション、発達心理学などの関連分野の基礎的な知識を備えている [☞ 2 章]。

4節　よりよい指導者をめざす

　よりよい指導者をめざすには、研修時間の確保や参加費、交通費の負担等に難しい面はあるが、指導者自らが外国語教育に関する研鑽を重ねることが必要である。そのためには、自己研修や校内研修に主体的に取り組んだり、都道府県や市町村の教育委員会および教育センター、大学、学会、民間の組織が主催する外部機関による研修に積極的に参加したりすることである。以下、それぞれの研修の特徴や研修の進め方を簡潔に示したい。

1.　自己研修

　外国語を指導するにあたり、指導者は英語母語話者のように英語を流暢に話す必要はないが、「知識・理解レベルでは少なくとも高校卒業程度の英語を身につけており、運用レベルでは少なくとも中学卒業程度の英語をある程度使いこなすことができる」（表 3.2）ことが望ましい。このレベルに達していない場合、毎日 15〜20 分程度でよいので英語学習の時間に充てるようにしたい。これが難しければ、時間のある日に多くの時間をとり、集中的に自身の英語学習に努めてほしい。

　英語学習には多様な方法があるが、まずは、『小学校外国語活動・外国語研修ガイドブック』（文科省 2017c）を利用し、同書で扱われている表現、語彙、教室英語等の習得に励み、その後は、中学校英語検定教科書の第 1 学年から第 3 学年までの内容を順に学習していくとよいだろう。市販教材を使用する場合は、自分のレベルより少しばかり高めの教材を使って学習するのがよい。いずれの教材を使って学習するにせよ、学習方法としては次のような手順が考えられる。

Step 1:　ある程度まとまった英語の文章を CD 等で聞き、概要を把握する。

Step 2:　同じ文章を文字で確認しながら内容理解を行う。

Step 3:　同じ文章を文字を見ずに再び聞く。

Step 4:　繰り返し音読練習をする。

Step 5:　表現や単語をノートに整理する。

> Step 6: 学習した表現や単語は、日々の授業や ALT との打ち合わせ等で使うように心がける。

　とりわけ、近年の言語習得研究では、語彙や表現、文法、英語の音声的特徴等の習得において効果が実証されている音読をしっかり行いたい。音読するさいには、音源の英文を一文ずつポーズを置きながら丁寧に繰り返すのもよいし、慣れてきたら、英文を一文ずつ音読（あるいは黙読）した後に、テキストから目を離し誰かに話しかけるつもりでその英文を言ってみるのもよいだろう。また、音源の英文を後から追いかけるように言ってみることも効果的であろう。音読で大切なことは、英文に気持ちを込めて読んでいくことである。

　加えて、日々の授業や ALT との打ち合わせの中で意識的に英語を使うように努めることである。つまり、「使いながら学習すること（Learn as you use.）」を心がける。毎回少しずつでも使う英語を増やしていけば、1 年後には使える英語の量もかなり増え、授業でも自然と英語で指示を出したり、英語を使って楽しく活動したりしている自分に気づくことであろう。

　表現や単語学習には、独自の表現集・単語集を作ることを勧めたい。筆者は学生時代から今日に至るまで独自の表現集・単語集を作り続けている。今では合わせて 50 冊以上にもなり、筆者の宝物である。学習過程で出くわしたり、ALT 等から学んだ表現や単語、教室英語で役に立ちそうなものは、そのつど表現集・単語集に書きとめ、覚えていくようにしよう。

　英語力の向上に加えて、小学校英語教育の本質についても理解しておく必要がある。そのためには、章末に参考図書としてあげた概論的な書籍を購入し、必要な章から読んでいくとよい。概論書を読んで関心を持った課題や、日々の授業で感じている疑問や悩みがあれば、次の段階として、校内研修会などで課題解決を図りたい。

2. 校内研修会

　日本における外国語教育は必修化されて日が浅いため、外国語の指導に疑問、悩み、不安を感じている担任が少なくない。したがって、少なくとも学期に 1 回は校内研修会を開催し、互いに勉強し合い、より充実した授

業づくりをめざしたい。校内研修では、英語を指導する中・高学年の担当教員のみが関わるのではなく、低学年の教員も含め全教職員が当事者意識を持って、自主的に研修していくことが求められる。授業研究を実施するさいにも、他学年や他クラスの教員も学習指導案作成に関わったり、TTのかたちで教壇に立ったり、全教職員がともに自校の外国語教育を創り上げていこうとする姿勢を持つことが大切である。

　校内研修会は、基本的には「指導力」と「英語運用能力」の向上をめざす内容とする。研修内容としては、以下の事項があげられる。

> ●指導力向上に関する内容
> 　外国語教育の理念・目的の理解、指導目標、領域別目標や年間指導計画、学習指導案の作成法、指導法・指導技術の研究、絵カード、絵本、ICT などの教材・教具の活用、改善と開発、評価方法の研究、TT の進め方、等
> ●英語運用能力向上に関する内容
> 　教室英語、発音、語彙、表現の知識・技能、会話力の向上

　講師については、自校の英語担当教員や専科教員、特別非常勤講師等が担当したり、ときには、内容に応じて外部から専門家や指導主事、ALT, 中学・高校の英語科教員等に依頼したりすることも考えたい。なお、本節の3. ❶で示す「英語教育推進リーダー中央研修」事業では、中核教員が中心となり、自校の教員を対象に校内研修が進められた。

3. 外部機関による研修会

　外部機関による研修は実に多様であるが、指導者のニーズや研修目的に応じて参加することが大切である。

❶　文科省「英語教育推進リーダー中央研修」と「中核教員研修」

　2014 年度より 2018 年度まで実施された文科省による「英語教育推進リーダー中央研修」がある。このプログラムの研修内容は、「中央研修」→「中核教員研修」→「校内研修」へと、カスケード式に伝達された。

・中央研修：対象は各都道府県教育委員会などが推薦した教員（英語教育推進リーダー）で、講師は文科省、外部専門機関からの専門家であった。研修は、集合研修（計 10 日間、48 時間）、所属校での授業実践、研修実習（中核教員研修の講師を 14 時間務める）からなっていた。研修内容は、模擬授業、教室英語、絵本の活用法や文字指導などの指導法や指導技術である。

・中核教員研修：各自治体の教育委員会が計画、実施する「中核教員研修」の対象は域内の主に外国語担当の中核教員で、講師は英語教育推進リーダーであった。14 時間の研修が行われた。研修内容は、講師による公開授業や、ALT などとの TT の進め方、発音指導の方法、絵本の活用法、文字指導などの指導法や指導技術であった。

なお、この研修プログラムは 2018 年度に終了したが、成果と課題を踏まえ、今後、いっそう充実した研修が実施されることを期待したい。

❷　教育委員会や教育センター主催の研修会

各自治体では、独自の研修が実施されている。研修の実態はさまざまであるが、平均的な取り組みとしては、年数回の研修講座を開設し、希望者が参加できるようになっている。

他方、外国語教育に力を入れて取り組んでいる自治体は、年間にわたって継続的に研修を組み、教員がいつでも研修に参加できるシステムを構築している。また、初級、中級、上級コースなどレベル別に研修を実施しているところもある。さらに、指導力、英語運用能力向上のための研修内容を Web サイトで公開したり、音声に関するクリニック講座を e ラーニングで開設したりするなど、インターネットを活用して研修を実施している自治体もある。物理的に実地研修に参加できない教員にとって、これらは自宅で研修できるため、非常に有益である。

❸　大学主催の研修会や講習会

昨今、国公立、私立の教員養成大学や学部を中心に研修会を実施するところが増えている。これらの研修会では、一般に小学校英語に関する理論、指導法や指導技術、教材・教具の開発、評価、発音や表現の指導、教室英

語等に関する内容が取り上げられ、理論と実践を融合した総合的な研修となっている。主に大学教員が理論に関する講義を行い、外国人講師が発音や表現の英語指導を行う。さらに授業実践に関する内容については、児童に英語を指導している実践者が担当することが多い。これらの研修は1〜3日の集中講義や月1回程度定期的に提供されたりする場合もある。費用は無料の研修もあれば、1回につき数千円かかるものもある。

加えて、小学校英語指導者の確保のための施策として、2016年度より「小学校英語教科化に向けた専門性向上のための講習の開発・実施事業」（文科省）が始まり、小学校の現職教員が中学校教諭二種免許状（外国語・英語）を取得するための「免許法認定講習」が開始されている。ここでは小学校教員が教科化に向け、より充実した専門的な指導や小・中・高を見据えた学びの指導ができる人材の育成をめざしている。

❹　学会主催の研修会

我が国の小学校英語教育関連の代表的な学会には、日本児童英語教育学会 (JASTEC) と小学校英語教育学会 (JES) がある。これらの学会の研修会では、映像を通して授業研究を行ったり、実際に指導案や活動を作成、考案したり、参加者を児童に見立てて模擬授業を行ったりしている。また、指導法、評価、言語習得などに関する講義を実施したり、うた・チャンツ、ゲーム、コミュニケーション活動、絵本の読み聞かせなどのワークショップを行ったりと、多様な内容を提供している。開催時期については、夏休みを中心に長期休暇中に実施されることが多い。日程、内容、費用については、JASTEC や JES など各学会のホームページに掲載されている。

❺　民間主催の研修会

民間主催の研修会では、フォニックスの指導、うた・チャンツ、絵本の指導、音あそびやアルファベットの指導、国際理解の指導など、それぞれの団体が得意とする分野を中心に各団体発行の教材・教具を使いながら、主に実践的な研修が行われている。また、受講者に受講修了認定証を与える場合が少なくないが、これらの研修を受講する場合は、高額の受講料が発生することがある。

よりよい指導者をめざすためには、指導者は主体的に自己研修を行ったり、各種研修会に参加したりしながら、外国語の授業を行うために必要な資質や能力を向上させる必要がある。しかし、各種研修会への参加を希望しても、諸々の理由で参加することが難しい場合が少なくない。したがって、各自治体や小学校は、外部研修の参加を希望する意欲ある教員が無理なく参加できるためのサポート体制を十分確立する必要がある。このような意欲ある教員の研修での学びが、将来的には各自治体や自校の財産となり、日々のより充実した外国語の授業として具現化されるのである。

(加賀田　哲也)

学　習　課　題

1.　外国語の授業における担任の役割をまとめてみよう。また、本章であげた以外の役割があるかも考えてみよう。
2.　自分たちの英語力を向上させるにはどのような学習方法が考えられるか、グループで話し合ってみよう。

📖 参考図書

東京学芸大学 (2017)『英語教員の英語力・指導力強化のための調査研究事業——平成 28 年度報告書』.

樋口忠彦・大城賢・國方太司・髙橋一幸編著 (2010)『小学校英語教育の展開——よりよい英語活動への提言』研究社.

COLUMN

❷ 指導者に求められる資質と能力——ファシリテーターとしての教師

　長年、中学校の英語科教員として勤務した筆者が小学校勤務となり、初めて小学校で英語を担当した時のことである。昔取った杵柄を頼りに、中学校で行っていたような "楽しい" 授業を進めたが、どうも児童が乗ってこない。しまいには大きなあくびをして「先生つまんない！」と言い始める始末。「中学校ではこれで授業が成立したはずなのに？」これが筆者と小学校英語との出会いであった。以来、試行錯誤を続け、明らかになったことは "小学生は体験を通じて学ぶ" という原則であった。

　社会科で奈良の大仏の大きさについて学んだ。新聞紙をつなぎ合わせ、大仏の手のひらを描き、その大きさを体感する活動を行った。授業後の感想にも、児童は「大仏の大きさについて学ぶことができた」と書いていた。しかし、秋の修学旅行後に書かせた作文に、ある児童がこんな感想を書いていた。「大仏の鼻の穴と同じ大きさの木の穴をくぐって、やっと、大仏の大きさを感じることができました」児童は、大仏の鼻の穴くぐりを通して、"やっと" 大仏の大きさを体験的に学んだのである。

　小学校の教師は、このような児童の「学びの質」をよく理解し、発達段階に応じて指導法を巧みに使い分ける必要がある。英語の授業を考えるさいも、同様である。児童が体験を通じて英語を学べるよう場面設定をしたり、他教科との関連を考えて単元構成をしたりする能力が要求される。

　例えば、家庭科の「食品の栄養素とその働き」の学習と結びつけ、英語でランチメニューづくりを行う。3つの食品群をバランスよく取り入れ、友だちや家族のために理想のランチメニューを作る活動を行う。

　また、図工の時間に紙ねんど等を使い、各自が考えたメニューを食品サンプルに仕上げる。1つの学びを、他教科の学びや活動に結びつけ、立体的な学びを構成することが可能になる。

　小学校の教育は児童の全人的な発達をめざして行われるものであり、指導者は児童の発達段階、教科や教材の特性を十分理解し、学びの糸を織り上げるファシリテーターとしての能力が期待される。

（加藤　拓由）

$4_章$ 教材の構成と内容

　教材には、文字媒体による教科書、ワークブック、問題集など、音声媒体による CD, DVD などがあるが、昨今では、文字、音声、動画など複数のメディアを統合したマルチメディア教材が増えている。しかし、教材の中でもっとも中心的な役割を果たすのは、やはりテキスト（教科書）である。この章では、日本、そして韓国、台湾の小学校の英語授業で使用されているテキストの構成や内容について考える。

1節　教材の役割と使用法

　一般に、授業はテキストを中心とする教材を媒介にして、指導者、学習者、教材が三位一体となって展開されると言われるが、教材は、指導者にとっては「教授のための素材」となり、学習者にとっては「学習のための材料」となる。したがって、教材によって指導および学習の効果は大きく左右されることになる。

　また、指導、学習の効果を高めるためには、指導者は目の前にいる学習者の発達段階や学習段階を考慮しながら、教材に盛り込まれているすべての内容を機械的に一様に扱うのではなく、取捨選択や重みづけをすることが必要となる。さらに、自主作成教材や補助教材を使用したりしながら、教材を創造的に使用することも必要である。したがって、テキストを使用する場合には、単に「テキストを教える」ことにとどまらず、「テキストで教える」といった心構えが大切となる。

2節　教材・テキスト作成の基本方針

　テキストなどの教材を作成する場合、学習者に身につけさせたい知識、

技能や態度を効果的かつ無理なく学習させるために、どのような内容（教育内容）を、どのような方法（教育方法）で学習させるかという基本方針——シラバスをまず考えなければならない。

以下、外国語教育の教材の骨格を形成する代表的なシラバスについて簡単に紹介する。

1．文法・構造シラバス

文法・構造シラバスでは、目標言語の難易度や使用頻度などによって、文法事項や語彙の選択、配列が決定される。例えば、日本の多くの中学校検定教科書では、be 動詞から一般動詞へ、肯定文から疑問文、否定文へ、一般疑問文から特別疑問文へと配列されていることが多い。日本ではなじみの深いシラバスであるが、言葉の使用場面や働きに対する配慮が不十分であるという反省から、最近では、こうした側面に配慮したシラバスが多い。

2．題材（話題・場面）シラバス

題材シラバスでは、「好きな食べ物」「将来就きたい職業」「日本文化の紹介」など学習者にとって興味・関心のある話題や、「買い物」「レストラン」「道案内」など学習者が日常生活で体験しそうな言語の使用場面に重点が置かれ、これらの話題や場面の展開に必要な表現や語彙が選択される。したがって、教材で扱う話題や場面は、当該教材で学習する学習者の興味・関心や生活体験に基づくものを設定することが必要である。なお、題材シラバスは「話題シラバス」や「場面シラバス」として、ふつう、それぞれ独立したシラバスとして扱われるが、昨今、この2つのシラバスが併用される場合が多いことから、ここでは「題材（話題・場面）シラバス」と呼ぶ。

3．概念・機能シラバス

概念・機能シラバスでは、「時間」「量」「頻度」「位置」などの概念や、「あいさつをする」「気持ちを伝える」「相手の行動を促す」など、どのような伝達目的のために言語を使うかといった言葉の持つ機能に基づいて表現や語彙が決定される。このような概念や機能は、日常のコミュニケーショ

ン場面において頻繁に用いられる。よって、これらの表現に習熟しておくことはコミュニケーション能力の育成には不可欠である。しかしながら、ある特定の概念や機能を表すにはさまざまな表現があるため、学習者の発達段階や学習段階を十分考慮した上で、表現などの選択、配列を行うことが必要となる。

4. タスクシラバス

　タスクとは「課題」を意味し、タスク活動とは「特定の課題を達成するために行う活動」を言う。したがって、タスクシラバスでは課題達成に至る学習プロセスを重視し、与えられた課題を情報交換しながら解決するために必要な表現や語彙が決定される。小学校の外国語の授業でよく取り上げられるタスクには、「栄養のバランスを考えながら、友だちのためにスペシャル・ランチを作ろう」「500円の予算で修学旅行に持っていくおやつの買い物をしよう」「グループごとに行きたい国を決め、その国の魅力について紹介しよう」などがある。学習者はこのような課題解決的な活動に興味・関心を示し積極的に参加するが、英語力が制限されていることが多いため、課題設定には十分配慮する必要がある。

　以上、外国語教育の教材の代表的なシラバスについて見てきたが、外国語教育の目標は単一ではなくいくつかの目標からなっている。またそれぞれのシラバスには長所と短所がある。このため、教材の多くは特定のシラバスではなく、複数のシラバスを組み合わせた「複合型シラバス」に基づいて作成されているのが実情である。

3節　日本で使用されるテキストの構成と内容

　文部科学省が新学習指導要領に基づいて作成し、2018年度に配付された中学年用教材 *Let's Try!* および高学年用教材 *We Can!* は、同省作成の「年間指導計画例（案）」によれば、*Hi, friends!*（平成23年度版）と同様、さまざまなシラバスを組み合わせた「複合型シラバス」に基づき作成されていると言える。ただし、*Hi, friends! 1, 2* の内容と比較すると、言語活動のさら

なる充実、表現や語彙数の飛躍的な増加があげられる。これは小学校での英語教育の開始学年の早期化、および教科化による時間数の増加にともない指導目標／到達目標のレベルが高くなったことによるものであろう。

　以下、前述の「年間指導計画例」に基づき、中学年および高学年における主な単元名、表現、語彙、活動などを概観する。また、第3学年から第6学年の「年間指導計画例」の一部を50–53頁の表4.1〜4.4に記す。

1. 第3・4学年外国語活動年間指導計画例

❶ 単元名

Let's Try! は *Hi, friends!* 同様、"I–You" の世界に基づく単元構成であり、*Hi, friends!* で扱われている単元との重なりが多い。

3年生：「数えてあそぼう」「すきなものをつたえよう」「アルファベットとなかよし」「これなあに？」「きみはだれ？」など

4年生：「世界のいろいろなことばであいさつをしよう」「今、何時？」「アルファベットで文字遊びをしよう」「ほしいものは何かな」「お気に入りの場所をしょうかいしよう」「ぼく・わたしの一日」など

❷ 表現

各単元の題材に沿った言語の使用場面（「挨拶」「自己紹介」「買い物」など）において、「コミュニケーションを円滑にする（"Hi.", "Yes." など）」「気持ちを伝える（"Thank you", "Good" など）」「事実・情報を伝える（"It is 〜.", "I wake up at 〜." など）」といった言語の働きに配慮した表現が扱われている。

〈3年生〉
  ・How many (apples)?—Ten apples.
  ・Do you like blue?—Yes, I do. / No, I don't.
  ・What do you want?—A star, please.
  ・What's this?—It's a melon.
  ・Who are you?—I'm a dog.　など

〈4 年生〉

　・What time is it?— It's 8:30.

　・What do you want?— I want potatoes, please.

　・Do you have a 'b'?— Sorry. Try again.

　・Go straight. Turn right.

　・I wake up at 6:00.　など

❸　語　彙

　3 年生:「気持ち (sleepy, tired, sad など)」「文具 (pencil, eraser, ruler な
　　ど)」「色 (red, blue, green など)」「スポーツ (soccer, tennis, baseball な
　　ど)」「食べ物 (hamburger, pizza, spaghetti など)」「形 (square, rectangle,
　　heart など)」「昆虫 (dragonfly, grasshopper, spider など)」「体の部位
　　(head, eyes, ears など)」ほか

　4 年生:「動詞 (stand, turn, walk など)」「生活時間 (wake up / bath / study
　　time など)」「衣類 (T-shirt, shorts, sweater など)」「身の回りの物 (glue
　　stick, chair, clock など)」「学校・教室 (science room, teachers' office,
　　library など)」「日課 (wash my face, leave my house, do my homework
　　など)」「野菜 (mushroom, watermelon, cabbage など)」ほか

❹　活　動

　各単元には、Let's Watch and Think, Let's Sing, Let's Chant, Let's Listen,
Let's Play, Jingle, Activity, STORY TIME が設定されている。(なお、それぞ
れの活動内容については、本節 2. の「❹活動」を参照)。

❺　読むこと・書くこと

　3 年生の Unit 6 でアルファベットの活字体の大文字を識別し、文字の読
み方に慣れ親しむ、4 年生の Unit 6 で活字体の小文字を識別し、文字の読
み方に慣れ親しむことが求められている。中学年では、アルファベットを
書くことは求められていない。

2. 第5・6学年外国語年間指導計画例

❶ 単元名

Hi, friends! は、もっぱら "I–You" の世界に基づく単元で構成されていたが、*We Can!* では第三者を紹介したり、過去の出来事を表現したりするといった単元がある。

5年生：「行事・誕生日」「学校生活・教科・職業」「一日の生活」「行ってみたい国や地域」「位置と場所」「あこがれの人」など

6年生：「日本の文化」「自分たちの町・地域」「夏休みの思い出」「オリンピック・パラリンピック」「小学校生活・思い出」「中学校生活・部活動」など

❷ 表 現

各単元の題材に沿った言語の使用場面（「家庭での生活」「学校での学習や活動」「地域の行事」など）において、「コミュニケーションを円滑にする（"Excuse me.", "Oh." など）」「気持ちを伝える（"Thanks.", "I'm sorry." など）」「事実・情報を伝える（"This is 〜.", "She is 〜." など）」といった言語の働きに配慮した表現が扱われている。また、"get up", "look at" などの連語や、"I see.", "You're welcome." などの慣用表現、3人称単数代名詞（主格）、動名詞、過去形（be動詞、規則動詞、不規則動詞）を扱った表現がみられる。

〈5年生〉

・Can you sing well?—Yes, I can.

・Where do you want to go?—I want to go to Italy.
　Why?—I want to see the Colosseum.

・Where is the gas station?—Go straight for two blocks. Turn left.

・Where is the treasure?—It's under the bed.

・What would you like?—I'd like spaghetti.

・She is good at cooking. など

〈6年生〉

・What subject do you like?—I like English.

・She is famous / great.

・We can enjoy jogging.

・We went to Kyoto / ate Japanese foods / saw the blue sea.
 It was fun.

・What do you want to be?—I want to be a pianist.

・What club do you want to join?—I want to join the soccer club. など

❸ 語 彙

5年生:「状態・気持ち (friendly, kind, funny など)」「頻度 (always, sometimes, never など)」「教科 (Japanese, math, social studies など)」「動詞 (swim, ride, run など)」「お手伝い (wash the dishes, set the table, walk my dog など)」「施設や建物 (station, post office, hospital など)」「家族 (father, mother, sister など)」「職業 (police officer, doctor, florist など)」「飲食物 (curry and rice, French fries, green tea など)」ほか

6年生:「味覚 (sweet, bitter, sour など)」「日本の行事 (star festival, snow festival など)」「施設と建物 (amusement park, aquarium, roller coaster など)」「動詞の過去形 (went, ate, was など)」「自然 (beach, river, lake など)」「学校行事 (sports festival, drama festival, graduation ceremony など)」「職業 (astronaut, comedian, farmer など)」「動作 (fishing, playing, reading など)」ほか

❹ 活 動

各単元には、Let's Watch and Think, Let's Chant, Let's Listen, Let's Play, Sounds and Letters, Let's Talk, Let's Read and Write, Let's Read and Watch, Activity, STORY TIME が設定されている。これらは、児童に言語や文化について気づきを促したり、設定された言語材料の意味を推測したり使ったりできるようにしながら、「聞く」「読む」「話す (やり取り)」「話す (発表)」「書く」の4技能5領域を育成することをねらいとしている。ここでは、6年生の Unit 1「自己紹介」を例に取りながら、各活動の具体例を見ていきたい。この Unit のねらいは「① 自己紹介に関する表現や好きなこと、できることなどを聞いたり言ったりすることができる、② 自己紹介で自分の好きなことやできることなどについて伝え合う、③ 他者に配慮しながら、

好きなことやできることなどについて伝え合おうとする」である。

以下、本単元における各活動のねらいと具体例を示す。

- **Let's Watch and Think**: 映像を見ながら英語でまとまりのある話を聞き、英語の意味を推測したり話の概要を捉えたり、聞き取った内容に関する質問に答えたりする。この Unit では、世界の国々の子どもたちの自己紹介の映像から、必要な情報を聞き取り、授業者の質問に児童が答えたりする。

- **Let's Chant**: 英語の語彙や表現、リズムやイントネーションに自然に慣れ親しむ。この Unit では、これまでの学習内容である誕生日や can を使った表現を繰り返し聞かせたり言ったりする。

- **Let's Listen**: 英語の音声を聞いて、その概要を捉えたり必要な情報を聞き取ったり、質問に答えたりする。この Unit では、指導者の自己紹介を聞き、分かったことを紙面空欄に記入したりする。

- **Let's Play**: 英語の音声を繰り返し聞いたり言ったりして、段階的に使えるようにする。この Unit では、自分の好きなものをグループで言ったり聞き取ったりする。

- **Sounds and Letters**: ページ下部に、活字体の小文字と、その文字で始まったりその文字を含んだりする語のイラストが掲載されており (a〜z)、これらの単語を発音したり、制限時間内にその音で始まる単語を言ったり、4線上に書いたりすることで、それぞれの文字の音とその音から始まる英語に慣れ親しむ。この Unit では、/b/ baseball, birthday; /k/ cat, corn があげられている。

- **Let's Talk**: Activity のための橋渡しとして、主として自分のことについて考えて言ったりする。この Unit では、紙面空欄に自分の好きな色や誕生日などを記入し、それをもとにペアで自己紹介を行う。

- **Activity**: 本単元で学習した表現や既習の表現などを使って、友だちと自分の思いや考えを伝え合ってコミュニケーションを図る。この Unit では 8 文からなる自己紹介のモデルとなる例文の音声を聞き、その後、この 8 文中のいくつかの空所を補充しながら自己紹介を行う。

- **Let's Read and Write**: ワークシートに語順を意識しながら、音声で十分に慣れ親しんだ簡単な語句や基本的な表現を書き写したり、友だち

が書いた文を読んだりする。この Unit では音声教材の後について Activity で用いられた例文を言い、その後、ワークシートに自己紹介の例文（8文）を書き写す。

●STORY TIME：英語の自然な音声を繰り返し聞き、その意味を絵を手掛かりに推測したり、文字と結びつけたり、単語や文、語順などの認識を深めたりする。また、同じ韻を踏む単語を続けて聞くことで、文字と発音の関係に気づくように促す。この Unit では本単元で行った自分たちの自己紹介と比べながら、主人公 Kazu の自己紹介（6文）を聞く。また cat, pat, hat など -at のライム（rime）を聞くことで、文字（at）と発音（/æt/）の関係に気づくとともに、音が続く楽しさを味わうように促す。

なお、Unit 1 では Let's Read and Watch は取り上げられていないが、ここでは英文を読んで理解した後、その英文が話されている映像資料を視聴して内容を確認することがねらいとされている。

❺　読むこと・書くこと

5年生では活字体の大文字・小文字を識別し、正しく書くことができたり、文字の音（アブクド読み：A＝/æ/, B＝/b/, C＝/k/... など）に慣れ親しみ、活字体の文字の音を読んだり、簡単な英語を書いたりする。また、メニューなどによる視覚情報をともなう語句を読み、必要な情報を得たり、簡単な語句や基本的な表現を書き写す。6年生では、音声で十分慣れ親しんだ簡単な語句や基本的な表現を推測しながら読んだり、例文を参考にしながら、それらを書き写したり、簡単な語句や基本的な表現の例から選んで、書いたりする。そのさい、語順を意識したり、符号の用い方、語と語の区切りに注意したりして書くことが求められている。

❻　国際理解

主に、Let's Watch and Think で扱われている。世界の行事や食べ物、スポーツ、外国の子どもたちの学校生活や日常生活、外国の子どもたちの将来の夢などがデジタル教材として取り上げられており、日本と諸外国との共通点や相違点に気づかせたり、世界にはさまざまな人々がさまざまな生活を営んでいることに気づかせたりすることをねらいとしている。

*2017年9月現在の暫定版なので、新教材では変更がなされている箇所がある。
**第5、第6学年の外国語科については、2020年度からは文部科学省検定済教科書が使用される。

文部科学省「年間指導計画例（案）」—— 新教材の構成と内容

表4.1　第3学年　外国語活動　（　）内の数は単位時数

単元	単元名	単元目標	主な活動例	主な表現例	新出語彙・語句
4 (4)	I like blue. すきなものをつたえよう	・多様な考え方があることや、音声やリズムについて外来語を通して日本語と英語の違いに気付き、色の言い方や、好みを表したり好きかどうかを尋ねたり答えたりする表現に慣れ親しむ。 ・自分の好みを伝え合う。 ・相手に伝わるように工夫しながら、自分の好みを紹介しようとする。	・自分の好きなものについて話したり、質問に答えたりする。	I like (blue). Do you like (blue) ? Yes, I do. / No, I don't. I don't like (blue).	like, do, don't, 色 (red, blue, green, yellow, pink, black, white, orange, purple, brown), スポーツ (soccer, baseball, basketball, dodgeball, swimming), 飲食物 (ice cream, pudding, milk, orange juice), 果物・野菜 (onion, green pepper, cucumber, carrot), rainbow
6 (4)	ALPHABET アルファベットとなかよし	・身の回りには活字体の文字で表されているものがあることに気付き、活字体の大文字とその読み方に慣れ親しむ。 ・自分の姓名の頭文字を伝え合う。 ・相手に伝わるように工夫しながら、自分の姓名の頭文字を伝えようとする。	・文字のカードを使って、自分の姓名の頭文字を伝え合う。	(Card 'A'), please. Here you are. Thank you. You're welcome.	大文字 (A-Z), card, alphabet, please, here, thank, welcome, 数 (21-30, 0), book, drum, fish, gorilla, hat, ink, jet, king, monkey, notebook, pig, queen, rabbit, sun, tree, umbrella, violin, watch, box, yacht
9 (5)	Who are you? ～"In the Autumn Forest" ～ きみはだれ？	・日本語と英語の音声やリズムなどの違いに気付き、誰かと尋ねたり答えたりする表現に慣れ親しむ。 ・絵本などの短い話を聞いて、おおよその内容が分かる。 ・絵本などの短い話を反応しながら聞くとともに、相手に伝わるように台詞をまねて言おうとする。	・絵本の読み聞かせを聞いて、身の回りの物に関する簡単な語句や基本的な表現とそれを表すイラストなどを結びつける。	Are you (a dog)? Yes, I am. / No, I'm not. Who are you? I'm (a dog). Who am I? Hint, please.	who, 動物 (cow, dragon, snake, horse, sheep, chicken, wild boar), 状態・気持ち (long, shiny, scary, round, furry), 身体の部位 (head, eyes, ears, nose, mouth, shoulders, knees, toes), not

表 4.2　第 4 学年　外国語活動　　（　）内の数は単位時数

単元	単元名	単元目標	主な活動例	主な表現例	新出語彙・語句
4 (4)	What time is it? 今、何時？	・世界の国や地域によって時刻が異なることに気付くとともに、時刻や生活時間の言い方や尋ね方に慣れ親しむ。 ・自分の好きな時間について、尋ねたり答えたりして伝え合う。 ・相手に配慮しながら、自分の好きな時間について伝え合おうとする。	・イラストなどを参考に、一日の生活の中の自分の好きな時間を伝え合う。	What time is it? It's (8:30). It's (homework time). How about you?	time, 数字 (forty, fifty, sixty), a.m., p.m., about, 生活日課・時間 ([wake up / breakfast / study / lunch / dinner / homework / bath / bed / dream] time)
6 (4)	Alphabet アルファベットで文字遊びをしよう	・身の回りには活字体の文字で表されているものがあることに気付き、活字体の小文字とその読み方に慣れ親しむ。 ・身の回りにあるアルファベットの文字クイズを出したりして答えたりする。 ・相手に配慮しながら、アルファベットの文字について伝え合おうとする。	・アルファベットの文字をヒントに、単語当てクイズをする。	Look. What's this? Hint, please. How many letters? Do you have (a 'b')? Yes, I do. / No, I don't. That's right. Sorry. Try again.	小文字 (a-z), letter, try, again, coffee, closed, donut, exit, juice, news, off, open, police, restaurant, taxi, telephone, bus, stop, flower
9 (5)	This is my day. ～"Good Morning"～ ぼく・わたしの一日	・日本語と英語の音声やリズムなどの違いに気付いて、日課を表す表現に慣れ親しむ。 ・絵本などの短い話を聞いて反応したり、おおよその内容が分かったりする。 ・相手に配慮しながら、絵本などの短い話を聞いて反応しようとする。	・絵本の読み聞かせの中で聞いた、簡単な語句や基本的な表現が表す内容とイラストなどを結びつける。 ・話の筋に合わせて、気に入ったページをグループで発表する。	I wake up (at 6:00). I eat breakfast (at 7:00). I go to school. I go home. I take a bath.	日課 (wash my face, go to school, go home, brush my teeth, put away my futon, have breakfast, check my school bag, leave my house, take out the garbage, take a bath, do my homework)

表 4.3　第 5 学年　外国語　（　）内の数は単位時数

単元	単元名	単元目標	主な活動例	主な表現例	新出語彙・語句
5 (8)	She can run fast. He can jump high. できること	・自分や第三者について、できることやできないことを聞いたり言ったりすることができる。また、文字には音があることに気付く。 ・自分や第三者について、できることやできないことを、考えや気持ちも含めて伝え合う。 ・他者に配慮しながら、自分や第三者についてできることやできないことなどを紹介し合おうとする。	・他者ができること、できないことを尋ねたり答えたりする。校内の先生についてできること、できないことを含めて紹介する。 ・文字の音に慣れ親しみ、活字体の文字を読んだり書いたりする。 ・スポーツをすることなどについて、簡単な語句を書き写す。	Can you (sing well) ? Yes, I can. / No, I can't. [I / You] can. [I / You] can't. [He / She] [can / can't] (sing well).	動作 (play [soccer / badminton / table tennis / volleyball / shogi / kendama / the recorder / the piano], ride a [bicycle / unicycle], swim, skate, ski, cook, run fast, jump high, sing well], can, can't, he, she
7 (8)	Where is the treasure? 位置と場所	・物の位置を尋ねたり答えたりする表現を、聞いたり言ったりすることができる。また、簡単な語句を書き写すことができる。 ・道案内で、簡単な語句を推測しながら読んだりする。 ・他者に配慮しながら、場所を尋ねたり道案内をしたりしようとする。	・ある物の場所や物の位置関係について説明を聞き、道案内をしたり宝探しをしたりする。 ・文字の音に慣れ親しみ、活字体の文字を読んだり書いたりする。 ・地図やポスターなどにある視覚情報を伴う語句を読み、自分が必要とする情報を得る。	Where is the treasure? Go straight (for three blocks). Turn [right / left] (at the third corner). You can see it on your [right / left]. It's [on / in / under / by] (the desk).	身の回りの物 (cap, cup, basket, scissors, box), 施設・建物 (station, fire station, gas station, police station, post office, hospital, supermarket, convenience store, department store, bookstore, park), treasure, block, in, under, by, corner
9 (8)	Who is your hero? あこがれの人	・得意なことについて、聞いたりすることができる。また、簡単な語句や表現を書き写すことができる。 ・憧れたり尊敬したりする人について、自分の考えや気持ちを含めて伝え合う。 ・他者に配慮しながら、自分が憧れたり尊敬したりする人について、自分の意見を含めて紹介し合おうとする。	・自分が憧れたり尊敬したりする人について説明し、その人に対する自分の考えや気持ちなどを紹介する。 ・文字の音に慣れ親しみ、活字体の文字を読んだり書いたりする。 ・例文を参考に語と語の区切りに注意して、ある人を紹介している簡単な語句や基本的な表現を書き写す。	Who is your hero? This is my hero. [He / She] is good at (playing tennis). [He / She] is a good (tennis player). [He / She] can (cook well). [He / She] is [kind / cool / great / strong / gentle / active / brave / funny].	hero, so, because, 状態・気持ち (active, cool, fantastic, friendly, gentle, kind, brave, strong, tough)

表 4.4 第 6 学年 外国語 （ ）内の数は単位時数

単元	単元名	単元目標	主な活動例	主な表現例	新出語彙・語句
3 (8)	He is famous. She is great. 人物紹介	・「主語＋動詞＋目的語」の文の語順に気付き、自分や第三者について聞いたり言ったりすることができる。 ・語順を意識して、自分やある人がやることを、例を参考に紹介する文を書いたりする。 ・他者に配慮しながら、第三者について伝え合おうとする。	・日本や世界で活躍する人物などに関する短い紹介を聞いたり、その人物などになったつもりで自己紹介したりする。 ・ある人物になりきって自己紹介したことを、語順を意識して書く。	I am (Ken). I [like / play] [the violin / baseball]. I [have / want] a new [recorder / ball]. I eat (spaghetti). I study (math). I can [swim / cook / skate / ski / sing / dance]. I can (play baseball well). Who is this? [He / She] is [famous / great].	famous, nut, old, 身の回りの物 (racket, computer, violin, drum)
5 (8)	My Summer Vacation 夏休みの思い出	・夏休みに行った場所や食べた物、楽しんだこと、感想などを聞いたり言ったりすることができる。 ・夏休みに行った場所や食べた物、楽しんだこと、感想などについて伝え合う。また、夏休みの思い出について簡単な語句や基本的な表現を意識しながら書いたりする。 ・他者に配慮しながら、夏休みの思い出について伝え合おうとする。	・夏休みの思い出について伝え合う。 ・夏休みの思い出について、音声で十分に慣れ親しんだ簡単な語句や基本的な表現で書かれたものを推測して読む。 ・語順を意識しながら簡単な語句や基本的な表現例から選んで書く。	I went to (my grandparents' house). I enjoyed (fishing). I ate (the blue sea). I saw (the blue sea). I ate [ice cream]. It was [fun / exciting / beautiful / delicious].	grandparent, vacation, zoo, 動詞の過去形 (went, ate, saw, enjoyed, was), 自然 (beach, mountain, sea, lake, river), 動作 (hiking, camping, fishing)
9 (8)	Junior High School Life 中学校生活・部活動	・中学校の部活動や学校行事などについて、聞いたり言ったりすることができる。 ・中学校の部活動や学校行事などについて伝え合ったり、中学校生活について書かれている英語の原稿を推測しながら読んだりする。 ・他者に配慮しながら、中学校生活について伝え合おうとする。	・中学校でやってみたいことについて伝え合う。 ・中学校や将来の夢について、例を参考にしてスピーチの原稿を完成する。	I like (basketball). I want to join the (basketball team). What club do you want to join? I want to enjoy (sports day). What event do you want to enjoy? I want to [study hard / read many books / make many friends].	member, team, practice, meet, join, junior, high, us, event, uniform, test

4節　韓国、台湾のテキストの内容と構成

本節では、日本と同じ EFL（English as a Foreign Language）という言語学習環境のもと、小学校英語教育に積極的に取り組んでいる韓国、台湾のテキストの内容と構成を概観することで、文部科学省作成の新教材の特徴について考える。

1.　韓　国

韓国では、1997 年度の第 7 次教育課程より小学校第 3 学年から英語を教科として導入し、現在、小学校第 3 学年から中学校第 3 学年までの 7 年間一貫の到達目標のもと、基礎的なコミュニケーション能力の育成、自国文化の発信能力の育成などをめざしている。小学校では、目下、中学年で週 2 コマ、高学年で週 3 コマ実施されている（1 コマは 40 分間）。ただし、ソウル市などの都市部では第 1 学年から開始しているところもある。

韓国では小学校英語の検定教科書が数多く出版されているが、ここでは、天才教育社から刊行の *Elementary School English 5, 6*（第 5, 6 学年用、2014）の内容と構成を紹介する。いずれも A4 変型判で、巻末のピクチャーカードを含めるとそれぞれ 283 頁、285 頁にもなる。

本書は主として文法・構造シラバスに基づいて作成され、題材シラバス、機能・概念シラバスを取り入れた複合型シラバスといった印象が強い。両学年とも 14 のレッスンと 4 つの Review からなる。単元は日常生活、学校生活、道案内、休暇、体調、将来の夢といった児童の日常生活や身近な話題を中心とするものが多い。

❶　表　現

人称代名詞の 3 人称単数・複数（主格）、いわゆる三単現の -s, 指示代名詞の単数・複数、現在進行形、過去時制（be 動詞、規則動詞、不規則動詞）、未来表現、比較表現、助動詞（will, would, should など）、複文なども扱われている。

・My grandpa likes to play badminton.
・Whose shoes are they?—They are mine.

- She is wearing glasses.
- How was your vacation?—It was great. I rode my bike.
- What will you do tomorrow?—I'll clean the park.
- They are going to go swimming.
- I'm taller than you.
- What should we do for the earth?—We should recycle bottles.
- Would you like to come to my birthday party?—Of course.
- I think it (＝my puppy) is cute.　など

❷　語　彙

　小学校段階で 500 語程度学習することになっている。語彙カテゴリーは *We Can!* と類似している。また、語彙指導では辞書の使用が推奨されている。

❸　活　動

　各レッスンは 4 技能の育成をねらいとする活動で構成されている。各レッスンには 1 文字 1 音のフォニックスの学習（例えば、/k/：Would you like to come to my concert, Cathy?）や文法の学習など、また、各レッスンの終わりには Act Out や Your Page がある。Act Out では写真やイラストを見て、空所補充しながら対話文を完成しスキットを演じたり、Your Page では 4 技能の向上をさらに図り、自己表現能力を高めるための活動もある。また、表現や語彙の定着を促す活動として、5, 6 年生とも歌が取り上げられている。

❹　読むこと・書くこと

　各レッスンには、簡単な語句や文章を読んだり、書いたりする活動がある。例えば、6 年生の読む活動では「友だちに宛てた旅行日誌」や「購入した本の内容紹介」などについて 10 文程度の英文を読んだり、書く活動では「週末にしたこと」や「観光名所の紹介」などについて 5 文程度で書かれた英文の空所に、写真やイラストなどを手掛かりに数語の単語を補充したりする。

❺　国際理解

　主として、各レッスンの Into the World のコーナーで扱われ、外国の学校生活、世界の偉人、国内外の歴史的建造物、環境問題に取り組む世界の子どもたち、外国の食べ物、外国の乗り物などが紹介されている。

2.　台　湾

　台湾では、2001 年に公示された『國民中小學九年一貫課程暫行綱要』に基づき、現在、小中一貫カリキュラムのもと、基礎的なコミュニケーション能力の育成、自律的な学習者の育成、自国と外国文化に対する理解の高揚をめざしている。現在、小学校では第 3 学年から週 2 コマ実施されている（1 コマは 40 分間）。ただし、台北市などの都市部では第 1 学年から開始しているところもある。

　台湾では上記『綱要』に基づき、各出版社や英会話学校から刊行されたテキストが使用されている。ここでは、現在は使用されていないが、以前は採択部数が比較的多かった *Hello, Darbie!* の高学年用に相当するシリーズ 7〜10（康軒文教事業 2008〜2010）の内容と構成を紹介する。本書は A4 変型判で、10 シリーズで構成されている。以下に紹介するシリーズ 7〜10 は巻末の語彙リスト等を含めると、86 頁〜100 頁からなる。

　Hello, Darbie! は、韓国のテキストと同様、主として文法・構造シラバスに基づいて作成され、題材シラバス、機能・概念シラバスを取り入れた複合型シラバスといった印象が強い。単元には、自己紹介、天候、学校生活、家庭生活、季節、昨日したことなど、児童の日常生活や身近な話題を中心としたものが多く取り上げられている。

❶　表　現

　韓国同様、人称代名詞の 3 人称単数・複数（主格・所有格・目的格）、いわゆる三単現の -s, 指示代名詞の単数・複数、現在進行形、過去時制（be 動詞、規則動詞、不規則動詞）、未来表現、不定詞の副詞的用法、there is 構文、授与動詞を用いた構文（SVOO）なども扱われている。

　・He likes to wear a black coat.
　・They（＝math and science）are my favorite subjects.

・We are watching TV now.

・Were they born in October?—No, they weren't.

・What did you do last night?—I played a game last night.

・I'll miss our school.

・It's too bitter to drink.

・How many elephants are there?—There are four elephants.

・Witch Candy gives Betty a magic apple.　など

❷　語　彙

　小・中を通して 2,000 語を常用語彙、その中の 1,200 語を基本常用語彙として扱っているが、小学校段階ではこの基本常用語彙のうち少なくとも 300 語は口頭で運用でき、そのうち少なくとも 180 語は綴りが書けることを目標としている。語彙カテゴリーは *We Can!* と類似している。なお、シリーズ 9 の巻末には「32 の規則動詞」、「33 の不規則動詞」の過去形を示すリストが掲載されている。前者には follow, roll, reduce, try, mop などが、後者には find, give, grow, sweep, teach, hurt などかなり難しい動詞があげられている。

❸　活　動

　各レッスンは 4 技能の育成をねらいとする活動で構成されており、聞いたり、話したりする活動から、読んだり、書いたりする活動へ無理なく発展できるように工夫されている。また、各レッスンには文法の学習、フォニックスの学習（例えば、-ow / -aw や -irt / -ort の識別）、単語や文の発音練習を行うためのコーナーがある。さらに、シリーズ 10 を除いて、すべてのレッスンで歌が取り上げられている。

❹　読むこと・書くこと

　各レッスンには簡単な語句や文章を読んだり、書いたりする活動がある。例えば、第 6 学年の Review 2 の Let's Read「誕生日のプレゼント」では 11 文のまとまりのある文章を読んだり、Read and Write「子どもたちの将来の夢」では 7 文からなるパッセージを読んで、読み取った情報を表中の空

欄に英語で書き入れたりする活動がある。

❺ 国際理解

　各シリーズの最後にある Culture & Festival で扱われており、台湾の旧正月、環境問題、アメリカの感謝祭、卒業式などが取り上げられている。

　本節では、文部科学省作成の新教材の特徴を客観的に把握するために、韓国と台湾のテキストの内容および構成について概観した。新教材 Let's Try! および We Can! は、Hi, friends! の内容と比較すると、英語教育の早期化および教科化により、語彙の数や表現（文および文構造など）の種類がかなり増えている。また、韓国や台湾のテキストと比較すると、扱っている語彙数は韓国や台湾を超えることになったが、表現の種類や4技能のタスクのレベルは、韓国、台湾に近づきつつもまだまだ大きな差が見られる。この差は日本と韓国、台湾における小学校外国語教育の教育課程における位置づけや、授業時間数が異なること、その結果として、指導／到達目標が異なることが主な原因であろう。

　今後一段と進展するグローバル化社会を生きる日本の児童のために、より豊かな外国語教育を展開するには、指導者には教材や教科書を、創意工夫を凝らし、より創造的に活用することが求められよう。**(加賀田　哲也)**

学 習 課 題

1.　本節で扱った日本、韓国、台湾のテキストの内容と構成を参照しながら、次頁の表の空欄を埋めよう（ただし、表現については、扱われている項目を○で囲むこと）。

日本、韓国、台湾のテキスト比較

	日 本	韓 国	台 湾
週あたりの授業時間数	中学年は週（　）コマ、高学年は週（　）コマ（1 コマは 45 分）	中学年は週（　）コマ、高学年は週（　）コマ（1 コマは 40 分）	中学年、高学年とも週（　）コマ（1 コマは 40 分）
シラバス	複合型シラバス	複合型シラバス	複合型シラバス
題材	自己紹介、家庭生活、学校生活といった児童の興味・関心や生活に関連した身近な話題や場面		
表現	・人称（主語）： 1 人称 （単数・複数） 2 人称 3 人称 （単数・複数） ・時制、相など： 現在時制 過去時制 未来表現 進行形　など	・人称（主語）： 1 人称 （単数・複数） 2 人称 3 人称 （単数・複数） ・時制、相など： 現在時制 過去時制 未来表現 進行形　など	・人称（主語）： 1 人称 （単数・複数） 2 人称 3 人称 （単数・複数） ・時制、相など： 現在時制 過去時制 未来表現 進行形　など
語彙数	（　）語程度 （高学年・中学年を合わせて）	（　）語程度	口頭で（　）語。そのうち（　）語は綴ることができる。
活動 （4 技能）	・中学年：（　）、（　）中心 ・高学年：聞く、読む、話す（やり取り、発表）、書く	・中学年・高学年：聞く、話す、読む、書く	・中学年・高学年：聞く、話す、読む、書く
国際理解	Let's Watch and Think 等で扱う	Into the World 等で扱う	Culture & Festival 等で扱う

2. グループで協力して、*We Can! 1, 2* と中学校第 1 学年の英語検定教科書のどれか 1 冊で扱われている動詞について比較し、両者の相違点をまとめてみよう。

📖 **参考図書**

文部科学省 (2017a, b) 小学校外国語活動 (第 3, 4 学年) 用新教材 *Let's Try! 1, 2* および小学校外国語科 (第 5, 6 学年) 用 *We Can! 1, 2.*

5章 指導目標、領域別目標、年間指導計画の立て方と具体例

　文部科学省によって 2017 年告示の学習指導要領に対応した新教材が作成され、2018 年度に各小学校に配布された。そして 2020 年度からは高学年では民間の出版社による検定教科書が使用される。各小学校では、学習指導要領や共通教材、検定教科書を参考にしながらも、全国一律の画一的な外国語活動や外国語科ではなく、地域、学校、児童の実態に合わせて、各校ならではの指導目標や領域別目標、年間指導計画を作成し、特色ある取り組みをめざしたい。

　本章では、外国語教育を通して育みたい児童像を明確にした指導目標、領域ごとに「外国語を使って何ができるようになるか」を示した領域別目標および年間指導計画の立て方について考え、具体例を示す。

1節　指導目標、領域別目標、年間指導計画の設定にあたって

　外国語活動および外国語科の指導目標、領域別目標、年間指導計画の設定にあたっては、学習指導要領改訂の趣旨、国際理解教育の目標、学習指導要領における外国語活動・外国語科の目標に加え、学校目標、地域や学校の条件など、踏まえるべき事柄がある。本節では、それらを一つずつ概観する。

1. 学習指導要領改訂の基本的な考え方

　学習指導要領改訂の基本的な考え方は、第 17 期中央教育審議会答申 (2016)「幼稚園、小学校、中学校、高等学校及び特別支援学校の学習指導要領等の改善及び必要な方策等について」に示されている。教育の基本理念である「生きる力」の具体化をめざし、「何ができるようになるか──育成を目指す資質・能力」として次の 3 点があげられている。

> 1) （生きて働く）**知識・技能の習得**
> 2) （未知の状況にも対応できる）**思考力・判断力・表現力等の育成**
> 3) （学びを人生や社会に生かそうとする）**学びに向かう力・人間性等の涵養**

　1) は、何を理解しているか、何ができるか、2) は、理解していること・できることをどう使うか、3) は、どのように社会・世界と関わり、よりよい人生を送るか、を示す資質・能力の三本の柱である。

　多くの小学校の学校目標 (育てたい児童像) は、「自ら学ぶ子」「心豊かな子」「笑顔で語る子」「たくましく生きる子」など、上記の目標を踏まえて設定されている。外国語活動・外国語科においても、学校目標の達成をめざし、外国語教育では何ができるかを考えて指導目標を設定することが大切である。

2.　国際理解教育の目標

　文部科学省の「初等中等教育における国際教育推進検討会報告」(2005) は、国際化した社会を生きる人材を育成するため、初等中等教育における国際教育のあり方について基本的な方向性を示し、「国際社会で求められる態度・能力」として次の3点をあげている。

> 1)　異文化や異なる文化をもつ人々を受容し、共生することのできる態度・能力
> 2)　自らの国の伝統・文化に根ざした自己の確立
> 3)　自らの考えや意見を自ら発信し、具体的に行動することのできる態度・能力

　なお、2章5節で示したように、国際理解教育は国際教育の下位項目と考えられるが、本書では、『小学校外国語活動研修ガイドブック』(文部科学省 2009) などと同様に国際理解教育という表現を使用する。

　国際理解教育は全教科および学校教育全体を通して取り組むべきもので

あるが、外国語教育が果たす役割は大きい。外国語活動・外国語科の目標や年間指導計画を考える上で十分配慮したい。

3. 学習指導要領における外国語活動・外国語科の目標と領域別目標

❶ 外国語活動・外国語科の目標

小学校外国語活動の目標は「コミュニケーションを図る素地となる資質・能力の育成」、外国語科の目標は「コミュニケーションを図る基礎となる資質・能力の育成」である。そしてこの育成をめざす資質・能力の3つの柱──「知識及び技能」、「思考力、判断力、表現力等」および「学びに向かう力、人間性等」について、次のような目標を示している。

外国語活動	① 外国語を通して、言語や文化について体験的に理解を深め、日本語と外国語との音声の違い等に気付くとともに、外国語の音声や基本的な表現に慣れ親しむようにする。 ② 身近で簡単な事柄について、外国語で聞いたり話したりして自分の考えや気持ちなどを伝え合う力の素地を養う。 ③ 外国語を通して、言語やその背景にある文化に対する理解を深め、相手に配慮しながら、主体的に外国語を用いてコミュニケーションを図ろうとする態度を養う。
外国語	① 外国語の音声や文字、語彙、表現、文構造、言語の働きなどについて、日本語と外国語との違いに気付き、これらの知識を理解するとともに、読むこと、書くことに慣れ親しみ、聞くこと、読むこと、話すこと、書くことによる実際のコミュニケーションにおいて活用できる基礎的な技能を身に付けるようにする。 ② コミュニケーションを行う目的や場面、状況などに応じて、身近で簡単な事柄について、聞いたり話したりするとともに、音声で十分に慣れ親しんだ外国語の語彙や基本的な表現を推測しながら読んだり、語順を意識しながら書いたりして、自分の考えや気持ちなどを伝え合うことができる基礎的な力を養う。 ③ 外国語の背景にある文化に対する理解を深め、他者に配慮しながら、主体的に外国語を用いてコミュニケーションを図ろうとする態度を養う。

❷ 領域別目標

中教審 (2016) は、「児童生徒の学びの課程全体を通じて、知識・技能が、実際のコミュニケーションにおいて活用され、思考・判断・表現することを繰り返すことを通じて獲得され、学習内容が深まるなど、資質・能力が

相互に関係し合いながら育成されることが必要である」とし、「(このような) 外国語学習の特性を踏まえて「知識・技能」と「思考力・判断力・表現力等」を一体的に育成し、小・中・高等学校で一貫した目標を実現するため、(中略) 段階的に実現する領域別の目標を設定する」ことを答申した。

この答申を受け、小・中・高等学校の学習指導要領において身につけることが期待される資質・能力に関する学習到達目標として「領域別目標」が示されている。紙幅の関係で詳細は省くが、小学校外国語活動は「聞くこと」「話すこと (やり取り)」「話すこと (発表)」の 3 領域の目標が「〜するようにする」、外国語科はこれらに加え「読むこと」「書くこと」の 5 領域の目標が「〜できるようにする」という指標形式で示されている。

各校はこれらの目標を踏まえて、かつ地域、学校、児童の実態に合わせて、各校ならではの視点を加味して指導目標や領域別目標を設定することが大切である。

4. 地域や学校の条件

3, 4 年生は領域として外国語活動が年間 35 単位時間、5, 6 年生は外国語科が年間 70 単位時間である。しかし、高学年において年間 35 単位時間増を実現するためには、10〜15 分程度の短い時間を単位として繰り返し教科指導を行う短時間授業や、まとまった時間が必要な活動を行う 60 分間の長時間授業を取り入れるなど、地域や学校で弾力的な授業時間設定や時間割編成が必要である。このような状況に加え、開始学年や授業時間数は、地域や学校によっては教育課程上の扱いが異なる場合がある。指導目標や年間指導計画の設定にあたっては、次にあげる地域や学校の条件を考慮する必要がある。

●開始学年

研究開発学校や教育課程特例校では、低学年から開始している場合もある。それら以外の学校においても、「学校裁量の時間」などを使って自主的に開始を早めている場合もある。

●授業時数

研究開発学校や教育課程特例校では年間授業時間数を越えて実施している学校もある。学校裁量の時間などを使っての実施校においても同様である。

●指導者と指導形態

　指導者は、各自治体の事情により、ALT や特別非常勤講師などの外部講師の雇用状態が異なる。その結果、担任と ALT などとの TT が毎時間行われる地域や学校もあるが、月 1 回程度といった場合もある。

2 節　指導目標および領域別目標の具体例

1.　指導目標の具体例——京都教育大学附属京都小中学校

　小中一貫校である京都教育大学附属京都小中学校の全体指導目標と低・中・高学年別指導目標を紹介する。

　同校は、1999 年に週に 1 時間、必修教科として英語を 1〜6 年生において導入した。現在、1〜6 年生において週 1 回の 45 分授業と週 3 回の 15 分の短時間授業で、年間 70 時間の英語学習を行っている。45 分授業は、1〜4 年生は担任と ALT の TT, 5, 6 年生は中学校英語教員が指導し、隔週で ALT との TT による指導をしている。短時間授業は全学年において担任による指導である。

　同校では、以下に示すように 3 つの観点について、低・中・高学年別に、発達段階や学習段階を考慮して指導目標を設定している。また 5〜9 年生においては国際理解教育の一環として、タイ国の中・高等学校と交流を行っていることから、国際理解教育も視野に入れた目標となっている。

2018 年度京都教育大学附属京都小中学校英語科指導目標

	世界の文化や身近な話題、物語や歌などを通し、体と心を使って多くの英語に触れ、英語の音声やイントネーション、リズムに慣れ親しむとともに、4 技能の基礎的な能力とそれらを使って意欲的に伝え合おうとする態度を養い、自他を尊重しともに生きる姿勢を育てる。
低学年	・多く英語に触れ、英語に特有な音やジェスチャーなどに慣れ親しむとともに、歌や読み聞かせなどを通して、情動や身体を動かして英語の表現や文化に慣れ親しむ。 ・身近で簡単な事柄について、自分のことや自分の気持ちを話したり、相手のことや相手の気持ちを聞いたりする力の素地を養う。 ・外国語や外国の文化・行事などを通して、外国語の特徴や外国の文化に対する知識を広げ、また積極的に外国人とのコミュニケーションを図ろうとする態度を養う。

中学年	・英語の音やリズムについて、ALT とのコミュニケーションや歌、読み聞かせなどを通して日本語との違いに気づき、また英語の語彙や音声、基本的な表現に慣れ親しむ。 ・身近な事柄について、自分なりの考えや気持ちを、目の前にいる相手を意識しながら、聞いたり話したりして伝え合う力を養う。 ・英語を通して、言語や文化に対する理解を深め、話す相手や聞き手を意識しながら、主体的に英語を用いてコミュニケーションを図ろうとする態度を養う。
高学年	・英語の音声、文字、語彙、表現、発音と綴りの関係、語順などについて日本語との違いに気付き理解するとともに、基礎的な語彙や表現の読み書きに慣れ親しみ、4 技能を使ってコミュニケーションを行う技能を身に付けるようにする。 ・京都の紹介や学校周辺の道案内などの身近な事柄について、場面や状況に合わせて聞いたり話したりし、また音声で慣れ親しんだ語彙や基本的な表現を推測しながら読んだり、文字や語、語順を意識しながら書いたりして、考えや気持ち、情報などを伝え合う力を養う。 ・英語学習やタイの学校との交流などを通して外国や外国の文化に対する理解を深め、他者に配慮しながら、主体的に 4 技能を使ってコミュニケーションを図ろうとする態度を養う。

2. 領域別目標の具体例——岐阜県大垣市立小野小学校

　今回の学習指導要領の改訂にともない、各小学校では、学習指導要領や共通教材、教科書などを参照し、児童の学習状況や地域の実態等を踏まえ、領域別目標を作成し、授業や評価に役立てることが求められている。なお、領域別目標を作成するさいには、本章 1 節 4 の「地域や学校の条件」で示した事柄以外に、次の点に留意する。

・6 年生修了時の各領域の学習到達目標を「〜することができるようにする」という形式で設定し、次に 5 年生修了時、4 年生修了時、... という順序で各学年の目標を設定する。なお、4 年生、3 年生修了時は「〜するようにする」という形式で設定する。

・学習到達目標は児童に高いレベルを期待しすぎて「CAN'T Do リスト」にならないように留意する。

・学習到達目標はできるだけ具体的な指標文にする。

　具体例として、岐阜県大垣市立小野小学校の領域別目標（学習到達目標）を紹介する（66–67 頁）。なお、同校では、各学年とも「〜することができる」という形式で設定している。

大垣市立小野小学校　英語科　領域別目標（学習到達目標）

学年	聞くこと	話すこと * （考えながら話す）	読むこと	書くこと
1年2年	・相手の話す英語を、表情や動作などで反応しながら最後まで聞くことができる。 ・欲しい物や数など中心となる言葉を聞き取ることができる。	・習った英語やジェスチャーを用いて欲しい物や数などをはっきりと伝えたり尋ねたりすることができる。 ・簡単なあいさつやお礼などを言うことができる。	・アルファベットの大文字や小文字の形の違いや、アルファベットの発音に慣れ親しむ。	
3年	・相手の話す英語を、言葉や表情・動作などで反応しながら最後まで聞くことができる。 ・2文程度の情報を聞き取ることができる。	・習った英語表現やジェスチャーを用いて、伝えたいことが相手に分かるようにはっきりと話すことができる。 ・パターンにしたがって、2文程度で話したり質問したりすることができる。	・ローマ字で書かれた単語や文を読むことができる。 ・十分慣れ親しんだ単語や学習中の単語について絵と文字を一致させることができる。 ・アルファベットの大文字・小文字を読むことができる。	・アルファベットの活字体の大文字や小文字を書くことができる。 ・ヘボン式のローマ字で自分の名前を書いたりヘボン式のローマ字を用いて身近な名詞を正しく表記したりすることに慣れ親しむことができる。
4年	・相手の話す英語を、言葉や表情・動作などで反応したり、内容を類推したりしながら聞くことができる。 ・3文程度の情報を聞き取ることができる。	・習った英語表現やジェスチャーを用いて、相手の様子を見ながら分かりやすく話すことができる。 ・パターンにしたがって、3文程度で話したり尋ねたりすることができる。	・アルファベットの発音ができる。 ・動物や食べ物の名前など十分に慣れ親しんだ単語について綴りを見て発音することができる。	
5年	・相手の話す英語を、簡単な英語を用いて反応したり、理解の程度を相手に示したりしながら聞くことができる。 ・自分の知りたい情報を、いくつかの中から取捨選択して聞き取ることができる。	・相手が理解しているかを確認しながら適切な声量で明瞭に話したり、実物を指し示しながら話したりすることができる。 ・既習の英語表現を用いて、3文程度の情報を伝えることができる。	・動物や食べ物、色など、慣れ親しんだ身近な単語を読むことができる。 ・英語で活動するために必要な単語のいくつかを読むことができる。	・動物や食べ物、色の名前など十分慣れ親しんだ単語を書くことができる。 ・カードやポップアップカードなどを作成するときに、自分が使いたい単語のいくつかを書き写すことができる。
6年	・相手の話す英語に対して、自分の理解の程度を相手に示したり、既習の英語表現を使って質問したり確認したりしながら聞くことができる。 ・話し手が伝えたいことや自分に必要な情報を聞き取ることができる。	・相手が理解しているかを確認しながら話し、必要に応じて繰り返したり言い換えたりするなど工夫して話すことができる。 ・既習の英語表現を用いて4文程度の情報を伝えることができる。	・英語で活動するために必要な単語のいくつかを読むことができる。 ・疑問詞や Yes, No など日常会話に頻出する単語や慣用表現のいくつかを読むことができる。	・動物や食べ物、自分の好きなスポーツや教科など十分に慣れ親しんだ単語を書くことに慣れ親しむことができる。 ・パンフレットやポスターなどを作成するときに、自分が使いたい単語のいくつかを書き写すことができる。

*本表では「話すこと」として「やり取り」「発表」の学習到達目標を一体的に示し、次表では2つの領域を分けて示す。

大垣市立小野小学校　話すこと（考えながら話す）──領域別目標（学習到達目標）

学年	やり取り （やり取りの要素が強い言語活動）	発　表 （Show and Tell の要素が強い言語活動）
1年 2年	• 短いやり取りにおいて、自分の好みを話すことができる。 • 買い物などの場で自分の欲しいものや数を伝えることができる。 • 相手の質問を理解し、簡単な英語で答えることができる。 • 相手の好みや気持ちを聞き取り、言葉を繰り返して確認することができる。	• 短いやり取りにおいて、自分の好みを話すことができる。 • 買い物などの場で自分の欲しいものや数を伝えることができる。 ○ 相手の質問を理解し、簡単な英語で答えることができる。 ○ 相手の好みや気持ちを聞き取り、言葉を繰り返して確認することができる。
3年	• 買い物などの場で、目的や自分の好みに合わせて欲しいものを選び、伝えることができる。 • 見たことや聞いたことについて、短いコメントを即興的に話すことができる。 • 相手の話す英語を、言葉や表情・動作などで反応しながら聞くことができる。 • 相手の好みや気持ちを聞き取り、言葉を繰り返したり、OK? と確認したりしながら聞くことができる。	• 買い物などの場で、目的や自分の好みに合わせて欲しいものを選び、伝えることができる。 • 見たことや聞いたことについて、短いコメントを即興的に話すことができる。 ○ 相手の話す英語を、言葉や表情・動作などで反応しながら聞くことができる。 ○ 相手の好みや気持ちを聞き取り、言葉を繰り返したり、OK? と確認したりしながら聞くことができる。
4年	• 買い物などの場で、目的や自分の好みに合わせたり、相手の説明を聞いたりして欲しいものを選び、伝えることができる。 • 見たことや聞いたことについて、短いコメントを即興的に話すことができる。 • 相手の話す英語を、言葉や表情・動作などで反応したり、内容を類推したりしながら聞くことができる。	• 買い物などの場で、目的や自分の好みに合わせたり、相手の説明を聞いたりして欲しいものを選び、伝えることができる。 • 見たことや聞いたことについて、短いコメントを即興的に話すことができる。 ○ 相手の話す英語を、言葉や表情・動作などで反応したり、内容を類推したりしながら聞くことができる。
5年	• 見聞きしたことについて、短いコメントを即興的に話すことができる。 • 相手が話したことを、主語を you にかえて繰り返したり、簡単な英語を用いて反応したりすることができる。	• show and tell などの場面で、自分が紹介したい内容を 3 文程度の文で話すことができる。 • 見聞きしたことについて、短いコメントを即興的に話すことができる。 ○ 相手が話したことを、主語を you にかえて繰り返したり、簡単な英語を用いて反応したりすることができる。
6年	• 見聞きしたことについて、短いコメントを即興的に話すことができる。 • 相手が話したことを、主語を you にかえて繰り返したり、簡単な英語を用いて反応したりすることができる。 • 既習の英語表現を使って簡単な質問をしたり確認したりしながら聞くことができる。	• show and tell などの場面で、自分が紹介したい内容を 4 文程度の文で話すことができる。また、見聞きした相手からの質問に即興的に答えることができる。 • 見聞きしたことについて、短いコメントを即興的に話すことができる。 ○ 相手が話したことを、主語を you にかえて繰り返したり、簡単な英語を用いて反応したりすることができる。 ○ 既習の英語表現を使って簡単な質問をしたり確認したりしながら聞くことができる。

*1〜4 年生では、外国語の学習段階を考慮し、やり取りと発表の学習到達目標は同じにしてある。

**発表の「•」は話し手、「○」は聞き手としての学習到達目標。

同校は、2014年度より岐阜県英語教育イノベーション事業「英語拠点校区事業」の指定を受け、「主体的にコミュニケーションを図る児童の育成——思いや考えを伝え合い、コミュニケーション能力の基礎を身につけるための指導と評価のあり方」を研究テーマとして研究・実践を行っている。

　現在、1, 2年生（英語活動）は45分授業が年間20回、3, 4年生（英語科）は週1回の45分授業と週3回の15分授業、5, 6年生（英語科）は週2回の45分授業、週3回の15分授業である。指導者は、各学年とも担任、ALT, 英語が堪能な地域人材で、担任はALTや地域人材の力を借りつつ授業を主導している。

　なお、同校では英語教育を通して「どれだけ英語が身についたか、どれだけ英語が使えるようになったか」といったこととともに、他者理解、異文化理解、良好な人間関係の構築、自己有能感の醸成など、小学校教育全体によい影響を与えることを意識して英語授業を行っている。

　領域別目標（学習到達目標）作成にあたり、次の2点に留意している。
・各学年末に、児童がどの程度の英語を理解し話すことができるかを、具体的な活動内容を想定して作成する。
・各学年の発達段階や学習段階を考慮し、活動で繰り返し使用することによって使用表現が無理なく定着し、広がるように工夫する。

3節　年間指導計画の立て方

　外国語教育を推進するためには、自校の指導目標や領域別目標の実現をめざして、外国語の学習開始時から卒業時までの長期的な見通しのもと、年度始めまでに各学年、各単元の指導内容と評価規準を年間指導計画として作成しておくことが不可欠である。本節では、年間指導計画の立て方を考える。なお、共通教材や教科書を利用する場合も、以下の事柄を踏まえて検討を加え、自校ならではの年間指導計画づくりに役立てたい。

1. 作成者と作成の手順

　年間指導計画は、英語担当の中核教員と学年担任を中心に、学年会議や職員会議で話し合って作成する。教員全体で話し合うことによって、より

体系的な充実したものに近づく上に、問題点やアイディアが共有でき、外国語活動および外国語科に対する共通理解や協力体制が深まる。また英語表現の適切さや正確さ、国際理解の題材などについては、必要に応じてALTや英語や異文化に詳しい特別非常勤講師などに協力を求めるとよい。

　年間指導計画は、外国語活動では授業時数が年間35単位時間で、各単元を4時間前後で構成すると9単元程度になる。外国語科では、年間70単位時間で、各単元を8時間前後で構成すると9単元程度になる。また各学年で、年間授業時数の何時間かを国際交流活動に当てるようにしたい。国際交流活動は、「母語以外の言葉でもコミュニケーションが取れた」という自信と喜びを味わう機会となり、また、「もっと話ができるようになりたい、もっと外国のことが知りたい」という学習意欲の向上につながる。

　なお、年間指導計画は年度始めまでに作成しておくべきであるが、本章4節であげている京都教育大学附属京都小中学校の例のように、単元名（テーマ）と語彙や表現を決めておき、各単元で行う活動や具体的な評価規準などについては新しい単元に入る前に決めてもよいだろう。

2. 指導内容選択の視点

❶　指導内容の柱となるシラバスについて［☞4章2節］

　外国語活動も外国語科も、児童が英語を用いて友だちや担任、ALTなどとやり取りをする体験的なコミュニケーション活動を重視しているので、従来の文法事項を系統的に指導する文法・構造シラバスを中心とすべきではない。児童が「聞きたい」「話したい」と感じる話題を中心とする話題シラバス、児童が日常でも体験しそうな身近な場面を中心とする場面シラバスや、児童が英語でやり取りをして課題を解決する活動を中心とするタスクシラバスなどを組み合わせた複合型のシラバスに基づき、各単元の指導内容を選択するとよい。文科省作成教材の年間指導計画や本章4節であげている年間指導計画の具体例も複合型シラバスで構成されている。

❷　指導内容の構成要素と選択の視点

　各単元の指導内容のポイントは単元名（テーマ）に反映させ、その指導内容を支える構成要素は以下に示す視点を踏まえて選択するとよい。

1)　単元名（テーマ）

「好きな教科」「行ってみたい国」といった話題、「レストラン」「道案内」といった場面、他教科関連の「身近な食材の生産地」「栄養バランスのとれた食事」といった題材、「夢の時間割を作ろう」「学校案内をしよう」といったタスクを組み合わせて、あるいは「外来語クイズをしよう」といったタスクそのものを単元名として設定する。設定にあたっては、年間指導計画の中での位置づけを明確にし、児童の興味・関心に合い、「聞いたり」「話したり」したいと思うような内容を選択し、単元のねらいや指導内容が類推できる文言にする。

2) 表現、語彙

単元の活動に必要な表現や語彙を選定する。選定にあたっては、表現は同じ機能を持つものの中からできるだけ平易で汎用性が高いものを、語彙は児童により身近なものを選択する。

3) 活動（アクティビティ）

うた、チャンツ、クイズ、ゲームなど、学習する表現や語彙に児童が慣れ親しむ活動と、コミュニケーション活動、自己表現活動など、学習した表現や語彙を児童が実際に使う活動を選択する。高学年では、読むこと、書くことにつながる活動にすることも意識する。[☞ 7, 8 章]

4) 国際理解

各単元の学習内容に合わせて、世界の小学生の昼食、世界の小学生に人気のあるスポーツなど、また日本の伝統的な遊びや文化の紹介など、児童に身近な視点で世界と日本の生活や文化に理解を深める内容を選択する。

5) 他教科との関連

家庭科の栄養バランスや図画工作の三原色・混色、社会科の農作物の産地、理科の世界の気温など、他教科で学習した内容を活用することで、児童の知的好奇心を満たし、指導・学習の効果を高める内容を選択する。

❸ その他の留意点

年間指導計画は、全学年、全単元を通して、段階的、発展的に学習できるように、体系的に配列することが重要である。また、同じ表現や語彙に何度も触れて無理なく学習できるように、スパイラル状に配列するなどの工夫も必要である。年間行事や他教科の学習時期との連携も考慮して、配列するようにしたい。

なお、年間指導計画は、児童の興味・関心や学習の理解度などに応じて見直し、改良を加えていくことを心がけたい。

4節　年間指導計画の具体例——京都教育大学附属京都小中学校

　年間指導計画の具体例として、指導目標の具体例を紹介した京都教育大学附属京都小中学校の年間指導計画を取り上げる (72–73 頁)。

　同校では文部科学省研究指定プロジェクト「英語教育改善のための調査研究」の指定を受け、2011 年に小中 9 年間を見通したスパイラルな学習、小中ギャップの解消、コミュニケーション能力育成を重視した独自の小中一貫カリキュラムを完成させた。その後、題材の妥当性、各単元の指導内容と時間数、短時間授業の活用法、新しく見え始めた生徒の課題への対応、指導する教員からのフィードバックなどを踏まえ、毎年、改訂を繰り返してきた。9 年生までの学習を見通し、スパイラルに学習を進め、小中ギャップを解消し、より使える英語力の育成をめざし、話題・場面シラバスに基づく教材で指導している。

　同校では、1〜4 年生は「世界の味めぐり」と称して栄養教諭が主体となり、毎月「食」から異文化を学んでいるほか、5 年生からは 1996 年に交流を開始したタイ国の中・高等学校の訪問や文化学習などを通して交流を深めている。また、全学年において、単元に関連させて ALT の出身国の学校生活や行事、日常生活について、ALT の small talk などを通した異文化理解も深めている。

（衣笠知子、樋口忠彦、今西竜也 [執筆協力]、田中正樹 [執筆協力]）

学　習　課　題

1.　年間指導計画の構成要素をまとめよう。
2.　外国語活動・外国語科を通して育てたい児童像を考えてみよう。

京都教育大学附属京都小中学校英語科年間指導計画（2018 年度簡略版）

第 1 学年での学習内容: What's your name? 英語を使ってみよう（名前、気持ち）、What color? 好きなものを伝えよう（動物、色、果物）、World Food〈国際理解〉、Special Zoo 動物園を作ろう、How many? 数えてみよう（グリーティングカードづくり）、Enjoy Reading 絵本を読もう、Do you like soccer? 好きなものを聞いてみよう（野菜、スポーツ）**第 2 学年での学習内容:** Do you have a pen? 何をもっているのか聞いてみよう、What day? 今日の予定を尋ねよう（時間割・給食）、World Cloth〈国際理解〉、Where is ～? どこにあるのか尋ねよう、Move your body. 体を使って表そう、Christmas Decoration クリスマスかざりを作ろう、I wear jeans. どんな服装か伝えよう

	時数	3 年	4 年
前期	L1	Nice to meet you. 自己紹介をしよう (10) [関連: MT3-1, 3-4, 3-5, 4-1, 5-1, NC1-L1] My name is ～. I'm (7) years old. I like (apples). I don't like (carrots). Do you like (carrots)? —Yes. / No. Nice to meet you.	How is the weather? 今日はどんな日？（天気、誕生日）(10) [関連: MT4-2, 4-3, 5-2 / 理科] How is the weather? —It's (sunny). When is your birthday? —It's (September 3rd).
	L2	What shape? いろいろな形を見つけよう (10) [関連: MT3-7 / 算数 / 図画工作] What shape is this? —It's (a circle). Where is (a triangle)? —指でさす What do you want? —I want (a star).	What's the matter? 体の具合を伝えよう (10) How are you? —I'm fine. / I don't feel well. What's the matter? —I have (headache). Take care.
	L3	World Language〈国際理解〉(4) アルファベット（大文字） [関連: MT3-6, 4-1 / 国語] 様々な国のあいさつやありがとうなどの言い方を学習	World Country〈国際理解〉(4) アルファベット（小文字） [関連: MT4-6, 5-6 / 社会] 様々な国の有名な場所や食べられているものなどについて学習
	L4	What's this? 分からないことを尋ねてみよう (10) [関連: MT3-8] What's this? —It's (a book). How many (pens)? —5. How do you say (keshigomu) in English?	Let's go shopping! お店屋さんに行こう（ショッピング／レストラン）(10) [関連: MT4-7, 5-8, NC1-L4] May I help you? What do you want? —(Hamburger), please. How much is it? —It's (4) dollars. Thank you.
後期	L5	I'm a good guide. 京都小中学校のまわりを案内しよう (10) [関連: MT6-4 / 社会] Where is (the supermarket)? —Turn (right). Go straight. Stop.	This is my brother. 人やものを比べてみよう (10) [関連: MT5-8, NC1-L6] Who is this? —She is (my sister). She is (tall). Which is (your ball)? —This is (my ball). / That is (your ball). It's (bigger).
	L6	What time? 時間を尋ねてみよう (10) [関連: MT4-9, 5-4, NC1-L2 / 算数] What time is it now? —It's (7). What time do you (get up)? —I get up at (7).	I'm a carpenter. どんな仕事があるのか考えよう (10) [関連: MT3-9, 5-3] I'm (a doctor). Who am I? —You are (a baseball player).
	L7	I can swim. 得意なことを伝えよう (10) [関連: MT5-6, 6-3, NC1-L7] I can (ski). Can you (swim)? —Yes, I can. / No, I can't.	Welcome to FUZOKU Theater. ペープサートで劇をしよう (10) [関連: MT4-9, HF2-L7 / 図画工作] 日本と欧米の物語を、グループでペープサートを使って演じる (Momotaro, Frog and Toad)
	L8	おさらい (6) My name is ～. Do you like (lemons)? What shape is this? How many (pens)? Turn (right). What time is it now in (America)? I (go to bed) at (10). I can (ski). など	おさらい (6) How is the weather? —It's (sunny). How are you? I have (a headache). May I help you? How much is this? Who is this? My sister is (short). I'm (a pilot). など

注) MT: 文科省共通教材（中学年）*Let's Try!*（高学年）*We Can!* NC: *New Crown*（三省堂、中学校検定済教科書） HF: 文科省旧教材 *Hi, friends!* 単元名のあとの（ ）は配当時間数を表す。

● 10 月にオーラルインタープリテーションコンテストを開催。絵本や映画のセリフなど、4 種類の文章から一つ選び、感情豊かに表現する校内開催の英語コンテスト。初等部（1〜4 年）、中等部（5〜7 年）、高等部（8, 9 年）に分かれて開催。

	時数	5年	6年
前期	L1	She likes soccer. 友だちを紹介しよう（ABCを書いてみよう）(8) ［関連：MT5-9, NC1-L2］ She [He] is ～. She [He] is (kind). She [He] likes (cats). She [He] is good at (soccer). She [He] has (a soccer ball).	When is your birthday? どこで？ いつ？ を使って会話しよう (8) ［関連：MT5-2, NC1-L3］ When is (sports day)? ―It's in September. Where is (the music room)? ―It's (on the second floor).
	L2	Is this your eraser? 落とし物を見つけたときの会話をしよう (8) Excuse me. Is this your (pen)? Pardon? Thank you. You're welcome.	Let's go shopping. ファーストフード店での会話 (8) ［関連：MT4-7, 5-8 / 家庭科］ May I help you? (Hamburger), please. Large or small? How about (drinks)? For here or to go? Here you are. It's (300) yen.
	L3	What sport do you like? 好きなものを尋ね合う (8) ［関連：MT3-5, 6-1, NC1-L3］ What (sport) do you like? ―I like (volleyball). Which do you like, (English) or (science)? ―I like (English).	I have English class on Mondays. 時間割を伝えよう（ABCを書いてみよう）(8) ［関連：MT5-3］ What classes do you have on (Tuesdays)? ―I have (Japanese) class and (science) class.
	L4	Shake your hip. 体の部位を使って会話をしよう (8) Touch your (nose). Raise your (right hand). Shake your (hip). Wave your (hands).	Whose pen is this? 誰のものか伝えよう (8) ［関連：NC1-L5］ Whose (pencil case) is this? ―It's (mine). This is (Yayoi's) eraser.
	L5	Where is Thailand? 〈国際理解〉(4) タイってどんな国？ ［関連：MT5-6］ タイの人々の生活やタイ語についての学習	Welcome to Japan 〈国際理解〉(4) タイの友だちを歓迎しよう 学級を訪れるタイの生徒のためのタイ語の練習や掲示物の作成
後期	L6	What time do you go to bed? 時刻を尋ねよう (8) ［関連：MT4-4, 4-9, 5-4, NC1-L2］ What time is it in (Paris) now? ―It's (7) o'clock. What time do you (come to school)? ―I come to school at (8).	This is my town. 京都を案内しよう（ABCを書いてみよう）(8) ［関連：MT6-4］ There is (a temple). It's (beautiful). Which bus goes to Kinkaku-ji? ―Take the (No. 3) bus. It takes (10) minutes.
	L7	She is running now. 実況中継をしてみよう (8) ［関連：NC1-L8］ I am (jumping) now. He is (running) now. She is (cooking) now.	Let's read. (8) 読み聞かせをしよう ［関連：MT4-9 / 国語］ グループごとに絵本を選んで練習し、初等部（1～4年生）の生徒に読み聞かせをする活動
	L7	Let's read. 物語を読もう (8) ［関連：MT4-9 / 国語］ "The Happy Day" 速さや声量などに気をつけ物語を感情を込めて読む活動	I enjoyed SHIYUSAI. 紫友祭＊の感想を伝えよう (8) ［関連：MT6-5, 6-7］ I went to (the 5th Grade Ennichi). I enjoyed (shooting games). I watched (the 9th graders' play). It was (fun).
	L8	This is my favorite. 好きなものを紹介しよう (show and tell) (10) ［関連：MT6-9, NC1-L3］ This is my favorite (movie). It's (Night Museum). I want to go to (the museum). Why don't you (watch it)?	I want to be a nurse. 未来の自分を語ろう (10) ［関連：MT6-8, 6-9］ I want to be a (teacher). I like (sports). I want to (teach P.E.). I want to (help students).

＊12月に行われる学習発表会

6章 言語材料と4技能の指導

　本章では、外国語活動や外国語科で扱う英語の特徴や決まりに関する事項——言語材料にはどのようなものがあるか、中学校英語と共通する内容は何か、また話題や場面を中心とした活動を通して、語彙や表現などにどのように慣れ親しませ、「読むこと」「書くこと」を含めた4技能をどのように指導し、育成すればよいのかを考えてみたい。

1節　外国語活動・外国語科の言語材料

　新学習指導要領・外国語で取り上げられている音声、文字および符号、語、連語および慣用表現、文および文構造などは、以下の通りである。なお、外国語活動ではこれらのうち基本的な事項が取り扱われる［☞4章3節］。

音声：（ア）現代の標準的な発音、（イ）語と語の連結による音の変化、（ウ）語や句、文における基本的な強勢、（エ）文における基本的なイントネーション、（オ）文における基本的な区切り。

文字および符号：（ア）活字体の大文字、小文字、（イ）終止符や疑問符、コンマなどの基本的な符号。

語、連語および慣用表現：（ア）600〜700語程度の語、（イ）get up, look at などの活用頻度の高い基本的な連語、（ウ）excuse me, I see, I'm sorry, thank you, you're welcome などの活用頻度の高い基本的な慣用表現。

文および文構造：日本語と英語の語順の違いなどに気づかせるとともに、意味のある文脈でのコミュニケーションの中で繰り返し触れることを通して活用する。

（ア）文：a. 単文、b. 肯定・否定の平叙文、c. 肯定・否定の命令文、d. be 動詞や助動詞（can, do など）で始まる疑問文、疑問詞（who, what, when, where, why, how）で始まる疑問文、e. 代名詞（I, you, he, she）の

基本的なもの、f. 動名詞や過去形のうち、活用頻度の高い基本的なもの。

（イ）文構造：a. 主語＋動詞、b. 主語＋be 動詞＋補語（名詞／代名詞／形容詞）、c. 主語＋動詞＋目的語（名詞／代名詞）。

これまで中学 1, 2 年で扱われていた文法事項のうち基本的なものを中心に音声で慣れ親しませたのち、読むこと、書くことにつなげることが求められる。

言語の使用場面：（ア）児童の身近な暮らしに関わる場面（家庭での生活、学校での学習や活動、地域の行事など）、（イ）特有の表現がよく使われる場面（挨拶、自己紹介、買物、食事、道案内、旅行など）。これらはほぼ中学校との共通事項となっている。

言語の働き：（ア）コミュニケーションを円滑にする（挨拶をする、呼び掛ける、相づちを打つ、聞き直す、繰り返すなど）、（イ）気持ちを伝える（礼を言う、褒める、謝るなど）、（ウ）事実・情報を伝える（説明する、報告する、発表するなど）、（エ）考えや意図を伝える（申し出る、意見を言う、賛成する、承諾する、断るなど）、（オ）相手の行動を促す（質問する、依頼する、命令するなど）。これらもほぼ中学校との共通事項となっている。

指導のさいには、子どもたちの興味・関心に応じて日常生活や身近な話題をテーマに取り上げ、言語材料を盛り込んだ年間指導計画を作成する。また、基本的な単語や定型表現などを繰り返し指導して慣れ親しませ、目標であるコミュニケーション能力の素地（外国語活動）や基礎（外国語科）を育成するようにしたい。

2節　4技能の指導

1. 聞くこと

❶ 指導のポイントと指導者の話す英語

外国語活動の指導では、音声が中心になる。日本語は母音と子音の組み合わせで音が成り立ち、等音節性のリズム（syllable-timed rhythm）であるが、英語は文の強勢が現れる間隔をほぼ同じ長さにする等時性のリズム

(stress-timed rhythm) である。次の例のように、日本語のアとイでは、音節の長さは同じで、音節が増えると時間が長くなるが、英語のアとイの場合は、強勢間の長さがほぼ等間隔となる。

【日本語】　ア. 1 2 3　　　イ. 1 と 2 と 3
　　　　　　● ● ●　　　● ● ● ● ●

【英語】　ア. one, two, three　イ. one and two and three
　　　　● ● ●　　　● ● ●

また英語では、音声変化をともない、弱化、連結、同化、脱落など英語独特のリズムやイントネーションが現れる。そこで、リスニング指導のさいには、ALT や JTE の話す英語や、CD, DVD, ICT 機器などを活用し、日本語との違いも考慮し、たっぷりと良質の英語を聞かせ、音声に慣れ親しませることが重要である。その上で、場面や文脈から意味を推測させ内容をしっかりと理解させること、内容が理解できているかどうかの確認を行うことが重要である。そのさい、ティーチャー・トーク (teacher talk) では児童が分かりやすいようにポーズやスピードを調整したり、視覚補助教材やジェスチャーを用いたり、繰り返し聞かせるなどして、聞いた内容が分かったという体験や楽しさを味わわせるようにしたい。

❷ 教　材

うたやチャンツ、ナーサリー・ライム (nursery rhyme) などは、身体ごと英語のリズムにのったり、何度も繰り返すうちに英語の音声を丸ごと覚えるという副産物も期待できる。また、CD, DVD 教材や絵本の読み聞かせなどでまとまった英語を聞かせたい。内容が理解できた喜びと自信を与えるとともに、異なる文化に触れ ALT の国の行事などの様子や文化を学ぶこともできる。さらに、さまざまな外国語に触れさせる機会があれば、より多くの言語の音声を耳にでき楽しい学びになる。

❸ 活　動

　主な活動としては、聞いて身体で反応したり、色を塗ったり、描いたり、線で結んだり、選んだり、繰り返したりといった活動があげられる。また、TPR 的手法 [☞ 9 章 1 節] として、Simon Says やカードゲームなどによって聞き取らせることもできる。聞かせる前には、あらかじめ単語や背景知識を活性化させる質問を行ったり、視覚補助教材を用いて理解を促したりといった工夫も必要である。なお、絵本の読み聞かせは 7 章 2 節 4 を参照していただきたい。

❹　指導手順

　3 年生対象「好きなものを伝えよう」（I like apples.）を例に考える。

第 1 時：

①　ウォームアップ（small talk）：ALT との TT であれば、テーマに関する会話などを聞かせ、好きなものが何かを推測させたり、用いられている表現に気づかせる。

HRT: I like fruits very much. I like strawberries, apples and oranges, but I don't like lemons. Meg, do you like fruits?

ALT（Meg）: Yes, I do. I like apples very much. I often eat apple pies and drink apple juice, but I don't like tomatoes.

HRT: Oh, I see. Well, class. Does Meg like apples? …

②　導入（pre-listening）：色、食べ物・飲み物、果物、スポーツなどを表す語彙や I like 〜. の表現を、絵カード等を見せながら児童に何度か聞かせた後、日本語との発音の違いに気をつけて指導者について発音をさせる。またキーワードゲームなどで単語を聞いて分かるようにする。

③　展開（while-listening）：実際に会話を聞かせて、人物と好きなものを線で結ばせたり、誰が何を好きか聞き取らせたりする。

④　発展（post-listening）：答えの確認を行った後、聞き取れなかった点や難しい箇所などを説明する。（例：外来語と英語の発音の違いなど）

第 2 時以降：

　友だちの好きなものや好きでないものについてインタビュー活動などを行い、習った表現を用いて尋ね、聞いて理解できるようにする。また分か

らなければ Pardon?　Once more, please. などと聞き返す表現を用いてコミュニケーションを続けようとする態度を育成することも大切である。

2.　話すこと

❶　指導のポイント

　児童が興味・関心を持つ題材を選び、本当に伝える意味のある活動を工夫することが重要である。その上で、話すために必要な語彙や表現を指導する。例えば、「将来行きたい国」についてスピーチをさせたいのであれば、I want to go to Australia. I want to see kangaroos, koalas and wombats. I want to visit the Airs Rock. I want to eat beefsteak. I can learn English in Australia. といった自己表現ができるように、国名、特産物や特徴、理由などを表す語彙や表現をあらかじめ指導しておきたい。そのさい、英語の自然なイントネーションや文強勢の位置が崩れないように、通じる程度の発音を習得させ、カタカナ表記はできるだけ使用しないようにする。さらに、コミュニケーションにおいては、声の大きさ、アイコンタクト、ジェスチャーなども大切であり、伝えたい気持ちを大切にすることを指導したい。ただし、留意すべき点は、話すことを急がせないということである。また、聞く・話す指導を分けずに、教師と児童、児童同士のインタラクションを中心に授業を展開することが重要である。

❷　教　材

　リスニングと同様に、うた・チャンツ等で音声に慣れ親しませたり、繰り返し発話を促したり、ワークシートを用いてペアでの会話やインタビュー活動を行ったり、英語劇の上演や絵本の創作と発表などが考えられる。英語劇では、日常的な表現が多く含まれ、多くの子どもが参加できる劇を選ぶことが大切である。また、ALT や教師が台詞を追加したり、アドリブ会話などを入れ、児童に自分の言葉として発話させたい。ただし、暗唱が負担にならないように配慮する。絵本の創作も一部をアレンジして発表させるなどの工夫をして、時間や負荷がかかりすぎないようにしたい。さらに、栄養素を考えてランチメニューを作成したり、食材の産地を考えさせるなど他教科との関連にも留意し、知的好奇心を刺激する内容を教材化して話

させるとよい。

❸　活　動

　まずは、語彙や表現、音声に慣れ親しませながら、うたやチャンツ、クイズ、ゲーム等の活動でコミュニケーション・自己表現活動や国際理解活動へとつなげるように工夫する。スピーキング活動では、ゲーム的要素を含めることで児童を飽きさせず、実際に英語を使う体験を多くさせることが大切である。show and tell やスピーチ、プレゼンテーションなどの発表、ロールプレイ、スキット、インタビューなどのやり取り、プロジェクト活動、英語劇の上演などを通して、多様な活動を行うことができる。これらの活動により、コミュニケーションの楽しさを体験させ、達成感を味わわせたい。また国際理解活動や交流会を通して、日本のことを発表させ、外国の行事や学校生活、習慣の共通点・相違点などに気づかせよう。

❹　指導手順

　例として「行きたい国 (I want to go to Italy.)」という単元の第 3 時をあげてみる。第 1 時と第 2 時で扱う表現は以下の通りである。

第 1 時: I want to ....

第 2 時: Do you want to ...?　Yes, I do. / No, I don't.

第 3 時:

①　ウォームアップ: 英語のうたを歌った後、担任と ALT が行きたい国について会話をし、児童にも行きたい国について尋ねてみる。

②　復習: 前回習った国の名前、世界遺産などの単語と、Do you want to go to Italy? といった表現を、絵カードを用いて児童にチャンツ等でリズムをつけて発音させる。また、カードゲームなどの活動を通して、習った表現の復習や定着につながるように橋渡し活動を行い、反復・模倣を通して正しい音声を身につけさせる。

③　導入: Where do you want to go?　I want to go to 〜. といった表現を担任と ALT の会話を通して導入し、児童にリズムをつけて繰り返し言わせるなどして慣れ親しませる。

④　展開: リスニング活動も行った後、ペアで、ワークシートなどを用い

て、Where do you want to go? I want to go to 〜. と尋ね合う。

⑤ 発展：ワークシートなどを用いてインタビュー活動を行い、行きたい
国について調査をする。その後、どの国に行きたい人が多いかなど、分
かったことを発表する。

第4時：行きたい国やそこでしたいことについてのスピーチ大会を行う。

3. 読むこと、書くこと（リテラシー）の指導

❶ 指導の意義

2008年告示の学習指導要領・外国語活動では、「文字や単語の取扱いに
ついては、児童の学習負担に配慮しつつ、音声によるコミュニケーション
を補助するものとして用いること」とある。しかし、児童や指導者を対象
とした各校のアンケートなどによると、中学年から高学年にかけて文字に
対して興味・関心が強くなり、読みたい、書きたいという希望が多くなっ
ていることや、発達段階に応じた読むこと、書くことの指導の重要性に鑑
み、新学習指導要領の外国語科では聞くこと、話すことに読むこと、書く
ことが加わり、読むこと、書くことの目標が以下のように示されている。

読むこと：

ア 活字体で書かれた文字を識別し、その読み方を発音することができる
ようにする。

イ 音声で十分に慣れ親しんだ簡単な語句や基本的な表現の意味が分かる
ようにする。

書くこと：

ア 大文字、小文字を活字体で書くことができるようにする。また、語順
を意識しながら音声で十分に慣れ親しんだ簡単な語句や基本的な表現を
書き写すことができるようにする。

イ 自分のことや身近で簡単な事柄について、例文を参考に、音声で十分
に慣れ親しんだ簡単な語句や基本的な表現を用いて書くことができるよ
うにする。

小中連携を考え教科としての系統性を持たせる上でも、リテラシー教育
を段階的に導入し、指導することが大切である。このような考え方も踏ま
え、以下、外国語活動で行う文字指導（☆）と外国語科で行う文字指導（◇）

について考える。

❷ 読むこと

1) 指導目標

・アルファベットの大文字と小文字をシンボルとして視覚的に識別し、文字と音声を結びつけてその読み方を発音することができる。(☆)
・音声で慣れ親しんだ基本的な単語や文を読み、意味が分かる。(◇)
・日常生活に関する簡単な内容の掲示やパンフレットなどから必要な情報を得たり、絵本などの中から語句や基本的な表現を識別できる。(◇)

2) 指導内容、方法

楽しく文字に触れ、楽しく学ぶ読みの段階的な指導を考えてみたい。

第1段階 (☆)：アルファベットの文字を認識・理解し、単語全体をまとまった形として捉え興味を持たせる。アルファベット並べ、文字あてクイズ、文字探し、文字読みと音読みを繰り返すアルファベットジングルなど。

第2段階 (☆)：大文字・小文字を認識させる。ビンゴゲーム、線つなぎ、大文字と小文字のカード合わせ、神経衰弱など。

第3段階 (◇)：音声で十分慣れ親しんだ単語を、ひとかたまりと認識して読ませる。カルタ取り、絵カードに書かれた単語の綴りを指導者について読む、単語をアルファベット順に配列させる単語カード並べ [☞10章2節]、単語探しなど。

発展段階 (◇)：音声で十分慣れ親しんだ基本的な文を、指導者の後について読ませる (例：I like dogs. I have a ball.)。また、絵本を活用して、曜日や、数、食べ物の名前などを聞きながら文字に注目させたり、指導者について読ませたりするなど、全体から内容を推測させつつ文字にも関心を持たせる。[☞7章2節]

3) 指導上の留意点

ふだんから単語の絵カードなどに文字を記載し、児童の目に触れるようにしておいたり、活動で用いるワークシートなどに慣れ親しんだ英語を載せておき、自然に文字に慣れさせるとよい。文字を読んだり書いたりする能力の育成には時間がかかる。児童の興味・関心に応じて、個々のアルファ

ベットの発音や、識別が難しいbとd, pとqなどを気長に繰り返し丁寧に指導することが重要である。

❸ 書くこと

1) 指導目標

・大文字、小文字をなぞったり、書き写すことができる。（◇）

・相手に伝えるなどの目的をもって、語と語の区切りや語順などを意識して、音声で慣れ親しんだ簡単な語句や表現をなぞったり、書き写すことができる。（◇）

・他者に伝えるなどの目的をもって、名前や年齢、趣味、好き嫌いなど自分に関する簡単な事柄について、例文を参考に、音声で慣れ親しんだ簡単な単語や基本的な表現を用いて書くことができる。（◇）

2) 指導内容、方法

　書く活動が入ると、英語が苦手だと感じたり、英語が嫌いになる児童も増える。慎重で無理のない段階的指導が必要である。

第1段階（◇）：アルファベットの大文字、小文字を、点線をなぞったり、書き写させる。

自己紹介カード

　＿＿＿＿には自分自身のこと、▢▢▢には下の語群から自分に合う単語を選んで書き入れ、自己紹介文を完成しよう。

Hello. My name is ＿＿＿＿. Please call me ＿＿＿＿.
I am from ▢▢▢. I am ▢▢▢ years old.
I like ▢▢▢. I don't like ▢▢▢.
Thank you. Good bye.

【語群】Japan, USA, Canada, Tokyo, Osaka, Nagoya, ten, eleven, dogs, cats, apples, oranges, bananas, ice cream, cake, English, math など

◀ 自己紹介カードの例

第 2 段階（◇）：基本的な単語の最初の文字を書き入れさせる。（例：□og, □at）。

第 3 段階（◇）：単語を書き写す活動に取り組ませ、示された語彙群から自分に合う単語を選び、空欄に書き入れさせる。なお、この発展活動として、自己紹介カード（前頁に例を掲載）・誕生日カードなどの作成や、オリジナル絵本を作成し、低学年の児童に読み聞かせを行う活動なども考えられる。

3) 指導上の留意点

児童は小学校 3 年生でローマ字を学ぶため、名前などはアルファベットで書いたり、文字をなぞったりすることはある程度できるようになるだろう。しかしながら、ヘボン式と訓令式、ローマ字と英語の違いには注意が必要である。また音声をともなわないペンマンシップに陥らないように留意し、文字認識をしっかり行った後、伝えるために書くという目的を見失わないようにしたい。また、大文字から小文字へと段階を踏んで導入し、小文字の高さの違いや書き方なども丁寧に指導したい。　　**(泉　惠美子)**

学　習　課　題

1. 聞く技能を育成するさいに留意する点をまとめてみよう。
2. 外国語活動で扱う題材とターゲットとする表現を決め、話すことの指導手順を考えてみよう。

📖 参考図書

アレン玉井光江 (2010)『小学校英語の教育法——理論と実践』大修館書店.

酒井英樹・滝沢雄一・亘理陽一（編）(2017)『小学校で英語を教えるためのミニマム・エッセンシャルズ——小学校外国語科内容論』三省堂.

7章 教材研究①——児童が英語に楽しく触れ、慣れ親しむ活動

　小学校の外国語学習では、外国語の音声や表現に楽しく触れ、それらを理解し、慣れ親しみ、コミュニケーションで活用できる基礎的な知識や技能を身につけることが大切である。授業はさまざまな活動（アクティビティ）で組み立てるが、本章では、うた、チャンツ、ライム、クイズ、ゲーム、絵本を用いた活動について考える。

1節　望ましい活動の条件と活動の選択、開発の視点

　児童の外国語学習は、「楽しい学習」が大前提である。学習する表現や語彙を使ったチャンツ、クイズ、ゲームなど、児童が楽しみながら表現や語彙を声に出して使うことができる活動を準備することが重要である。また児童がある程度まとまりのある英語に触れ、英語の音声的特徴や異文化に慣れ親しみ、理解を深めるために、うたやライム（rhyme）、絵本を用いた活動は有意義である。

　これらの活動の選択・開発にあたっては、児童が「楽しい」と感じる活動の条件を理解しておきたい。すなわち、学習活動において「楽しい」とは、発見の喜びなど知的好奇心が満たされること、充実感・満足感・達成感が得られることと言える。これらがどのような活動によって得られるかは、児童の発達段階や学習段階、興味・関心によって異なる。例えば、低学年は、仕草をつけて歌ったり、身体で表現したりといった、身体や五感を働かせる活動が楽しめる。中学年頃からは知的・認知的言語活動に興味が移行するので、中・高学年では、「聞いたり」「話したり」することに必然性が見いだせたり、言葉の意味や働きについて気づきがあったり、頭を働かせて答えが出せたりといった活動が楽しめる。またこころの成長度に合った児童のこころを動かすうたや絵本を選定し、活動を開発したい。

以上を踏まえ、うた、チャンツ、ライム、クイズ、ゲーム、絵本を使う活動について、意義、選択、開発、指導のポイントおよび具体例をあげる。

2節　活動の具体例

1.　うた、チャンツ、ライム

　うた、チャンツ、ライムは児童が英語の音声的特徴に触れ、慣れ親しむ格好の教材である。小学校の授業では、*We Can!* などのチャンツに例をみるように、児童が言語材料に慣れ親しむことを目的に作成されたものを利用する場合が多いが、英語圏伝承のうた、チャンツ、ライムも活用したい。なお、ライムとは英語圏伝承の韻を踏んだ子どもの詩である。詩として口にして楽しむが、メロディーがついてうたになっているものも多い。

❶　うた、チャンツ、ライムの意義

1)　英語のうた、チャンツ、ライムは英語の音声的特徴や言語構造を土台としており、英語特有の音・リズム・アクセント・抑揚などに慣れ親しむことができ、英語の語彙や文法構造に無意識のレベルで触れることができる。

2)　うた、チャンツ、ライムのなかでも、手遊びや全身遊びのように仕草や動作をともなうものは、歌詞の意味を仕草や動作で表現しているものが多く、歌い遊ぶことを通して、言葉の音と意味の結びつきを体得できる。

3)　英語圏のうたやうた遊び、英語圏の伝承的なチャンツやライムの歌詞や遊び方には、英語文化圏ならではのモチーフや表現があふれており、歌い遊ぶことが外国語や異文化に触れる活動となる。さらに、うた、うた遊び、チャンツ、ライムに身を投じ、味わい、響き合う体験は、児童に身近なレベルで「外国語や異文化に共感する体験」となり、外国語への関心や異文化を尊重するこころの芽を育む。

❷　選択、開発、および指導のポイント

1)　児童の発達段階、興味・関心に合ううた、チャンツ、ライムを選択する。例えば、低学年では仕草や動作をともなうもの、中・高学年ではテレビなどでなじみのあるうたや、音楽の授業で演奏したり日本語で歌ったりしたうたの原曲など、児童が歌ってみたいと感じるものを選択する。

2) 最初から歌わせようとせず、「何のうた？」「どんな意味？」「どんな表現、単語が聞き取れる？」などと問いかけ、何度も聴く機会を与える。

3) 歌詞の意味は、歌詞の内容を表現したイラストやジェスチャーなどを見せて伝える。

4) チャンツやライムを言うさい、また替えうたやオリジナル・チャンツを作るさいには、英語が本来持つ強弱の等時性のリズムを崩さないことが大切である。そのためには音感のよい英語母語話者の助けを借りるとよい。

具体例1　Sing a Rainbow──虹を歌おう

*Red and yellow and pink and green,	赤、黄、桃、緑、
Purple and orange and blue.	紫、橙、青
I can sing a rainbow,	虹がうたになるよ
Sing a rainbow,	虹を歌おう
Sing a rainbow, too.	虹を歌おうよ
Listen with your eyes,	よーく見てごらん
Listen with your eyes,	聴こえてくるでしょ
And sing everything you see.	それをうたにするんだ
You can sing a rainbow,	虹のうたが歌えるよ
Sing a rainbow,	虹を歌おう
Sing along with me.	虹を歌おうよ
*繰り返し	

Words & Music by Arthur Hamilton ©1955 by MARK VII LTD. All rights reserved. Used by permission. Print rights for Japan administered by Yamaha Music Entertainment Holdings, Inc. JASRAC 出 1712382–904（87 頁も同様）

1) ねらい

　このうたは、音楽の検定教科書によっては、主にリコーダー演奏曲として掲載されている曲である。なじみのあるうたの原曲を知り、英語でも歌えるようになることは、児童の満足感につながる。また虹の色のとらえ方は世界の国々によって異なり、スウェーデンのようにピンクを含む国もある。日本とは異なる虹の色に異文化を感じることができる。

2) 活動の進め方

・準備物：A4 サイズ程度の色カード（歌詞の 7 色）

　　　　　A4 サイズ程度の絵カード（rainbow, eyes, listen, sing, see）

・指導の手順：
① 指導者は CD をかけて児童に聞かせ、「何のうたか」を考えさせる。（必要に応じて繰り返し聞かせる）
② 次に、聞き取れた表現や単語を児童に尋ね、児童の "Red.", "Eyes." などの返答に合わせて、色カードや絵カードを黒板に貼る。このさい、歌詞の流れに従って貼り、聞き取れていない部分は空白にして、次に聞き取る箇所を児童が分かるようにする。（同上）
③ 色カードと絵カードがすべて黒板に貼り出されたところで、指導者はカードを指し示しながらゆっくり歌う。2 番は、歌詞中の see, listen, everything などのところでジェスチャーをつけて歌う。
④ 指導者のリードに合わせて、児童も一緒に歌う。

3) 指導上の留意点
　歌詞の聞き取りは、色、動詞など主たる語彙が聞き取れればよい。接続詞、前置詞、所有格などは、次の名詞へのつなぎの音として軽く発音する。

具体例 2　Sally Go Round the Sun——サリー、お日さまのまわりを回れ

Sally go round the sun,	サリー、お日さまのまわりを回れ
Sally go round the moon,	サリー、お月さまのまわりを回れ
Sally go round the chimney pots	サリー、煙突のまわりを回れ
On a Sunday afternoon. Boom!	日曜日の昼下がり　ブーン！

1) ねらい
　英語圏の集団遊びのうたである。うたを歌いながら、日本の遊びとは一味違う遊びを楽しむことで、児童は異文化に触れ、英語のリズムに慣れ親

しみ、また歌詞のおおまかな意味を体得することができる。

2) 活動の進め方
・準備物：A4 サイズの太陽、月、煙突（2 枚）の絵カード
・活動の進め方

① 指導者はうたの CD をかけ、児童に、歌詞のなかの「女の子の名前」「曜日」「3 つの語句 (sun, moon, chimney pots)」を聞き取るよう促す。
② 絵カードを示しながら、「3 つの語句」の意味を確認する。
③ 指導者は絵カードを示しながら、ゆっくり歌う。
④ 指導者のリードに合わせて児童も一緒に歌う。
⑤ 全員で大きな輪になる。太陽（1 人）、月（1 人）、煙突（2 人）役の児童を決め、その児童らは太陽・月・煙突を表すポーズをとって輪の中に立つ。残りの児童のなかからサリー役 (S1) を 1 人決める。
⑥ 全員でうたを歌う。S1 は、うたの歌詞に合わせて、太陽、月、煙突のまわりを回り、うたの終わりの "Boom!" のところで、輪の最寄りの児童 (S2) にタッチする。
⑦ S2 は、⑥と同様にうた遊びを続ける。S1 は輪の S2 の位置に留まる。

3) 指導上の留意点と応用・発展

歌詞の "Sally" のところを、"Akira go round the sun" のように、児童の名前に替えて歌うとさらに楽しめる。また、歌詞の "go round" の意味は、うた遊びのなかで遊びつつ、「まわりを回る」だと理解させればよい。高学年では遊びの難易度を上げて、歌詞の "go round" のところを、適時、"go over (乗りこえる)"、"go under (くぐる)" に替える。そのさい、太陽、月、煙突役は、それぞれ二人一組で両手をつないで立ち、サリー役が乗りこえたりくぐったりしやすいように協力する。

樋口忠彦（監修）・衣笠知子（執筆）『学研英語ノートパーフェクト 1 ――英語でエンジョイ！』（学研教育出版、2010）より転載。

具体例3 Can You Swim? ── 泳げる？

```
A: Can you play soccer?        B: No, I can't.
A: Can you play baseball?      B: No, I can't.
A: Can you play the piano?     B: No, I can't.
                                  Umm..., but I can cook
                                  and swim!
```

(*Hi, friends! 2*（平成24年度版）, Lesson 3. なお、ストレスの位置は、同書のデジタル教材の音声では Cǎn you ...? のように Can にストレスが置かれている）

1) ねらい

　"Can you 〜?", "I can 〜." の表現といろいろな動詞に慣れ親しませることを目的とするチャンツである。

2) 活動の進め方

・準備物： *Hi, friends! 2* のデジタル教材（デジタル教材がない場合は、チャンツに出てくる動詞の A4 サイズの絵カード）

・指導の手順：

① 指導者はデジタル教材を児童に視聴させ、聞き取れた表現や語彙を児童に尋ね、チャンツの意味を考えさせる。（デジタル教材がない場合は、指導者がチャンツを言い、絵カードを黒板に貼る）

② チャンツを1行ずつ、デジタル教材もしくは指導者の後について児童は繰り返す。必要に応じて何度も行う。

③ Aの部分を指導者が、Bの部分を児童が言う。次に役割を交替して言う。

④ 児童を2グループに分けて掛け合いで言う。男子対女子、列ごと、ペ

アなどさまざまな掛け合いで言う。

3) 指導上の留意点と応用・発展

チャンツに慣れたら、スポーツ名の部分だけ手を打ったり、can の部分だけ抜いて言ったり、スピードを徐々に速めたり、といった変化をつけると何度でも新鮮に楽しめる。ペアで、互いのできることやできないことを尋ね合い、オリジナル・チャンツを創って発表する活動へと発展させたい。

具体例 4　Eeny, Meeny, Miny, Mo——だれにしようかな

・　　・　　・　　・	
Eeny, meeny, miny, mo,	だれにしようかな
・　　・　　・　　・	
Catch a tiger by his toe;	虎の足さき捕まえろ
・　　・　　・　　・	
If he hollers, let him go,	吠えたら放せ
Eeny, meeny, miny, mo.	だれにしようかな

1) ねらい

英語圏でとてもよく知られている「鬼きめうた」のライムである。語尾の mo, toe, go, mo が韻を踏んでいる。一人ひとりを指しながらこのライムを言い、最後の "mo" で指された人が「当たり」となる。授業のさまざまな場面で、誰かを選ぶさいに指導者が使うとよい。教室で何度も耳にするうちに、児童は詩とリズムを耳で覚え、一緒に言えるようになる。

2) 活動の進め方

指導者の質問に挙手した多数の児童のなかから、1人を選ぶ場面で。

・指導の手順：

① 指導者は、手をあげている児童一人ひとりを順に指しながら、"Eeny, meeny, miny, mo ..." とライムを言う。そのさい、ストレス（●印）の位置で児童を指す。

② ライムの最後の "mo" に当たった児童に、"○○さん、please answer the question." と言い、質問に答えるように促す。

3) 指導上の留意点

ライムは、英語の等時性のリズムにのって、ストレスのある語を強く言

うとよい。

2. クイズ

　クイズは新教材の導入時に使うことで児童の新教材への興味・関心を高めたり、学習した表現、語彙の復習をクイズ形式にすることで遊びの要素を加えたりと用途は広い。表現、語彙に慣れ親しむ活動として効果的に活用したい。

❶　クイズの意義

1)　集中して英語を聞く機会となり、聞こうとする態度や聞く力を育む。

2)　未習の表現や語彙が少し含まれていても、理解できる表現や語彙をもとに全体の意味を類推し、答えを導きだそうとする知的活動となる。

3)　「聞く」だけの活動ではなく、答えを言ったり、クイズによっては質問をしたり、児童が積極的に「話す」活動になる。

❷　選択、開発、および指導のポイント

1)　児童の興味・関心に合った題材について、新教材の導入を目的とする場合を除き、基本的に既習の表現や語彙を使って問題を作成する。

2)　クイズを出すさいは、まず普通の速度で、次はゆっくり、その次は表情やジェスチャーをつけて言う、というように、児童の理解度に応じて、徐々に分かりやすくする。

3)　答えが分かった児童は、すぐに答えを言わずに「手をあげる」ことをルールにする。全員が答えにたどり着くプロセスを大切にする。

4)　クイズの答えは、口頭で言うだけでなく、絵カードを示すなどの方法で、全員が答えを確認できるようにする。そのさい、絵カードを示しながら再度クイズを言い、ポイントとなる表現、語彙の意味も確認させる。

5)　高学年では、児童がクイズを作って出題する活動に発展させるとよい。

具体例 1　**Three-hint-quiz**──スリーヒントクイズ

1)　ねらい

　与えられた 3 つのヒントから答えを考えるクイズである。児童の興味・関心に合った題材選びと、学習段階に応じてヒントの難易度を調整することで、低学年から高学年までの児童に満足感を与える活動になる。

2) 活動の進め方——果物編

・表現: What's this? It's 〜. など

・語彙: 果物の名前、形、色、大きさを表す形容詞など

・活動形態と所要時間: 全体、5〜10 分

・準備物: 答えの確認用の A4 サイズの絵カード／写真

・指導の手順:

① 指導者は答えとなる絵カードや写真などを 1 枚裏向けて持ち、"What's this?" と呼びかけ、ヒント（④の問題例を参照）を言う。

② 答えの分かった児童は手をあげる。ヒントの途中で手をあげてもよい。

③ 指導者は 1 人を指名し、指名された児童は答えを言う。

④ 同様に続ける。以下は果物編の問題例。

例 1 (It's) long. (It's) yellow. (It's a) fruit.

例 2 (It's a) vegetable. (It's) big and round. (It's) black and green.

例 3 (It's) small and red. (It has) a small green hat. (It's) on cake.

3) 指導上の留意点と応用・発展

　クイズ問題の英語は、語彙のみでも文でも楽しめるので、発達段階や学習段階に応じて調整する。動物編では、"It can 〜." "It likes 〜." "It's from 〜." などの表現も使うことができる。動物編の問題例を次にあげておく。

例 1 (It's an) animal. (It has) two long ears. (It likes) carrots.

例 2 (It's an) animal. (It's) black and white. (It's from) China.

例 3 (It's an) animal. (It can) jump. (It's from) Australia.

具体例 2 Twenty Questions——20 の扉

1) ねらい

　指導者の "I'm an animal. Guess what I am." という呼びかけに対して、児童は、大きさ、色、特徴などを一般疑問文で質問し、指導者の Yes / No の返答だけで答えを当てるクイズである。児童は指導者からより多くのヒントを得ようと、さまざまな質問を考えて積極的に発言する。指導者よりも児童の発話量のほうが多い活動となる。

2) 活動の進め方——動物編

・表現: 一般疑問文、Are you a bear?—Right.

（大きさ）Are you big?—Yes, I am. / No, I'm not.

（色）Are you brown?—Yes, I am. / No, I'm not.

（身体の特徴）Do you have a long nose?—Yes, I do. / No, I don't.

（好きな食べ物）Do you like honey?—Yes, I do. / No, I don't.

・語彙：（動物名）elephant, zebra, mouse, bear, penguin など

（外見の特徴）色・大きさなどを表す形容詞、身体の部分の名称

（好きな食べ物）honey, apples, cheese, fish など

・活動形態と所要時間：全体、10〜15 分

・準備物：答えとなる動物の A4 サイズの絵カード

・指導の手順：

① 活動で使用する一般疑問文の表現や単語を簡単に復習する。

② 指導者（T）は絵カードを 1 枚裏向けて持ち、次のように進める。

T: I'm an animal.	S3: Are you brown?
Guess what I am.	T: Yes, I am.
S1: Are you big?	S4: Do you like honey?
T: Yes, I am.	T: Yes, I do.
S2: Do you have a long nose?	S5: Are you a bear?
T: No, I don't.	T: Right.

③ 同じ要領で、クイズを続ける。

3) 指導上の留意点と応用・発展

児童が "Brown?" と単語のみで質問したり、表現に誤りがある場合は、指導者はさりげなく文や正しい表現を示すようにする。また「蜂蜜ってなんて言うの？」などの声があがった場合は、"What's 'hachimitsu' in English?" という表現を教えて、尋ねさせるとよい。can が既習の場合は、Can you swim / fly? などの疑問文や動詞を加えるとよい。

3. ゲーム

外国語の授業において、ゲームの果たす役割は大きい。学習する表現や語彙を使って聞いたり話したりするゲームに取り組むことによって、児童は楽しみながら言語材料に慣れ親しみ、自分のものにしていく。

❶ ゲームの意義

1) ゲームの持つ遊戯性は、英語を使う動機づけとなり、照れくささや気後れなどを軽減する。

2) 遊びのなかで、ターゲットの表現や語彙、発音・抑揚などに慣れ親しみ、繰り返し練習することができる。

3) ペアやグループで行うため、助け合い、学び合いの場となる。

❷ 選択、開発、および指導のポイント

1) 発達段階に合うゲームを選択する。

2) 学習する言語材料を使う必然性の生じるゲームを選択する。

3) 単なる遊びに終わることのないように、言葉のやり取りを重視する。

4) ルールは英語や日本語で長々と説明するのではなく、ゲームで使用する英語を使って実演を行い、見せて理解させる。

5) 勝敗、順位、優劣など、ゲームの結果にこだわりすぎない。

具体例1　Touching Game──タッチ・ゲーム

1) ねらい

学習した「問い」の文を一斉に言い、「答え」の文を聞き取って、教室の壁に貼ってある絵カードから答えに合うものを探してタッチするゲームである。ルールが簡単で、動きがあるため、児童に人気がある。一斉活動のためプレッシャーが少なく、自信のない児童も他の児童の発話を聞いて、真似して発話しているうちに言えるようになる。

2) 活動の進め方──「好きなスポーツはなに？」編

・表現：What sport do you like?─I like baseball.

・語彙：baseball, soccer, swimming, basketball, table tennis など

・活動形態と所要時間：全体、5〜10分

・準備物：A4サイズの5〜10種類のスポーツの絵カードを各3枚

・指導の手順：

① 指導者はあらかじめ教室の壁のあちらこちらに絵カードを貼っておく。

② 児童 (S1) を1人選ぶ。S1と他の児童全員 (Ss) で次のように進める。

　Ss:　What sport do you like?

　S1:　I like soccer.

Ss: Me, too. / Not me.

③ Ss は、"Me, too." (「私も」) もしくは "Not me." (「私は違う」) と言いながら、S1 の答えたスポーツの絵カードを探し、タッチする。

④ S1 役を交替して続ける。

3) 指導上の留意点と応用・発展

壁に貼るものは、各スポーツの用具、各スポーツの有名選手の部分写真、単語の綴りカード (例: soccer) など、児童の発達段階に応じて難易度を変える。このゲームは、What sport do you play? など、さまざまな wh 疑問文に適用できる。

具体例 2　Relay Game──伝言ゲーム

1) ねらい

列の先頭の児童から最後尾の児童へと順番に伝言を回すゲームである。ルールがよく知られているゲームなので不安なく参加することができ、ターゲットの表現や語彙を聞いたり話したりする機会になる。

2) 活動の進め方──「なにが欲しいの?」(衣服) 編

・表現: What do you want?──I want a blue T-shirt.

・語彙: 色の名前　blue, yellow, white

　　　　衣服の名前　shirt, T-shirt, sweater, jacket

・活動形態と所要時間: 全体、5〜10 分

・準備物: A4 サイズの衣服の絵カード 12 枚 (4 種類の衣服を各 3 色)

・指導の手順:

① 児童は 6 人程度の同人数のグループに分かれ、それぞれ 1 列に平行に並ぶ。

② 指導者は、絵カードのなかから各列に 1 枚ずつ選び、各列先頭の児童 (S1) だけに見せる。見せた絵カードは、裏向きに黒板に貼っておく。

③ 指導者の "Start!" の合図で、各列 2 番目の児童 (S2) は、S1 に次のように尋ね、S1 は見た絵カードに合わせて、S2 の耳元で他の児童に聞こえないように答える。

S2: What do you want?

S1: I want a blue T-shirt.

④　次に3番目の児童 (S3) が S2 に尋ね、最後尾 (S6) まで同様に進める。S6 まで伝わったら、S6 は "Finished!" と言い、その列の児童は全員座る。

⑤　全列が終了したら、1列ごとに答え合わせをする。

　　S1: What do you want?

　　S6: I want a blue T-shirt.

　　T: Let me see. (黒板のカードをめくり) Yes. It's a blue T-shirt. Good!

S6 の回答と絵カードが一致し、かつもっとも早く終了した列の勝ち。

3)　指導上の留意点

　速さを競うあまり、言葉のやり取りの質が疎かにならないように、相手の目を見て "What do you want?" と尋ねる、耳元にささやかれた伝言が聞き取れたら "Okay." と言う、というように指導する。

具体例3　Card Game──カードをそろえよう！ ゲーム

1)　ねらい

　英語を言いながら絵カードを1枚ずつ隣に回し、同種の絵カードをそろえるゲームである。新教材の口慣らし練習の後に、またコミュニケーション活動や自己表現活動へ進む前の橋渡し練習として活用できる。

2)　活動の進め方──文房具編

・表現：What's this?──It's a pencil.

・語彙：pencil, pen, notebook, textbook, ruler など (文房具の種類はグループの人数と同数とする)

・活動形態と所要時間：5人程度のグループ、10分

・準備物：トランプサイズの、数種類で1セットの文房具の絵カードをクラスの児童数分

・指導の手順：

①　グループのメンバーの1人がカードをシャッフルして、等分に配る。

②　各児童は配られたカードを他の児童に見えないように広げて持ち、そろえるカードを1種類決める。何をそろえるかは他の児童には言わない。

③　一斉に "What's this?" と言いながら、"this" のところで捨てるカード (そろえる種類以外のカード) を1枚、右隣りの児童の正面に裏向けて置く。

④　各児童は前に置かれたカードを手に取り、そのカードの絵を見て、"It's

a/an 〜.” と一斉に答える。

⑤　③,④を繰り返し、グループの誰かの手持ちのカードがすべて同じ種類のカードになるまで続ける。そろえるカードは、ゲームの進行途中に回ってくるカードに応じて臨機応変に変えてよい。そろった児童は、“Finished!” と言い、ゲーム終了を告げる。

3)　指導上の留意点と応用・発展

　このゲームは、What's this?　×　×　It's a pencil.　×　×　と、一定のテンポを保ってリズムゲームのように進めることもできる。しかし、とくに④では、やや遅れて答える児童もいるので、リズムに乗ることよりも、一人ひとりが答え終わるまで待つことを大切にしたい。このゲームは、What do you study? Do you have 〜? など多くの表現に適用できる。

4.　絵　本

　外国語活動や外国語科の授業では各単元で学習する表現や語彙を使った短い会話のやり取りが中心になり、その結果、まとまりのある英語を聞く機会が少ない。絵本の読み聞かせは、児童がある程度まとまりのある英語を聞き、英語の音声的特徴や異文化に触れることのできる活動である。

　また絵本は、英語劇、ペープサート劇、オペレッタへと展開することができ、さらにストーリーづくり、オリジナル絵本づくりといった創造的活動や自己表現活動へと発展させることができる。学習段階に応じて、聞くことから話すことへ、読むことから書くことへとつないでいきたい。

❶　絵本の意義

1)　ある程度まとまりのある英語を聞くことを通して、英語特有の音・リズム・抑揚などに触れることができ、英語の文法構造に無意識のレベルで触れることができる。

2)　イラストと理解可能な言葉をヒントに前後関係などから、未知の表現や語彙の意味を類推・推測する力や、大意をつかむ力を育む。

3)　王様や蛙など日本の絵本ではあまり扱われないモチーフや、イラストに描かれる事物・自然・建物・衣服・生活習慣などを通して異文化に触れ、異文化への興味・関心が高まる。

4)　外国の民話など、その国特有の物語の展開を通して異なる世界観や価

値観に触れ、無意識のレベルで異文化の深層に触れることができる。

5) 中・高学年になると、文字にも興味が向くようになり、音と文字との
つながりに興味・関心が高まる。また文字を意識しながら、指導者につ
いて何度も繰り返しているうちにしだいに音読の力が育つ。

6) 絵本にはメッセージ性の高いものも多く、こころの成長を助ける。

❷ 選択および指導のポイント

1) 児童の発達段階、興味・関心に合う内容の絵本を選択する。

2) 絵本の選択にあたっては、1ページあたりの語数が多すぎず、意味理
解のヒントとなる分かりやすいイラストのものを選ぶ。

3) 指導者が読み聞かせに不安がある場合は、絵本に付属するCDを活用
したり、ALTに頼むとよい。

4) 絵本の読み聞かせの方法は絵本の内容によって一様ではないが、指導
者による読み聞かせ、児童に一部を繰り返させる、一文ずつ指導者の後
について繰り返させるというように段階を追って進める。

5) ページをめくる前に次に起こることを予想させたり、読み終わった後
で登場したものの内容を尋ねたりと、インタラクティブに進める。

具体例1 低学年

低学年には、ごく身近な題材を扱ったもので、同じ表現が繰り返し使わ
れるパターン・ブック（pattern books）が向いている。パターン・ブック
は、繰り返し聞くうちに、表現を音のまとまりとして容易に暗誦できる。
次の3冊はすべてパターン・ブックである。

1) *Strawberries Are Red* (by Petr Horacek, Candlewick Press)

6種類の果物と色が紹介されるだけのごく簡単な内容だが、最終ページ
で果物がフルーツサラダに変わる仕掛け絵本である。児童の好きなサラダ
を描き、オリジナル絵本づくりへ発展できる。（14頁、28語）

2) *Brown Bear, Brown Bear, What Do You See?* (by Bill Martin, Jr., Macmil-
lan ほか)

パターン・ブックの定番の一冊で、題材は動物と色である。Brown bear,
brown bear, what do you see? I see a red bird looking at me. という文がリズ
ミカルに繰り返される。（24頁、196語）

3) *Ten Little Ladybugs* (by Melanie Gerth, Piggy Toes Press)

1）と 2）に比べて難易度は高いが、韻を踏んだ文の美しい響きが味わえる絵本である。てんとう虫の数が魔法のように減っていくので、"How many?"とページごとに数えるとよい。（22頁、138語）

具体例**2** 中学年

中学年は、抽象的思考能力が発達し、知的・認知的な言語活動を好むようになり、また自意識も強くなるので、ストーリーの展開を他教科で得た知識を生かして予測したり、日本語と英語の語順の違いについて気づきを促したり、自己表現的に展開したりできる絵本を選びたい。

1) *Lemons Are Not Red* (by Laura V. Seeger, Roaring Brook Press)

果物、野菜、動物などと色が扱われているパターン・ブックである。Lemons are not RED. Lemons are YELLOW. Apples are RED. という文が繰り返され、単語を置き換えるだけで読むことができる。（26頁、65語）

2) *Quick as a Cricket* (by Audrey Wood, Child's Play)

22種類の生き物とその特徴や性格が紹介される。実はこれらはすべて一人の男の子の性格を表現しており、人はみなさまざまな側面を併せ持つことを表している。この絵本はオリジナル絵本づくりへと展開したい。また生き物の特徴や性格のとらえ方が日本とは異なることに児童は関心を持つ。（31頁、140語）

3) *Skeleton Hiccups* (by Margery Cuyler, Aladdin)

ガイコツがしゃっくりを止めるためにいろいろと試す面白い話で、起きる、シャワーを浴びる、歯を磨く、といった日常的な動詞が使用されている。しゃっくりの止め方の日本の習慣との違いにも気づく。（29頁、76語）

4) *White Rabbit's Color Book* (by Alan Baker, Kingfisher)

三原色と混色が題材である。指導者はページをめくる前に児童に "What color will it be?" と問いかけ、児童は混色を考えて答えるというように進めるとよい。yellow, red, brown は暖かい、blue は冷たいなど、暖色・寒色といった色のイメージにも触れられる。（23頁、160語）

5) *Three Billy-Goats* (Classic Tales, Oxford University Press)

ノルウェーの民話。「三びきのやぎのがらがらどん」として知っている児

童もおり、英語で聞くことに興味がわく。日本にはなじみのないトロール（鬼）が登場し、痛快な結末は元気あふれる中学年に向く。（18頁、442語）

具体例3　高学年

高学年には、高学年の興味・関心やこころの成長に合ったメッセージ性の高い絵本で、かつ英語の難易度が高すぎず語数が多すぎない絵本を選びたい。次の5冊は、比較的これらの条件に合うものである。イラストも分かりやすく描かれている。一部難しい表現や語彙があっても、児童は推測力や類推力を働かせて、またイラストをヒントに大意をつかもうとする。

1)　*The Carrot Seed* (by Ruth Krauss, Harper Trophy)

男の子がニンジンの種を植え、家族みんなに "I'm afraid it won't come up." と言われるなかで、あきらめず水やりや草抜きを続け、特大のニンジンを収穫するという話である。イラストも分かりやすい。（24頁、101語）

2)　*A Color of His Own* (by Leo Lionni, Dragonfly Books)

居る場所によって色が変わるために独自の色を持たないことに悩むカメレオンが、友との出会いで、自分を受け入れていくという話である。（28頁、239語）

3)　*How the Moon Got in the Sky* (Addison-Wesley 制作、Pearson Education Limited)

「月はなぜ空にあるか」を語るアフリカの民話である。スワヒリ語圏の民話によく登場するクモのアナンスィや、万物の神ナヤメなど、日本の児童にはなじみのない世界観との出会いとなる。（15頁、184語）

4)　*We're Going on a Bear Hunt* (by Michael Rosen, Aladdin Paperbacks)

英語圏でよく知られる熊狩りのライムを題材にした絵本である。語数は多いが、同じパターンの繰り返しが多く読みやすい。さまざまな擬音語が楽しめる。（34頁、409語）

5)　*Just Like Heaven* (by Patrick McDonnell, Little, Brown and Co.)

昼寝から目覚めると濃霧に一面覆われており、「天国に来た！」と勘違いする猫の話である。霧が晴れて景色が見えると、そこは天国ではなく自分の町だったと気づく。大震災の教訓として、なんでもない日常のなかに幸せがあることを知った児童のこころに響く絵本である。（41頁、268語）

❸ 指導計画

　45分授業において、10分間3回の帯活動で絵本 *Lemmons Are Not Red* を使った指導計画は次の通りである。

時	目標と主たる学習活動
1時（10分）	読み聞かせを聞いて、ストーリーの意味の推測を楽しむ。絵本に出てくる果物・野菜・動物・色などについて、カタカナ音と英語の発音の違いに気づく。 ・読み聞かせを聞く。 ・読み聞かせの後で、"What fruit (vegetable, animal) do you remember?", "What color?" といった質問に答えるメモリー・クイズをする。 ・発音および "not" が強調される英語のリズムを意識しながら、1文ずつ、指導者の後について繰り返す。
2時（10分）	読み聞かせを聞いて、ストーリーの意味を理解する。指導者について、絵本のパターンの文が言える。 ・読み聞かせを聞く。 ・絵本に出てくる果物・野菜・動物などの絵カードを、絵本に出てくる順番に黒板に並べて貼るゲームをする。 ・答え合わせを兼ねて、もう一度、絵本の読み聞かせを聞く。 ・指導者が示す絵本を見ながら、指導者と一緒にパターンの文を言う。
3時（10分）	絵本の全文を、リズミカルに言う（読む）ことができる。 ・読み聞かせを聞く。 ・指導者が示す絵本を見ながら、指導者と一緒に絵本の全文をリズミカルに言う（読む）。児童が言えないページがあれば、指導者の後について言う練習を何度か繰り返し、全文言える（読める）ようになるまで行う。 ・児童だけで、全文をリズミカルに言う。

〔発展活動〕グループでオリジナル絵本を創り、発表する。（45分×2）

（衣笠　知子）

学 習 課 題

1. クイズ、ゲームが外国語の授業で活用される理由をまとめよう。
2. 語彙をヒントとする Three-hint-quiz と、文をヒントとする Three-hint-quiz を、中学年用と高学年用に2つずつ作成しよう。

COLUMN

❸ 児童の興味・関心を引きつける活動の工夫

文部科学省から *We Can!* などの新教材が配付されることで、多くの学校では、それらの指導資料に示された学習指導案通りに授業を進めているようである。毎日空き時間もなく全教科を教える学級担任にとって、指導資料通りに進めれば何とか授業が成立するのは、心強いものである。しかし、児童の実態に合わせて、指導資料の内容を取捨選択し、児童に合う活動を挿入することは、授業づくりの楽しみである。

文部科学省の教材には短いうたやチャンツがあるが、私は学校の予算で購入した、市販の英語の歌のCD等をよく活用する。うたの指導はまず、CDを聞かせ、何に関する歌だったかを考えさせる。次に、絵を使って内容についての会話をしながら、歌詞を理解させる。うたの指導では、このような途中の会話を大切にしている。曜日や月名のうた、数のうたなどは、順番を入れ替えたり、逆から歌ったり、一部を抜かして歌ったり等のアレンジをして楽しむ。また、クラスの児童にとって身近なものに歌詞の一部を替えて歌うこともある。そして、学級担任だからこそできることであるが、朝の会や帰りの会、音楽の時間の初めなどに歌ったりすることもある。

絵本の読み聞かせも楽しい活動の一つである。指導資料通りに進めると、絵本の読み聞かせを行う時間はあまりないが、短い時間でも絵本の読み聞かせをぜひ取り入れたい。読み聞かせにさいしては、タイトルや表紙の絵から内容を想像させる教師の発問や、次のページに何が出てくるのかわくわくさせるようなページのめくり方などの工夫をしたい。

ゲームのルールの説明も英語で実演を交えて行う。児童はルールを理解しようと一生懸命英語を聞こうとする。理解できないときは、繰り返したり説明方法を変えたりする。

指導者は、定型的なクラスルーム・イングリッシュだけでなく、児童の様子に合わせて臨機応変に英語を使いこなす力を身につけるべく、少しずつ努力を積み重ねたいものである。

（上原　明子）

8 章 教材研究②──児童が創意工夫し、生き生きと英語を使う活動

　7章で扱った活動などで英語の語彙や表現に慣れ親しませた活動後に、児童が主体的に自分の考えや思いを伝えたり、情報のやり取りをしたり、英語を生き生きと使って何らかの伝達目的を達成するといった発展的な活動に取り組ませる。この章では「英語でこんなことができた」と児童に達成感や満足感をもたらし、「次は英語でこんなことをしてみたい」と動機づけになる活動について考える。

1節　望ましい活動の条件と改善・開発の視点

1．望ましい活動の条件

　児童が主体的に生き生きと英語を使う活動とは、「伝えてみたい」、「尋ねてみたい」という児童の伝達意欲を満たすことのできる、あるいは「伝える価値がある」と児童が感じる内容を備えた活動である。本章で扱う活動はいくつかのタイプに分類されるが、以下のように、共通して備えておくべき条件がある。
1) 伝える内容に自己と関連性がある。
2) 他者と関わり合いを持つ必然性が内包されている。
3) 場面・状況や条件などが具体的に設定されている。
4) 使用する語彙・表現や伝える内容に、限定的であっても自由度がある。
5) 目的達成の手段として活動が位置づけられている。

2．改善・開発の視点

　児童に、より質の高い、より望ましい活動を提供するためには、文部科学省作成の共通教材や教科書、市販の教材に示されている活動に改善を加

えたり、独自に新しい活動を開発したりすることが大切である。そのさい、上述の条件に加え、以下の事柄にも十分配慮したい。

1) 児童の実態や発達段階、興味・関心に合い、知的好奇心を満たすことができ、児童が創造性を十分に発揮し得る題材や内容にする。

2) 児童の作品や絵などの非言語情報も活用して、児童の限定的な言語使用をうまく補う活動を工夫する。

3) 各単元で目標とする言語材料だけでなく、既習の言語材料を適切に取り入れて、児童が表現する内容の幅を拡げるとともに、既習事項にスパイラルに慣れ親しむ機会とする。

4) 異文化理解や環境教育などのテーマを扱う単元に関連づけ、児童が考えたり話し合ったりする体験を通して、国際理解の視点を養っていけるような活動を計画する。

5) 個人、ペア、グループ、あるいはクラス全体など、活動内容に応じた適切な活動形態を工夫する。なお、ペアワークの場合は、特定の相手に限定して伝える場合 (fixed pair work) と不特定多数の相手に対して伝える場合 (flexible pair work) を適切に使い分ける。

　1. で示した活動の条件と合わせてこれらの視点を踏まえ、指導者として育成したい児童像を意識し、活動を設計する力を養っていきたい。また、実施段階においては、使用する語彙や表現に十分に慣れ親しませ、レディネスを保証してから活動に入るよう心がけなければならない。このように段階的な指導計画も見通したうえで、「主体的・対話的で深い学びの実現」につながる活動を設計する必要がある。

2節　創意工夫し、英語を生き生きと使う活動

1. コミュニケーション・自己表現活動

　コミュニケーション・自己表現活動では、話し手として相手を意識しながら話をしたり、聞き手として相手にしっかり反応しながら聞いたりできる力や態度を養うことを目標とする。そのためには、活動中の児童の意識が、意味やメッセージのやり取りに自然に向けられるように活動を設計する必要がある。話し手と聞き手の間にインフォメーション・ギャップ（情

報の格差）を作り、新しい情報交換が起こるような活動を立案しなければ
ならない。また、活動のさいには、場面によっては丁寧な伝え方を意識さ
せるなど、人と関わるときに求められるマナーについても体験的に学ぶ機
会となるよう指導したい。

活動例 **1**: 色を混ぜ合わせよう

1) ねらい

　混色に必要な色を求めて、友だちとコミュニケーションする。単に色を
集めるだけではなく、児童に考えさせたり相手に尋ねたりする必然性を加
味してある。低中学年から図工で扱われる内容と関連づけてあり、活動の
流れも単純で、児童が取り組みやすいコミュニケーション活動である。

・Do you have ...?——Yes, I do. / No, I don't. の表現を使って、物の所有に
　ついて尋ねたり答えたりする。
・相手に物を手渡すさいに、Here you are.——Thank you. と言葉を添えて
　受け渡しをする。
・色の混合を考えて、必要な色のシールを友だちにもらう活動を楽しむ。

2) 活動の進め方

・表現: Do you have ...?——Yes, I do. / No, I don't.
・語彙: （色）red, blue, yellow, white など
・活動形態と所要時間: 全体、約 15 分
・準備物:
① 封筒（児童数分）と赤、青、黄、白色のシール（各色につき児童数×3
　枚＋α）

　*各封筒に任意の 2 色を選んで各色 6 枚＋α ずつ（計 12 枚＋α）入れておく。
　*混色を間違う児童がいるとシールの数が合わなくなってしまうので、予備（＋
　α）を入れておく。
　*このようなシールは 100 円均一ショップにて購入可能。

② 混色ワークシート（カラー印刷）

　*実際のワークシートでは、□□□内の色を着色しておく。

1. ○ + ○ = ピンク色			4. ○ + ○ + ○ = 薄緑色			
2. ○ + ○ = 橙色			5. ○ + ○ + ○ = 茶色			
3. ○ + ○ = 水色						

・指導の手順:

① 上記のワークシートと封筒を配付して、各児童が手元に持っている色を使うと考えられる箇所にシールを貼るよう指示する。

　　例: 1. ○　+　○　=　ピンク色

赤と黄を持っている児童であれば、1つ目の○部分に赤のシールを貼る。

② HRT と ALT によるデモンストレーションを見せ、以下のように友だちと会話をして、自分が持っていない色を友だちからもらい、ワークシートを完成させることを理解させる。

HRT&ALT: Hello.

HRT: Do you have white?

ALT: Yes, I do. Here you are.

HRT: Thank you.

ALT: Do you have blue?

HRT: No, I don't. I have red and yellow.

ALT: Red, please.*

HRT: Sure. Here you are.

ALT: Thank you.

HRT のワークシート (一部)
1. 赤 + ○ = ピンク色
2. 黄 + 赤 = 橙色
3. ○ + ○ = 水色

ALT のワークシート (一部)
1. 白 + ○ = ピンク色
2. 黄 + ○ = 橙色
3. 白 + ○ = 水色

　　*相手の持っている色が必要ないときには No, thank you. と言う。

③ 活動を開始し、全員がワークシートを完成させたら答え合わせをする。

3) 指導上の留意点

　このような活動では、児童はワークシートの完成を急ぐあまり、コミュニケーションのマナーがいい加減になりがちである。一人ひとりと丁寧な会話を心がけるよう指導したい。また、視線はワークシートではなく話し相手に向けるように意識づけすることも重要である。

活動例 2: なりきり自己紹介——スパイの正体はだれ？

1) ねらい

発表者はクラスの友だちの一人になりきり、適切な姿勢や発声を意識しつつ絵を見せながら自己紹介する。聞き手はその人物の好みとコードネームを聞いて、それが誰の自己紹介かを考えたり推測したりする。
・I like .... や I don't like .... の表現を使って、好きなものと好きではないものを伝える。
・アルファベットと数字を使って、自分のコードネームを考える。
・友だちのことを伝えたり、聞き取ったりする発表を楽しむ。

2) 活動の進め方
・表現：I like ....　I don't like ....
　　　　Who am I?　Are you ...?——Yes, I am. / No, I'm not.
・語彙：(教科) Japanese, math, social studies など、(スポーツ) baseball, soccer, tennis など、(食べ物) pizza, curry and rice, cake など、(その他——好きでないもの) spider, snake, ghost など
・活動形態と所要時間：全体（児童の実態に応じてグループ）、約30分
・準備物：自己紹介ボード（B4 または A3 サイズ）

表面　　　　　　　　　　　　裏面

コードネーム：Y3T7
名前：山田哲也
コードネームの説明：
　Yamada Tetsuya で3月7日生まれだから。

・指導の手順：
① 食べ物や教科、スポーツから、好きなものを3つと、小動物など好きでないものを1つ考えさせる。児童から使用する語彙について質問が出ることが予想されるので、指導者は必要に応じて個別に支援する。
② アルファベットと数字の組み合わせを使って、自分に4桁のコードネームをつけさせる。指導者はコードネームを数例示しながら、自分に関連したアルファベットと数字を使うように説明する。例：Y3T7
③ 自己紹介ボードを配り、表面には選んだものの絵を描かせ、裏面には

コードネーム、名前、コードネームの説明を書かせる。

④ 自己紹介ボードを回収し、再度ランダムに配付する。本人の手元に戻らないように注意する。

⑤ 児童は受け取った自己紹介ボードの持ち主になりきって発表できるように、個人で練習する。指導者は必要に応じて個別に支援する。

⑥ 準備が整ったら、発表を始める。発表者は自己紹介ボードを見せながら以下のように話す。聞き手は自己紹介を聞いて、そのコードネームの人物を当てる。正解が出るまで質問を続ける。

S1: Hello. My codename is Y3T7. I like music. I like table tennis. I like pizza. I don't like spiders. Who am I?

S2: Are you Minako Hara?

S1: No, I'm not.

S3: Are you Tetsuya Yamada?

S1: Yes, I am.

⑦ 指導者は答えを当てた児童にどの情報をもとに推測したのかを尋ねたり、答えの児童にそのコードネームの意味について尋ねたりする。

3) 指導上の留意点

発表活動の場合、しっかり伝えることができたという成功体験を味わわせるためにも、事前に個人で練習させる時間を十分確保することが大切である。また、一人で発表することが困難な児童がいる場合には、指導者が隣に立って支援するなどの配慮が必要である。

活動例 3: スキットづくり──困っている外国人のお手伝い

1) ねらい

児童の生活に身近な話題について特定の場面や状況を想定し、既習事項を活用して伝えたい内容を表現する機会を設けて、臨場感のある言語使用を体験させる。ペアやグループで協働したり個性を発揮したりする創造的な表現活動の中で、児童にこれまでの学習の成果を実感させたい。

・つなぎ言葉や尋ねる、お礼を言うなどの機能表現を積極的に活用する。

・ジェスチャーや表情などの非言語を使って、伝えたいことを表現する。

2) 活動の進め方

・表現：（機能表現）Excuse me.　Can I help you? など

　　　　（その他既習事項）I can't ....　It's .... など

・語彙：（性格を表す形容詞）kind, friendly, shy など

　　　　（良い状態を表す形容詞）nice, good, great, wonderful など

・活動形態：全体とペア

・指導計画と所要時間：

　第1時：モデル・スキットの提示と個別指導（スキットのオリジナル化、

　　　　　小道具などの準備）、約40分（必要に応じて授業時間外に＋α）

　第2時：リハーサルと発表、約40分

・準備物：

① モデル・スキットのワークシート×児童数

J：日本人、F：外国人

J：Excuse me. Can I help you?

F：Oh, thank you. I can't read this Japanese.

J：Let me see. It's *Tachiirikinshi*.

F：*Tachiirikinshi*? What does it mean?

J：Well, ...（ジェスチャーで示す）

F：Oh, I see. Thank you for your help. You're very kind.

J：You're welcome. Have a nice day!

---

② スキットのモデル提示用小道具（「立入禁止」の標識）

・指導の手順：

第1時：

① 黒板にドアを描き、そこに「立入禁止」の張り紙をして、部屋の入口
　前での会話であることを示す。発表のモデルをALTと演じてみせる。指
　導者が一人の場合はパペットなどを使う。また、このモデルをもとに、
　ペアでスキットをオリジナル化して発表することも伝えておく。

② 会話の流れが理解できたかどうか確認し、理解のあいまいな部分につ
　いてヒントを与えたうえで数回モデルを演じてみせる。

③ 全員が理解できたことを確認してから、モデル・スキットのワーク
　シートを配付し、数回読んで聞かせ、理解を徹底する。

④ 指導者の後について音読させる。

⑤　ペアで相談してスキットをオリジナル化するように指示し、会話の場面と下線部の標識の日本語表示、その意味を伝えるうえで必要な表情やジェスチャーを考えさせる。また、点線部は別の言い方が思いつけば、自由に変えて構わないことを、例をあげながら伝える（例：Can I help you? → Are you OK?, What does it mean? → I don't understand. など）。

⑥　個別に各ペアを指導して回り、小道具の準備や、オリジナル・スキットの練習を支援する。

第2時：

①　各ペアでスキット上演のリハーサルを行う。

②　各ペアが順番にオリジナル・スキットを発表する。

③　指導者は、各発表に対してよくできていた点を簡潔に取り上げる。ALTがいる場合はコメントを求める。

3）　指導上の留意点

　　ジェスチャーで表現することが苦手な児童の参加を促すためにも、まずは指導者が率先して大げさに表現してみせて、開放的な雰囲気を作り出すよう努めたい。また、指導の手順として、モデル・スキットのワークシートを配付する前に、音声で会話の内容が十分に理解できている状態を保証するよう配慮したい。

　活動例 **4**: 私の好きな曜日――モデル文からライティングへ

1）　ねらい

　　小学校段階における「書くこと」はモデル文をなぞったり、示された語群から必要な単語を選び、それらを書き写したりする活動が中心であるが、児童が自分の考えや気持ちを自由に書いて表現する喜びを味わえる機会を計画的に設け、表現したいことを伸び伸びと書こうとする意欲を育てたい。

・時間割の観点から好きな曜日を選び、その理由も表現する。

・モデル文を参考にしながら、好きな曜日についてまとまりのある内容を書くことを楽しむ。

2）　活動の進め方

・表現： My favorite day (of the week) is ....　I like ....

　　　　 I have [教科名] on [曜日]. I can ....

・語彙：（曜日）Monday, Tuesday など、（教科）English, P.E., music など、
　　　　（動詞）speak English, run fast, sing well, play the piano など
・活動形態と所要時間：個人、約30分
・準備物：
① 4線入りワークシート×児童数
② モデル文ワークシート×児童数

My favorite day of the week

My favorite day is Monday.　I have P.E. on Mondays.
I like soccer.　I'm a good soccer player.
I have music on Mondays, too.
I can sing well.　I can play the recorder.

参考にしよう。
・曜日名
　　Monday　Tuesday　Wednesday　Thursday　Friday
・教科名

・指導の手順：
① モデル文を数回読んで聞かせ、What words did you hear? など、どんな情報が聞き取れたか尋ねたり、What's my favorite day of the week? などと質問したりして、児童の理解を徹底する。
② モデル文ワークシートを配付して、再度読んで聞かせる。
③ 指導者の後について音読させる。
④ 好きな曜日とその理由を考えさせ、モデル文を見ながら点線部を入れ替えて自分のことを書かせる。そのさい、語句群から選んで書き写す、または表現が分からなければ指導者に尋ねるよう指示する。

3) 指導上の留意点
　児童が書くことに対して徐々に自信を積み上げていけるように、入門期には自己表現に必要な語句や文をなぞったり書き写したりして表現させる段階を大切にしたい。また、まとまりのある内容を書く喜びを児童に味わわせるためにも、日ごろの指導において既習事項に繰り返し触れさせる機

会を設け、自己表現に活用できる力を養っておきたい。さらに、書いた内容をスピーチとして発表させることで、複数の技能を連動させた授業展開が可能になる。

2. 国際理解活動

　国際理解教育の目標は、他国と自国、他文化と自国文化の理解や相互依存関係の認識、人権や多様性の尊重を基盤にして、国際的に平和な社会を形成する市民を育成することである。そのためには、他国の生活文化に関する知識を学んだり、他文化の人々と積極的に接しようとする態度を身につけたりする過程で、自国の生活や文化を客観的に見つめる視点を養い、自分たちの日常が他国の人々と直接的・間接的に密接に関わり合っている点を認識させることが大切である。ゆえに、単元の題材と関連をもたせ、児童の生活に身近な場面から徐々に世界に視野を広げる仕掛けを工夫し、活動を通して世界とのつながりを実感させたい。また、このような活動を継続的かつ計画的に体験させ、自尊感情や他者尊重の態度を養い、多様な価値観への気づきを促していく指導観も不可欠である。

　活動例: 世界の小学生たちが就きたい職業は？

1）ねらい

　将来の夢を扱う単元では、導入の一環として、あるいはスピーチ発表後の締めくくりとして、世界の小学生はどんな職業に就きたいと考えているかを紹介したい。キーワードや視覚資料の情報をもとに、どの国の小学生について話しているのかを推測させる。そのさい、小学生の夢は国の歴史や文化、産業などの特徴と関係していることを気づかせる。

2）活動の進め方

・表現: I want to be ....　I like ....　I can .... など

・語彙: (職業名) doctor, vet, architect など、(国名) Vietnam, Australia, Spain など

・活動形態と所要時間: グループ・全体、約 15 分

・準備物:

① 掲示用資料: 世界の小学生が就きたい職業——人気ランキング

世界の小学生が就きたい職業——人気ランキング

小学校名		★ Vietnam アウ・ユーム・ラン小学校	⛨ Australia シティ・ビーチ公立小学校	🇪🇸 Spain カンポ・チャロ公立学校
Boys	1st	doctor	actor	soccer player
	2nd	scientist	B	D
	3rd	engineer	farmer	archaeologist
Girls	1st	A	swimmer	teacher
	2nd	teacher	C	archaeologist
	3rd	scientist	singer	architect

② 表中の A〜D に入れる職業名カード：doctor, football player*, vet, architect

   *厳密には Australian football player であるが、状況や文脈で明らかな場合は、football player.

③ 表中の A〜D に入れる職業名に関連した画像または絵カード：医者の前に患者が行列を作って診察を待っている様子 (doctor)、オーストラリアンフットボールの試合場面 (football player)、コアラとカンガルー (vet)、サグラダ・ファミリア (architect)

・指導の手順：

① 掲示用資料を黒板やスクリーンに提示し、表中にある国名と職業名の語彙を確認する。また、表中に入れる職業名についても同様に確認する。

② ある国の小学生が将来の夢について話をするので、抜き出した職業名が A〜D のどこに入るかを考えながら聞くように指示する。

③ 指導者は以下のように、画像あるいは絵カードを見せながら話をする。Q1〜4 をすべて聞かせる。児童の理解度によっては 2 度聞かせる。

Q1. Hi. This is a picture of Aussie football in Australia. It is popular for boys. I can kick a ball well. I want to be a football player. (Answer：B)

Q2. Hello. I like animals. Do you know koalas and kangaroos? They are very cute. I want to be a vet. (Answer: C)

Q3. Hi. Look at this picture. I like old European buildings. My country has many old buildings. I want to be an architect. (Answer: D)

Q4. Hi. We need doctors in our country. Many boys and girls want to be a doctor. I want to be a doctor, too. I want to help people. (Answer: A)

④ グループで、表中の A〜D に入る職業名を、理由も含めて考えるように指示する。

⑤ 全体で答えを確認し、気づいたことを発表させる。指導者は最後に、ベトナムの戦争や内戦が起因して医療の必要性が高まった歴史的・社会的背景や、オーストラリアの自然豊かな地理的特徴、スペインの世界遺産を例とする文化的背景について触れ、これらが小学生の夢と関係していることを確認する。

3) 指導上の留意点

児童にまとまった内容を英語で聞かせるさいには未習事項も含まれるが、画像やイラストをうまく活用しながら理解を補うように工夫したい。ただし、児童に答えの理由を聞くときは英語による発話を求める必要はない。

3. プロジェクト活動

プロジェクト活動とは、例えば理想の給食メニューづくり、日本の伝統的な行事やふるさとの紹介、自己紹介の絵本の創作など、児童に取り組ませるテーマを設定し、主としてペアやグループによる協働学習を重視しながら、ある程度まとまった内容を扱う発展的・総括的な課題解決型活動である。児童の創造性を引き出し、学び合いの中で最後まで興味を持続して取り組ませる活動を立案する工夫が必要である。年間指導計画を立てるさい、学校行事や国際交流会と関連させたり、学期の終わりなどの節目に計画的に取り入れたりすることで、児童にとってはそれまでに学んできた語彙や表現を応用して、コミュニケーションしたり自分の考えや思いを発表したりする楽しさや喜びを体験する機会となる。児童が段階的に発展する活動に主体的に取り組む過程で、達成感や成就感を味わえるように指導計画を作成したい。そして、その体験を通して自己効力感や他者尊重の気持

ちを育んでいけるように学習を支援したい。

活動例： 外来語ノートを作ろう

1） ねらい

　生活の中にあふれている外来語を集め、さまざまな資料を使って調べながらカードづくりを楽しみ、外来語ノートとして冊子にまとめる。活動を通して外来語の存在に目を向けることで言葉への興味・関心を高め、さらに外来語と英語の音声的な違いを実感させたい。

・外来語を意識的に取り上げることで日本語や外国語に対する理解を深めたり、その外来語に相当する英語の発音に着目したりする。

・外来語カードやノート作成に能動的に取り組み、グループで協力して調べたり資料を作ったりする。

・調べた外来語について、既習事項も活用しながらクラスの前で発表する。

2） 活動の進め方

・表現：［外来語］come(s) from ［言語］.　I (don't) like ....
　　　　　I (don't) have ....　 I can (not) ....　 I want .... など

・語彙：（言語）English, French, German, Dutch, Chinese など
　　　　（その他）スポーツ、動植物、飲食物、楽器・文具、家電・道具、
　　　　衣服などのカテゴリーにおいて、児童が選ぶ外来語に相当する英
　　　　単語

・活動形態：4～5名のグループから全体へ

・指導計画と所要時間：

　第1時：活動内容の説明を聞き、グループごとに担当するカテゴリーを
　　　　決めた後、各グループでブレインストーミングする（40分）。

　第2時、第3時：身の回りにある外来語について辞書やインターネット
　　　　で調べて外来語カードを作成し、発表内容を準備する（各40分）。

　第4時：外来語ノート発表会（45分　＊事前指導も含む）。

・準備物：

①　外来語カード見本（A3サイズ）

sweater
〈英語〉

flute
〈フランス語〉

◀外来語カードの例

② A3サイズ画用紙×児童数、筆記用具（色鉛筆やマジックなど）
③ パソコン（インターネット環境）、国語辞書、和英辞書など
④ 言語名カード（A5サイズ）
　＊児童の発表に出てくる言語名をすべて用意する。

English	French	German	Dutch	Chinese
英語	フランス語	ドイツ語	オランダ語	中国語

・指導の手順：

第1時：
① 発表のモデルを以下の要領で示す。
　　HRT: Look at this picture.（セーターのイラストを指しながら）It's a sweater. "Sweater" comes from English. I have nice sweaters. I like my sweaters.（別のカードを見せ）Look at this picture.（フルートのイラストを指しながら）It's a flute. "Flute" comes from French. I can play the recorder, but I can't play the flute. Thank you.
② このように外来語カードを作成して発表することを説明し、グループ分けをした後、各グループで取り組みたいカテゴリー（スポーツ、動物、植物、お菓子など）を考えさせ、担当を決める。
③ 児童は、各グループで担当するカテゴリーの外来語を書き出していく。

第2時：
① 児童はグループに分かれ、前時に書き出した外来語について、由来となった言語は何語かを辞書やインターネットで調べる。また、その外来語に該当する英単語についても同様に調べる。
② 児童は調べた外来語を、1人につき2, 3語担当できるようにグループ内で分担を決める。そのさい、「〜が好き」、「〜を持っていない」など、

担当する外来語を使って表現したいことも考えるように指示する。

③　前掲の見本にならい、外来語カードの作成を進める。この作業は第 3 時も続ける。

第 3 時:

①　指導者は発表のモデルを再度示し、各グループで助け合いながら発表の準備を進めるよう指示する。各グループを巡回し、調べ方や発音、表現の指導など、必要に応じて個別に支援する。

②　外来語カードを完成させる。

第 4 時:

①　児童はグループ内で発表の練習をし、お互いに感想を述べ合う。うまく伝わっていない部分などがあれば、指摘し合って全体発表に備える。

②　グループごとに、全員の前で外来語カードを持って発表する。

③　各グループの発表後、発表した外来語から任意の数語を選び、黒板にカタカナで書き出す。各外来語の由来となった言語は何語と発表されていたかを問い、グループで考えさせる。その後、児童を指名し、各外来語の下に該当する言語名カードを貼らせ、全体で確認する。

④　各グループの発表が終わったら、まとめとして外来語発表会をして分かったことや気づいたことをグループで話し合わせ、全体に報告させる。

⑤　全グループの外来語カードを外来語ノートとして冊子にまとめ、教室内で閲覧できるようにしておく。

3)　指導上の留意点

英単語の発音を聞かせるさい、パソコンやスマートフォンを使って教室にインターネット環境を整えておけば、ALT の代わりにウェブ辞書を活用して英語話者の音声を再生することも可能である（例: Oxford Learner's Dictionary online）。

活動のまとめのさいには、児童が集めてきたカタカナ語には、ナイターやプリントのように外来語ではなく和製英語も含まれていた点も指摘し、外来語の理解を深めたい。さらに、tofu, tatami, ninja など日本語から英語に入った借用語を紹介すると、外来語があるのは日本語だけではない点や、日本語の語彙が英語の音韻体系で発音されている点などに気づかせることも可能だろう。

4. 国際交流活動

　国際交流活動には、交流会、TV会議、インタビュー活動、文通など、さまざまな方法がある。国際交流を行う意義としては次の3点があるだろう。

　1)　他国・自国の文化間の類似点や相違点を知り、異文化理解が深まると同時に、日本人としての自覚を持つことができる。

　2)　「相手に分かってもらいたい」と、懸命に英語で伝えることで、コミュニケーション力が向上し、活動後は、英語学習への意欲が高まる。

　3)　生活習慣をはじめとした多様な文化や物事の見方・考え方に触れ、多面的な知識を獲得することができる。また、グローバルな視野に立って、ともによりよい社会を築こうとする態度が養われる。

　多くの小学校では、地域に住む外国人やALTなどと、お互いに自国の文化を紹介し合うなどの交流を行っている。英語を話して外国人とつながることができたことに喜び、高揚感を持った児童の多くは、「もっと英語が話せるようになりたい」と話す。

　しかし交流活動を有意義なものにするには、次の2つの視点が重要である。一つは、児童が「目の前のこの人と、もっとこころを通い合わせたい」と思える場面設定である。そのためには、一対一あるいは少人数による交流が望ましい。もう一つは、交流活動への能動性である。自分の言葉で、自分自身のことや生まれ育った地域の自然・文化・歴史などを語ることである。以上のことを踏まえ、奈良市立椿井小学校5年生の実践例を紹介する。

　活動例: ようこそ私たちのまちへ──外国人観光客にインタビュー

1)　ねらい

・少人数グループでの外国人との出会いを通して、国際交流活動への意欲を高める。

・インタビュー活動の体験を通して、既習の英語表現の定着を図る。

2)　指導計画(全6時間)

　　第1次(4時間):「なりきりForeigner, 船に乗る」(第2次の事前学習)

　　第2次(2時間):「外国人観光客へのインタビュー」

3)　活動内容、活動の実際

第1次:「なりきり Foreigner, 船に乗る」
　第2次の事前学習として、インタビューする側とされる側を疑似体験し、アイコンタクトや表情、ジェスチャー、ちょっとした質問をするなどのグッドリアクションが、会話を円滑にすることに気づかせる。
　まず、各自が好きな国の人になったつもりでプロフィール（名前、年齢、職業、家族構成、趣味など）を決め、その国の観光地や食べ物、自然などについて調べる。その中から船で出会うこれから友だちになる人に伝えたい「おすすめベスト3」を選び、その絵を描いたイラストカードを用意する。
　イラストカードを携えて乗船した児童たちは、第1時から第4時までの4時間で身につけた次のような表現を使って、外国人になりきってやり取りを行う。

　第1時：　What's your name? Where are you from?
　第2時：　上記に加え、Show me your flag, please. OK. / Sure.（オランダの国旗を示しながら）Red, white and blue.（アメリカの国旗を示しながら）Stripes and stars. など。
　第3時：　上記に加え、おすすめベスト3のイラストカードを示しながら、Which one do you like? ——This one, please.

イラストカードの例

What's this?——It's New Zealand cheese. It's delicious. など。
　第4時：　Do you like fruits? Do you have any brothers? When is your birthday? など。

「なりきる」という活動が、児童の大きな声や動作、生き生きとした表情を生む。児童は、やり取りが続く楽しさを味わっていた。
第2次:「外国人観光客にインタビュー」
　地域の外国語ボランティアと連携し、1次で学習したやり取りを中心にしたインタビューを小グループで行う。イラストカードには、外国人観光客に紹介したい自分たちの町の観光スポットや食べ物、自然等の絵を描き、

プレゼントとして持参する。

　初めて出会う外国人と会話することは、児童にとってハードルが高い。インタビューされる側にとっても、戸惑うことがあるだろう。

　そこで、児童が事前学習を思い出し、自信をもって質問ができるように、また外国人観光客にとっても親しみをもって答えやすいように、国旗の絵が添えられた世界地図をプレゼントのイラストカードとともに用意する。相手の名前を尋ねる前に自分の名前を伝えるといったマナーも意識させる。

　児童が、インタビューで使用した主な表現は、次の通りである。なお、（　　）内の表現は、観光客の答えに対する児童のリアクションの例である。

- Hello! We are elementary school students.
- May I ask you some questions?
- Where are you from? (Oh, Canada!)
- Show me your flag, please. (White and red. It's a maple leaf.)
- A photo with us OK? (Thank you.)
- These are presents for you. Which one do you like? (It's a deer.)
- Have a nice trip. Good bye.

興福寺でのインタビュー

どのグループも、尋ねるだけでなく、答えに対してグッドリアクションすることで、和やかな雰囲気になっていた。五重の塔や奈良公園の鹿、墨や筆といった絵を描いたプレゼントのイラストカードを渡しながら、ジェスチャーや "Cute."、"Black." といった英語を添える児童もいた。

4）活動の振り返り

　活動のねらいに即し、本実践を振り返ってみたい。

① 少人数による交流の大切さ

　少人数でインタビュー活動を行うことで、外国人との一対一の関係が可能になった。そのことによって「その人のことを何とか理解したい」「その人に何とか伝えたい」というこころの通い合いが生まれ、交流活動への意欲化につながっていく。一対一の関係性での経験と、そこで生まれた自信

が、外国語の授業への主体的参加を促すことになるであろう。

② 国際交流への能動性

　児童にインタビューで伝えたいことを持たせるために、生まれ育った地域の自然・文化・歴史を事前に調べさせた。その紹介に対する外国人のリアクションを目の当たりにし、児童は、「喜んでもらえた」「自分の英語が通じた」「練習してよかった」という気持ちを持った。この経験は、英語表現の定着とともに、国際交流への能動性を引き出すだろう。

　最後に、国際交流活動は、グローバル化・情報化の進展など、大きく変化しつつある社会において、ともに生きる社会をめざして、異文化を持つ他者とつながっていこうとする態度を育てる上で、積極的に取り組んでいきたい活動である。

（田邉義隆、河合摩香）

学　習　課　題

1. 児童が生き生きと英語を使う活動を設計するために、指導者が計画段階で留意しておくべき点をまとめよう。
2. 題材（話題、場面・状況）と言語材料（語彙と表現）を決め、児童が創意工夫を凝らして英語を使用するコミュニケーション活動を設計してみよう。

📖 参考図書

髙橋一幸（2003）『授業づくりと改善の視点——よりコミュニカティブな授業をめざして』教育出版.

樋口忠彦・泉惠美子（編）（2011）『続 小学校英語活動アイディアバンク——チャンツ・ゲーム・コミュニケーション活動・プロジェクト活動』教育出版.

COLUMN

❹ 児童が生き生きと英語を使う活動とは？

　児童が創意工夫し、生き生きと英語を使うためには、聞いたり伝えたりしたくなるような目的や内容が必要である。

　例えば、クラスで人気のある給食についてのグラフを作るために、友だちと好きな給食メニューを尋ね合う活動や、人気のある教科のランキングを作るために、友だちと好きな教科を尋ね合う活動などが考えられる。児童は、英語を使って集めた情報によって、グラフやランキングのように、目に見える形ができあがることに喜びと達成感を感じる。

　他教科と関連させた内容に、児童は知的好奇心をくすぐられ、興味をもって聞いたり伝えたりする。5年生の国語科で、マザー・テレサの伝記の学習をした後に、日本の偉人について調べ、夏目漱石の写真を見せながら "This is Natsume Soseki. He is a novelist. He wrote *Botchan*." のように英語で ALT に伝える活動を行った。ALT は日本の偉人についてほとんど知らなかったので、児童の発表に質問をしたり、感想を述べたりして、コミュニケーションが発展していった。また、家庭科で卵料理の調理をした後に、ALT の国の卵料理を教えてもらう活動を行った。児童は、日本にはない調理法に驚き、作り方を熱心に聞いていた。さらに、社会科との関連で、都道府県の人口、面積、特産品などを使ったクイズ大会を行った。いずれの活動も、児童が知りたい、伝えたいと思う内容である。

　国際交流も、外国の人に伝えたい内容があれば、児童が生き生きと英語を使う活動となる。私の前任校では、留学生などの外国人を大勢招いて交流会を開いている。高学年の児童は、日本の文化を伝える活動を行う。児童は、伝える内容を事前に英語で練習して臨むが、実際の交流では、外国人が児童の話す内容を理解できないことが多々ある。その場合、児童は必然的に、繰り返したり、実演をしたりしながら、これまで学習した英語を総動員して一生懸命伝えようとするのである。

　教師が用意した英語表現や単語のみで自己表現させようとしても、児童は生き生きと活動しない。伝えたい、知りたいと思う内容に関する活動を準備することが大切である。

（上原　明子）

9章 指導方法と指導技術

　本章では小学校の外国語の授業で活用できる指導法を紹介する。小・中・高における外国語教育においては「コミュニケーションを図る資質・能力」の育成が目標とされている。そこで本章ではとくにコミュニケーション能力の育成に焦点を当てた指導法や指導技術を中心に紹介するが、指導法についてはどれか1つを選択するというよりも、それぞれの特徴を理解し、自らの学級や指導目標にふさわしい指導法を選択し、組み合わせて指導することが求められる。

1節　外国語の授業で活用できる指導法

　外国語の授業では音声を中心に、外国語を用いてコミュニケーションを図る体験が重視されている。本節ではこの授業理念に合致する6つの指導法を紹介する。

1.　Communicative Language Teaching (CLT, 伝達中心の指導法)

　CLTは現在、世界で広く受け入れられている指導法と言えるだろう。CLTは、言語習得においては文法構造の習得だけでなく、コミュニケーション能力の育成に焦点を当てる必要性があるとの考えをベースにしている。1970年代初頭に、アメリカの社会言語学者であるHymes (1972) が、それまでのlinguistic competence (言語能力) に対する概念としてcommunicative competence (コミュニケーション能力) を提唱し、文法構造を学習しただけでは対応しきれないルールが実際の言語使用にはあることを指摘した。この指摘を出発点に、CLTは言語をコミュニケーションの道具として使用できることを目的とした教授理念として発展していった。

❶ 特　徴

　コミュニケーション能力は研究者によりさまざまに定義されてきたが、現在最も広く受け入れられているのは Canale (1983) による定義だろう。彼はコミュニケーション能力を次の4つの要素から構成されると定義した。

1）　文法能力：語彙、語形変化、文法、音韻等に関する知識やそれを操る能力。

2）　社会言語学的能力：相手に応じて適切な表現を使うなど、言語の使用場面における適切さを考慮する能力。

3）　談話能力：まとまりのある発話をしたり、一貫性のある談話を行ったりする能力。

4）　方略的能力：コミュニケーションに詰まった時、言い換えたり、例をあげたりしてコミュニケーションを円滑に継続する能力。

　CLT ではコミュニケーションを重視するが、文法の習得を不要のものと考えているわけではない。このことは文法能力がコミュニケーション能力を構成する一要素であるとしていることからも明らかである。ただし、意思の伝達を主目的として行っている活動時には、言語形式（文法）の正確さよりも意味のやり取りがより重視される。

❷ 授業での活用

　外国語活動では「コミュニケーションを図る素地となる資質・能力」、外国語科では「基礎となる資質・能力」の育成が目標として掲げられている。CLT の理念に基づく指導は、小学校における外国語教育の理念と合致するものである。実際の授業においては、教室という空間ではあるが、できる限り現実味のある表現活動の場を用意することが重要となる。そのさいには、英語を使って伝えることが必要な場面や会話が行われる状況がイメージできるような場面の設定が必要となる。また、言葉を用いて伝え合う目的を明確にすることも重要である。

　例えば、買い物のロールプレイを行うとして、何の目的の設定もなく「10ドルで買い物をしよう」というのでは、ただ覚えた表現を繰り返すだけの活動になってしまう。子どもはお店に置かれた商品カードを見ながら、"Apple, please." "How many?" "Two, please." といったやり取りを行うが、な

ぜリンゴを選び、2個購入することにしたのか、と尋ねると「なんとなく」と答えることが少なくない。それは「友だち5人でケーキづくりをするために必要なものを買う」「冬の北海道に着ていく服を買う」など具体的な買い物の目的の設定がないことに起因する。また、値札が置かれているのに、"How much?" と尋ねなくてはいけない等の活動場面の設定の不適切さにも注意が必要である。自然な言語使用場面を設定し、そこで何とか気持ちや考えを伝え合わなければならないような活動にすることが大切である。

2. The Natural Approach（ナチュラル・アプローチ）

ナチュラル・アプローチは、1970年代後半に Terrell が提唱した、母語習得のような自然な外国語習得をめざした指導法である。Terrell は Krashen と協力してナチュラル・アプローチの理論的裏づけを行った（Krashen & Terrell 1983）。

❶ 特　徴

ナチュラル・アプローチもコミュニケーションを重視する指導法であり、この点では CLT の理念と重なるものである。ナチュラル・アプローチでは、言語はコミュニケーションの道具であり、意味やメッセージを伝達する道具であると考えられ、「目標言語でのメッセージを理解したときに、初めて習得が行われる」とされている。よって、目標言語によるインプットが重視され、学習の初期の段階から母語の助けを借りずに目標言語を使用することが基本となる。

Krashen はモニター・モデルと呼ばれる言語習得に関する5つの仮説を提唱した。そのなかでもとくに外国語の授業を進める上で有効な示唆となるのが Input Hypothesis（インプット仮説）[☞2章1節]と Affective Filter Hypothesis（情意フィルター仮説）である。情意フィルター仮説とは、学習者の不安や自信のなさ、恥ずかしさ等がフィルター（障壁）となり、インプットの受け入れが妨害されるという考え方である。そのため、不安を和らげるような学習環境づくりにつとめたり、学習者の興味・関心に合致した、親しみやすい内容を選択したりすることが重要となる。また、情意フィルターを上げないために、コミュニケーションにおける意味伝達に支障の

ない誤りは、明示的には指摘せず、学習者に気づきを促すことが勧められている。例えば、学習者が "I like apple." のように文法的に誤った発言をした場合、それに対して指導者は "Oh, you like apples. I like apples, too." のように正しい表現をそれとなく示す (recast) 方法である。さらに学習者の負担感を抑えるために、学習者は話す準備ができるまでは聴解に専念し、目標言語での発話時期を遅らせることが勧められている。

❷ 授業での活用

　学習者の興味・関心を踏まえた内容を取り上げることや、言語形式よりも意味内容に重点を置き、学習者が理解可能なインプットを豊富に与えることなど、入門期の学習に適した要素を含んだ指導法である。あまりに早く発話を求めることは児童に負担や不安を感じさせる可能性があることから、ナチュラル・アプローチの推奨する聴解に専念する期間を確保することは、初期の学習においては有効と言えるだろう。また、聴解を助けるために多くの視覚情報を活用することは、授業において指導者が意識したい点である。

　一方で、インプットの理解だけでなく、アウトプットの機会を提供することも必要という指摘もあり (Swain 1985)、インプットからアウトプットへの移行も検討する必要があるだろう [☞2章1節]。また、学習期間が長くなり、学習が進んでくると、適切な誤りの訂正や文法構造の指導も必要になってくる。中学年からの音声中心の学びをもとに、高学年での学習のあり方を考えるさい、アウトプットや文法構造への注意の促し方や、児童自らが気づくための手立てについて検討することが求められる。

3. Content-Based Instruction (CBI, 内容中心の指導法)

　CBI もまた CLT の理念に基づく指導法である。私たちの実際のコミュニケーションでは、言語は自分の考えや気持ち等の「内容」を伝えたり、理解したりする道具として働く。つまり「内容」のないコミュニケーションはなく、コミュニケーションを重視するということは、内容の伝達を重視するということである。

❶ 特　徴

　一般的に CBI における内容 (content) とは教科の学習内容のことであり、教科内容の学習を目標言語で行うことを通して、内容と言語を同時に学ぶことをめざす。これは、私たちは第二言語そのものについて学ぶよりも、情報を収集したり、内容を理解したりするための手段として第二言語を使うことにより、言語習得が一段と促進されるという考えに基づいている。教科の内容を理解するために、言語を聞いたり、読んだりすることから、多くの意味のあるインプットを受けることになり、また内容についての意見交換などアウトプットの機会も与えられる。

　CBI の課題としては、内容伝達に重きが置かれるため、言語の誤りが軽視されがちであることや、教科内容と第二言語の両方に堪能な教員の確保の難しさなどがあげられる。

❷ 授業での活用

　外国語活動および外国語科の実践に関し、学習指導要領 (文部科学省 2017d) においても、「言語活動で扱う題材は、児童の興味・関心に合ったものとし、国語科や音楽科、図画工作科など、他教科等で児童が学習したことを活用したり、学校行事で扱う内容と関連付けたりするなどの工夫をすること」との記述があり、他教科での学習内容を外国語授業の中で適切に生かすことが推奨されている。CBI にはイマージョン教育のように学校での学びの多くを目標言語で行うものから、外国語の授業において内容を重視したトピックやテーマを活用するものまで、幅広いレベルでの指導があり得る。日本の小学校では後者のような、他教科ですでに学習した内容を英語学習に取り上げることから始めることが現実的かつ、効果的だろう。一方、教科内容の理解が不十分な児童にとっては、教科内容が分からないために英語での活動に参加できない、といった状況が生まれる可能性が考えられるため、細心の配慮を要することになる。

4.　Content and Language Integrated Learning (CLIL, 内容言語統合型学習)

　CLIL はその名の通り、教科等の内容の学習と外国語学習を統合して行

う学習方法である。CLIL という名称は 1994 年頃からヨーロッパで使われるようになり、今日では世界的に広く認知されている。教科内容と目標言語を統合して学ぶ点においては CBI と理念的に重なる部分も多い。

❶ 特 徴

　CLIL では理科や社会科といった教科の内容（Content）と外国語を用いた学び（Communication）を統合しながら学習を進める。そのさい、知識・理解にとどまることなく、学習者が個人で、あるいは仲間と考え、分析し、振り返り、知識を応用するといった認知活動（Cognition）や文化理解を促す学習（Culture / Community）を通して、自律した学習者（independent learner）に育つことをめざしている。これらの内容（Content）、言語（Communication）、認知（Cognition）、文化（Culture / Community）の 4 点はそれぞれの頭文字をとって 4Cs と呼ばれ、CLIL 指導の原理となっており、互いに関わりながら発達していく。また CLIL では本物らしさを重視し、学習者自身による積極的な学び（アクティブ・ラーニング）や仲間同士の協働、学習者自身による学習成果の振り返りなどを大切にしている。これらの CLIL の特徴は、「主体的・対話的で深い学び」をめざす日本の教育理念にも通ずるものであり、他教科等での学びを生かそうとする外国語活動および外国語科の指導に対しても示唆を与えるものである。

❷ 授業での活用

　他教科の内容を外国語の単元全体あるいは 1 時間全体を使って学習することはハードルが高いと感じる指導者も多いだろう。CLIL では先述の理念を踏まえて指導することが重要であり、取り扱うテーマや時数は柔軟に応用することが可能である。例えば、外国語の授業で動物の名前が登場したさいに、それらの動物の生息地域について学ぶ活動を盛り込んだり、数字の学習と気温（世界の地域による気温の差や摂氏と華氏の単位の違いなど）の学習を関連させて、言葉を活用しながら内容を学んだりすることもできるだろう。取り上げるテーマの大きさや児童の実態等に応じて、45 分間の授業全体を通して CLIL を行うことも可能である一方、45 分間の授業において 10〜15 分間の帯活動として行うことも可能である。帯活動の場

合は、前時までの外国語の学習内容を生かすよう関連を持たせる方法と、逆にまず CLIL を通して学習を行い、そこで登場した言語面への理解をさらに深めるような外国語の授業へとつなげることも可能である。

これらの実践で重要なことは、児童が内容に興味をもって学ぶことであり、「表現を何度も復唱して覚え、暗記した表現を使ってペアで会話を行う」といった、従来散見された外国語学習とは理念を異にすることに留意しなくてはいけない。

5. Task-Based Language Teaching (**TBLT,** タスク中心の指導法)

TBLT はタスク、すなわち「課題」を目標言語を通じて遂行することを指導の中心に据えた指導法である。タスク活動とは目的を達成するために目標言語を用いる活動で、ここでは意味のやり取りが重視される。

❶ 特 徴

TBLT には「タスク完遂のために英語でやり取りを行う」「英語の正確さよりも意味伝達に焦点が置かれる」「現実社会での言語使用を反映したものである」といった特徴がある。例えば、「修学旅行の行き先を話し合って決める」「動物園へ行くための最も効率的なルートを決める」等のタスクが考えられ、グループ内で意思決定を行ったり、各自が持っている情報を出し合って結論を導いたりする過程において、意味に焦点を当てた英語の使用が生まれるよう計画される。

❷ 授業での活用

外国語の授業では、「友だちの好きなものを尋ねながら、友だちのためのＴシャツを作る」「時差を確認して、日本時間の何時ならカナダに電話をかけてもよいかを考える」「クラスメイトの好きなスポーツを尋ねて、クラスの人気競技ランキング表を作成する」等のタスクが考えられる。

実際の日常生活で起こり得るタスクを設定することにより、児童は意欲を持ってタスク遂行に取り組むことができる。ただし、きちんと「意味のやり取り」が生まれるようにタスクを計画することが重要である。例えば「買い物をする」「道案内をする」といったタスクを設定しても、モデルス

キットを丸暗記して、相手が次に何を言うのかが分かった状態で活動を行ったのでは、真の意味での「意味のやり取り」は発生しない。また、「道案内をする」タスクにおいても、両者がまったく同じ地図を持って "Where is the station?" と尋ね合うような活動では、自分の地図を見れば分かることを、ただ表現をなぞるだけの練習になってしまう。児童は限られた語彙や表現しか持たないため、自ら表現を選択しながらタスクに取り組むことは容易ではないが、可能な限り本物らしい意味のやり取りが生じるようにタスクを計画することが求められる。そして、児童が「知っていること」を自ら考えて活用できるようなタスクの設定が望まれる。

6. Total Physical Response (TPR, 全身反応指導法)

TPR は Asher (1977) が提唱した子どもの母語習得をモデルにした聴解中心の指導法である。乳幼児は、言葉を話すことができるようになる前に、その発話の意味を理解し、体で反応を示す段階を通過する。この時期は「沈黙期 (silent period)」と呼ばれ、この時期を経て、しだいに発話が生まれてくるようになる。この子どもの母語習得過程をモデルにしたのが TPR である。

❶ 特　徴

TPR では、学習者に発話を強制せず、指導者から与えられるインプットに対して、動作で反応することを求める。指導者からのインプットの多くは命令 (指示) の形をとり、インプットの理解が動作での反応と結びつくことにより、学習が強化されると考える。

また、TPR の特徴として、話すことを強要しないことから、学習者が緊張したり、不安を覚えたりすることなく学習に取り組めるという利点がある。とくに外国語学習の初期段階には効果的な指導法である。

❷ 授業での活用

児童の発達段階や英語学習の段階から考えても、TPR は有効な指導法であると言える。ただし、TPR を効果的に行うためには、聴解が大きな目的であることを指導者が理解しておくことが重要である。TPR の指導手順は

次のようになる。

1) 指導者が指示（例えば "Stand up."）を出す。
2) 最初は指導者が指示に対する反応（例えば「立ち上がる」）を示して、児童に音と意味の一致をさせる。
3) 慣れてきたら、指導者の指示に対して、児童自身が反応で理解を示す。

　指導者がいつまでも体を動かして指示に対する反応を示していては、児童は指示を聞いて理解する必要性がなくなってしまう。聞くことを目的とした活動であることを常に意識し、適切に 2) から 3) の段階へとステップアップすることが大切である。

　また、TPR の代表的な活動である "Simon Says" のように、全身で反応する活動だけが TPR ではない。例えば、指示を聞いて色を塗ったり、カードを並べ替えたり、カルタ取りをしたりといった活動があり、学習者の発達段階を考慮に入れながら、活動内容や指示内容を変化させていくことができる。

　ただし、TPR には「聞く」以外の技能への配慮があまりないことや、動作と結びつかない事項は扱いにくいといった課題もある。しかし外国語学習の初期段階での効果的な指導法であり、授業のウォームアップとしてや、新しい単元で初めて触れる語彙や表現を聞いて理解する目的において効果的といえる。

2節　児童に合った望ましい指導法とは

　前節では、今日の英語教育の大きな目標であるコミュニケーション能力の育成に寄与する指導法や、自然な言語習得過程を意識した入門期に適した指導法を紹介した。これらの指導法のどれか 1 つを選択して指導にあたるというよりも、基本理念を踏まえた上で、学習者の状況やニーズに適した指導法を選択したり、組み合わせたりしながら授業を構築していくことが重要である。そのさい、考慮すべき事項として、次の 4 点をあげたい。

1.　発達段階と学習段階
　指導法の選択にあたり、児童の発達段階や英語の学習段階のバランスを

考えることは重要である。例えば、中学年で英語学習を開始した段階では
ナチュラル・アプローチやTPRの考えに基づく聴解に専念できる期間を
保障することが重要であるし、高学年ではタスクが学習者の知的好奇心を
刺激するようなものになるよう工夫が必要である。

2. 授業時数

どのくらいの学習時間を確保できるかによって、目標の設定が変わって
くる。例えば、地域や学校（研究開発学校等）によっては低学年から外国語
の学習を開始したり、中学年から週に2回以上授業を行ったりすることも
考えられる。1年生から学習を始めた場合の3年生の目標や活動内容と、3
年生から始める場合の目標や内容は当然異なるものになる。そのような実
態に応じて、各段階にふさわしい指導法を選択することが必要である。

3. 学習者の特性

教室にはさまざまな個性を持った学習者が存在し、また彼らの好む学習
スタイルもさまざまである。視覚からの情報入手が有効である者もいれば、
聴覚を重視する学習スタイルを好む者もいるだろう。また各学習者の得意
分野もさまざまである。すべての学習者に適した唯一の指導法を見つける
ことは困難だろうが、自分の担当する児童たちの特性を知ることで、より
適した指導法や活動の選択が可能になる。

4. 母語の役割

本章1節で紹介した指導法は、いずれも基本的には目標言語を用いてコ
ミュニカティブな言語活動を行うことを重視している。児童ができるだけ
多くの英語音声に触れ、それを理解し、英語を使う体験を行うことが重要
である。しかしながら、ごく限られた学習時間で学ぶ日本の学校教育を想
定すると、適切な母語の使用が学習を促進する場合も考えられる。以下で、
児童の母語使用と指導者の母語使用の2つの側面から考えてみたい。

❶ 児童の母語使用

指導者から英語で話しかけられたとき、児童は理解した内容を確かめる

ために日本語で質問をしたり、日本語で答えたりすることがある。とくに新出事項を提示する場面ではこのような反応が想定される。児童のこのような反応は、英語を理解しようとしていることの表れであり、許容されてよいだろう。児童の日本語での反応に対して指導者が適切な反応を英語で行うことにより、児童は意味と言語形式を学んでいくことができる。

❷　指導者の母語使用

　指導者の母語使用については、目的と場面を意識して選択することが重要である。いつも日本語で説明をしたり、日本語訳を提供したりしていると、児童は英語を使う必要性を感じなくなるだろう。また、教員が英語を話すことへの抵抗を見せている場合には、児童の英語に対する態度形成に否定的な影響を与えることも考えられる。したがって、視覚情報を活用することで内容が十分に伝わる場面においては、目標言語を用いるように努めることが大切である。他方、英語と日本語の違いや文化的な気づきについて振り返る場面などでは、深い洞察をクラスで共有するためには母語の使用が必要になるだろう。指導法の選択と同様に、目的や場面、児童の実態等を考慮しながら、学習にもっとも効果的な目標言語と母語の使用について考えることが大切である。

3節　外国語の授業で活用したい指導技術

1.　アクティブ・ラーニング（AL）と協働学習

　AL は教師からの一方的な講義形式の知識伝達型教育から脱却し、学習者自身が主体的に問題を発見し、考え、解決しながら汎用的能力の育成を図るものである。そのための方法としてグループ・ディスカッションやグループワーク、プロジェクトなどがあるが、あくまで主眼は「主体的・対話的で深い学び」を実現することであって、ペアワークやグループワークを行うことが AL ではない。

　外国語の授業では、単元ごとに目標となる語彙や表現があり、それが単元という単位で細切れになっていることも少なくない。しかし将来的には、場面や状況に応じて、知っている語彙や表現を引き出し、つなぎ合わせな

がらコミュニケーションを図る能力が望まれる。そのためには、一定の語彙や表現の学習が進んだところで、子どもたち自身が何かを伝えるために、これまでに学習したどの語彙や表現を活用できるかを考えながら、国際交流を行うなどの取り組みができるだろう。

また、「主体的・対話的で深い学び」の実現のためには、協働学習の視点も重要である。「競争ではなく協働を」としばしば言われるが、Deutsch (1949) は、協働的な状況とは皆が一緒に達成できる目標に向かっている状況を指し、競争的な状況とは、誰か1人がゴールに到達すると、他の人はゴールにたどり着けなくなるような目標に向かっている状況を指すとした。つまり、競争的な要素がある活動を行っていたとしても、それを通して学習者全員が目標に向かって学んでいる場合は、協働的な学びであると考えられる。また、個人で取り組む作業を行っていても、必要に応じて教え合い、助け合うなど「クラスの全員が理解する」という同じ目標に向かっている時には、そこは協働学習の場といえる。そのような雰囲気が醸成された学級で安心して学べるよう、学びの場づくりを行うことが求められる。

なお、外国語の授業では時に競争的要素が強く、児童の「勝ちたい」「速く仕上げたい」「より多く集めたい」といった思いが強くなりすぎるタスクが見受けられる。このような競争的なタスクでは、丁寧な発音や相手に伝わるような表現方法など、本来のコミュニケーションにおいて重視されるべき点がないがしろにされてしまう可能性があるため注意が必要である。

2. 発問、指名の方法

発問においては、そのねらいを意識することが重要である。既習事項を確認するための発問や、本時の学習の興味づけのための発問、分かったことを共有するための発問、本時の内容から発展した発問等があり、単元や各時間の学習過程に応じて選択することが必要である。外国語の授業では児童の英語力が限られていることから、簡潔で分かりやすい問いになるよう心がけたい。

また、児童に問いを投げかけたとき、指名をする場面もあるだろう。クラスの中には引っ込み思案な児童や英語への自信が十分でない児童等、さまざまな児童が存在する。したがって、指名にはたいへんデリケートな配

慮が必要であり、児童や学級の実態を十分に把握できていない教育実習生や ALT, 特別非常勤講師等の外部講師には難しいものである。チームティーチングで授業を行っている場合でも、誰もが正解できるシンプルな問いである場合を除いては、学級担任が指名するほうが望ましい。学級担任の深い児童理解や人間関係への理解があってこそ、授業を円滑に進めるための指名が可能になるだろう。

3. 活動形態

　授業では、一斉、グループ、ペア、個人で行う活動を効果的に選択することが望まれる。活動形態を選択するさいに考慮すべきことを 2 点示す。

❶　目標と目標達成に至る学習過程に応じて選択する

　どのような内容を、どのように指導するかを考えるときには、常に目標を意識しなくてはならない。例えば、新しい語彙や表現を導入する場面では、クラス全員に意味と言語形式の導入を図るために、指導者がデモンストレーションを行い、意味と言語形式の理解を促す「一斉活動」の形態をとることが多いだろう。他方、「隣の席の友だちのために、おすすめのランチメニューを作る」というタスクに取り組む段階では、ペアワークを行うだろう。

　また、設定した目標やタスクと同時に、学習過程にも配慮して活動形態を選択することも大切である。新しい表現を初めて学習した場面では、TPR 的活動や発音練習等をクラス全員で一斉に行い、さらに聴解の練習を進めるために、カルタ取りなどの活動をグループで行ってから、ペアでの活動に移ったり、あるいはまだ練習が不十分な段階ではまず個人で聞き取った通りにカードを並べるなどの活動を行ったうえで、ペアやグループでの活動に移ることもあるだろう。さらには、一度は一斉活動からグループ活動へ移った後でも、児童の学習状況を確認したうえで、必要に応じて一斉活動に戻るなどの選択も時に必要になる。次頁に授業の流れに応じた活動形態の例を示しておく。

表 9.1　授業の流れと活動形態（例）

導入	指導者によるデモンストレーションや繰り返し練習	一斉
練習（1）	TPR 的活動・発話練習	一斉
練習（2）	グループ単位での発話確認・カルタ等の聞き取り活動	グループ
練習（3）	導入された表現を用いての会話練習	ペア
コミュニケーション活動	導入された表現を用いてお互いのことを尋ね合うインタビュー等の活動	ペア
振り返り	活動の振り返りの共有	個人、一斉

❷　児童の学習段階や心理面に配慮しながら選択する

　母語習得において、発話するまでの間に長い沈黙期があることを第1節で述べたが、外国語学習においても、学習の初期段階ですぐに発話を求めることは児童に緊張や不安を強いることになりやすい。そのため、新しい語彙や表現を導入してすぐに人前での発話を求めることには十分注意したい。

　また一見、クラス一斉の活動で安心して活動に臨んでいるように見えても、実は個人に負担を強いる活動になっていることもある。例えば、輪の真ん中に立つオニ役の児童の発話でゲームが進むフルーツバスケットのオニ役や、カルタの読み上げ役をグループ内で順番に担当させるなどのやり方は、一斉やグループの形態を取りながらも一人で発話する場面を生みだしている。さらに、その児童の発話によりその後の活動が展開するため、責任を感じやすい状況になる。よって、このような活動は児童の話すことへの自信がついているかをよく観察して決定する必要があるだろう。また、例えば「買い物客」として一人で行うことができるタスクであっても、一人で作業を行うことに不安を覚える児童が多い学級の場合は、ペアになって買い物をさせるなどの対応も求められる。

4節　指導形態に応じた円滑な授業実践のために大切なこと

　現在の小学校における外国語の指導者や指導形態の状況を見ると、学級担任には単独で授業を進められる力と、ALT 等の英語に堪能な指導者とティームティーチングを進められる力の両方が必要である。単独授業においても、ティームティーチングにおいても、学級担任が外国語活動や外国語科の目標や指導内容、指導方法を深く理解していることは重要なことである。また、いずれの指導形態にも共通して大切なことと、それぞれの指導形態に特有な留意すべき点がある。

1.　単独授業、ティームティーチングに共通する大切なこと

　いずれの授業においても学級担任が指導目標を理解したり、適切な指導過程および指導内容や指導方法を選択したりすることは重要なことである。また、児童の学びを支援したり、適切に評価したりするためには、学級担任が授業への深い理解を持ち、積極的に授業に関与することが欠かせない。

2.　学級担任による単独授業で大切なこと

　単独授業の場合、自らが計画した授業を一人で進められるという点においてはスムーズな授業展開が可能になる。一方で、英語力に不安を抱える指導者は、指導に難しさを覚えるかもしれない。そこで、視聴覚教材や ICT 教材を有効に活用することが推奨される。また、ALT 等が定期的に来校する場合は、ALT が来校できないときの授業のために、事前にスキットをビデオ録画したり、ALT からのメッセージをビデオに撮るなどの工夫により、単独での授業をより豊かなものにすることが可能である。学級担任の指導力を生かしつつ、足りない部分をどのように補うかを工夫することが大切である。

3.　ティームティーチングで大切なこと

　ALT や特別非常勤講師等の外部講師とティームティーチングを行う場合には、学級担任と ALT や外部講師の両者が当該の授業についてきちんと理解しておくことが欠かせない。授業前には十分な打ち合わせが必要である。

授業中に片方の教員が何の役割もなく立っているような状況は避けなくてはならない [☞ 13章1節]。

　また、ALT や外部講師は英語に堪能である一方で、教育経験や児童への理解が乏しいことも少なくない。あるいは逆に私塾などでの指導経験が豊富で、学校が設定している目標とは異なる自らの指導理論で授業を進める可能性もある。このような事態をコントロールするのも、学級担任の役割である。したがって、ティームティーチングにおいては、学級担任がそれぞれの指導者の役割を明確にしておく必要がある。

　他方、ALT や外部講師の特質を最大限生かすことも大切である。ALT は異なる文化背景を持って来日しているし、日本人の外部講師も海外経験を有する人や、英語に堪能な人材が多い。このような ALT や外部講師の経験等を十分に活用することで、豊かな授業が可能になるだろう。そのためには、両者が打ち解け、良好な人間関係づくりに努めることが望まれる。

（松宮　奈賀子）

学 習 課 題

1. CLT, ナチュラル・アプローチ、TBLT の共通点と相違点をまとめよう。
2. 外国語学習において「本物」の教材やタスクを用いることの意義を考え、説明しよう。

📖 参考図書

サンドラ・サヴィニョン (草野ハベル清子他訳) (2009)『コミュニケーション能力——理論と実践』法政大学出版局．[原典：Savignon, S. (1997) *Communicative Competence: Theory and Classroom Practice* (2nd edition), New York: McGraw-Hill.]

J. ブルースター & G. エリス (佐藤久美子編訳) (2005)『「小学校英語」指導法ハンドブック』玉川大学出版部．[原典：Brewster, J., Ellis, G. & Girard, D. (2002) *The Primary English Teacher's Guide* (2nd edition), Harlow: Penguin English.]

10章 いろいろな教材、教具の活用法

　外国語活動の導入時は、それまで民間の児童英語教室で使われていた絵カードやCDなどの視聴覚教材や教具が、小学校の教室に持ち込まれ使われることが多くみられた。しかし、少人数で指導される児童英語教室とは教室環境が異なり、また単なるスキル指導が中心ではない小学校の外国語の授業においては、教材、教具の選定や活用法に新しい視点が必要となる。

　本章では、外国語の授業に適した教材、教具の選定の視点、活用法と作成方法、および利用上の留意点について考える。

1節　教材、教具の選定の視点

　外国語の授業構築のなかで大切なことは、初めに教材、教具ありきではなく、その授業の目標を達成するためにどういった教材、教具が一番ふさわしいかという視点を持つことである。他教科では周知のはずであるが、外国語の授業においては、音声・動画・実物・画像などあまりにも広い選択肢があることによって、つい使いたい教材、教具が先行してしまう。なぜ、その教材、教具をそこで使うのか、何のために使うのか、それを使うことでどのような学習効果が得られるのか、という視点がついすっぽりと抜け落ちてしまう傾向がある。

　また、指導者がオリジナル教材を作成する場合、準備に時間をかければかけるほど「よく練られ完成度の高い教材」であると錯覚してしまうこともある。自作教材の良し悪しは、その見た目や作成にかけられた時間や労力ではなく、授業の目標を達成するのにどれだけ寄与したかによって判断したい。

　以下、3つの視点から、教材、教具の選定について考える。

1. 視点①——音声や基本的な表現に慣れ親しませる

　英語の音声に慣れ親しむための音声教材や、基本的な表現を繰り返し練習するための絵カードなどはたくさん市販されており、ICT にも豊富に揃えられている。英語を耳にしたり、発話したりするためのオーディオ教材・教具、絵本やチャンツなども簡単に入手可能であるが、次の 2 点に留意して選定し、活用したい。

❶　児童の発達段階に合った教材を選定する

　イギリスやアメリカなど英語圏の国で作られた教材は、その多くが 3〜6 歳の幼児を対象としている。うた、チャンツなどはそのまま英語の初学者である小学生に使える場合も多いが、なかには、絵本などをコンテンツのある絵カードとして使う場合を除き、内容があまりに幼稚すぎて小学生にそぐわない場合もある。また、反対に、英語のうたで、児童にとってメロディが CM などで聞き慣れているものでも、内容や英語表現が難しいものは小学生にふさわしいとは言えない。音声と文字と意味を一致させることをめざした指導の場において、ただリズムに乗って英語のうたを歌うことを楽しむだけではなく、内容理解をともなった指導に用いるのに適切な歌を選びたい。

❷　教材の活用方法を工夫する

　多くの児童英語教室では少人数を対象に、スキルを中心とした指導が行われている。そのような場でよく使われるカードゲーム、カルタ、ボードゲームなどは、小学校でも小グループになる活動であれば使用することは可能である。しかし、そのさい、例えば、取り札を囲む輪を小グループにしても、ALT が全員に向かって読み上げる全体活動にするなどの工夫が必要である。できるだけグループ・ダイナミックスを使い、学級全体が取り組める活動を行うことで、指導者が児童をしっかり見取れる活動にしたい。また、速さを競ったり、ゲームの勝敗だけにこだわったりする活動もなるべく避けたい。

2. 視点②——主体的にコミュニケーションを図ろうとする態度の育成

児童が外国語の授業のなかで、主体的に外国語を聞いたり、話したりし、他者と主体的にコミュニケーションを図ろうとする態度を育成するためにふさわしい教材、教具とはどのようなものだろうか。児童の興味・関心の高い題材や児童の知的レベルにふさわしい題材について、児童に「聞いてみよう」「話してみよう」と思わせる工夫がなされた題材である。

❶ 聞かせる内容と聞かせ方の工夫

色を表す語彙や表現を導入するにあたり、児童の聞きたい気持ち、さらには話したい気持ちを掘り起こし、世界に目を向けさせることを目的に、「世界の郵便ポスト」を話題にした例を紹介する。導入を行うさいには、絵カードより写真、あるいは写真と国旗を合成した写真で作成したプレゼンテーションソフトを用いると、児童の関心をより引きつけ、気づきをより容易に促すことが可能である。

T：Look! This is a mailbox in Japan. It's red.
Ss：Red.
T：Look at this yellow mailbox. Which country is it?
Ss：America?
T：No. It's Canada. In France, it is yellow, too. Look at this mailbox. It's blue. Which country?
S1：America?
T：Yes! That's right. It's blue in America. How about this one? Do you know this color? A green mailbox! Which country is it?
Ss：Korea? China? Italy? (たくさんの国名があがる)
T：It's China. (韓国、続いてイギリスの郵便ポストを見せながら) Now, look at this mailbox. What color is it?
Ss：Red.
T：Yes. In Korea, the UK and Japan, we all have a red mailbox!

❷ インタビュー活動用のワークシートの工夫

"What fruit/sport/color do you like?" といった疑問文と答え方を練習した後、友だちに質問し、その答えを記入するためのワークシートを取り上げてみよう。時間内に一番多く質問できた児童がチャンピオンになる、といったことを意図したゲーム性で児童を引きつけるワークシート (例1) は、「外国語の音声や基本的な表現に慣れ親しませる」という目的は果たせても、「主体的にコミュニケーションを図ろうとする態度の育成」には必ずしも結びつかない。指導者は、ゲーム的な要素が仮になくても児童が主体的に他者と関わり、相手に尋ねたいことを質問したり、あるいは自分の伝えたい情報を伝えたりする状況を作りだせるワークシートを作成したい。

ワークシート　例1

~たくさんの友だちに好きなスポーツを聞いてみよう~
What sport do you like?　　I like ＿＿＿＿.

	soccer	baseball	volleyball	tennis	running	Other そのほか
例)　田中くん		○				
1						
2						
3						

➤　何人にインタビューできましたか?　　　(　　　) 人

　例えばこのワークシートを、1) しっかり質問を考え、次に自分の答えを書き込む、2) クラスの友だちに質問をする、3) 意見が同じ友だちを見つけたらサインをしてもらう、といったワークシート (例2) にする。そうすることによって、前者と同じ質問をしながらも、相手の好きなものを知りたい気持ちが働いたり、質問をする前に「○○君は自分と答えが同じじゃないか」と予想するといった本来の質問の意味が少しでも生かされる活動

となるだろう。児童の本当の情報や意味のあるインタラクションを大切にし、それができるだけ生かせる教材づくりが望まれる。

ワークシート　例2

～好きなスポーツを聞いてみよう～

What sport do you like?　　I like _____.

① 自分の好きなスポーツを選んで○をつけよう。
② インタビューして、同じスポーツが好きな友だちにはサインをもらおう。

スポーツ　　名前	soccer	baseball	volleyball	tennis	ping-pong	Other　そのほか	友だちサイン
Me （自分）		○					
例）田中くん		○					Hiroki Tanaka
Me							
1							
2							

3.　視点③──異文化について理解を深める

　その教材、教具が言語や文化の違いに対して学習者に「気づき」を促すことができるかという点を十分考慮する。外国語の音声や文字、あるいは日本と世界の国々の習慣や文化の共通点・相違点を知識として与えるのではなく、児童の興味を喚起し自然な形で気づきを促し、さらに本時のコミュニケーションを中心とした活動へ導くものが望まれる。

　こういった教材が動画を交えて含まれるものがテキストとしてすでに存在するが、自作教材として資料を収集し、利用する場合、以下のようなものが考えられる。

● 題　材

　世界の朝食、小学生に人気のおやつやスポーツ、学校給食、お手伝い、小学校の制服、時間割、小学生が将来就きたい職業、民族衣装、世界の音楽、世界の郵便ポストや交通信号機、虹の色、太陽や月の色、世界の天気

予報、行事、お正月の料理など。

● 教材とその提示方法

・実物（地図・絵葉書・本・各国の通貨・民族衣装・食べ物）を実際に教室で見せる。あるいは、実物投射機（OHC）を使い提示。

・写真素材（教室に実物を持ち込めないもの）を絵カード、プレゼンテーションソフトにして提示。

・動画（ビデオレター、世界の子ども向けニュース、海外小学校との交流）をDVDあるいはインターネットを使って提示。

・授業内容にふさわしい題材が取り扱われている絵本の読み聞かせ。

　これらを教材として使用するさいには、伝える情報の正確さに留意しステレオタイプな先入観を児童に与えないことや、ジェンダーなどの人権に対する配慮も必要である。また、教室に迎えたALTの出身国などの情報や、今日の世界の天気、あるいはスポーツの国際大会の結果を取り上げるなど、リアルで身近な共通の関心事を教材とするのも体験的な理解を促すにはふさわしい題材である。

2節　教材、教具、機器の活用法と作成方法

　本節では、外国語の授業でよく使われる教材、教具、機器の活用法や作成方法を紹介する。

1. 実物、模型、写真、パペットなど

　実物には、食べ物の名称を導入する場合に使えるプラスティックでできた模型や、月の名前を紹介する場合のカレンダー（日本のものと外国のものがあればいっそう興味深い）、数字の紹介にも使える外国紙幣などがある。

　これら以外にも、教科を扱う単元では、教室に掲示されている時間割表を使ったり、行きたい国の話を扱う単元では旅行社のパンフレットやその国の絵葉書を使ったりすることで、児童はイメージを膨らませ、活動により積極的に取り組む。また、学校周辺の地図や古地図などを利用し、公共の場所や商店名を導入することもできる。以下に、スーパーのチラシとパペットの活用法をあげておく。

●スーパーのチラシの活用例：数字を言ったり、予想して数字を発話したりする活動。

> T：Look! This is ABC Supermarket's today's special.（特価品の卵、10個180円と書かれた部分を示して）How much is ONE egg?
> Ss：18.
> T：That's right! It's 18 yen.（値段の部分を隠して）How about this? How much is this tomato?
> S1：30 yen.
> T：No.（ジェスチャーで上を指しながら）Higher.
> S2：55 yen.
> T：No.（ジェスチャーで下を指しながら）Lower.
> Ss：.......
> T：（正解を見せ）It is 48 yen!

●パペットの活用例

　担任の単独授業で、会話のやり取りを見せたい場合には、パペットを利用すると、児童の興味を引きつけるだけでなく、会話がとても分かりやすくなる。とくに対象が低、中学年である場合は、そのパペットを擬人化してたくさんの発話を引き出すことが可能になる場合が多いだろう。

> *Can you 〜？と質問するときには、黒板の写真を指し示しながら尋ねる。
> T：（パペットに向かって）Hello, Dai!（パペットの名前）
> Dai：Hi!
> T：I have a question. We have P. E. today. Can you play soccer?
> Dai：Yes, I can.
> T：Oh, nice. Can you play baseball?
> Dai：Yes, I can.
> T：Can you play table tennis?　この後、パペットが答える前に、児童に向かって What do you think? などと問いかけて予想させる。
> T：OK, class. Let's ask Dai together.
> Ss：Can you play table tennis?
> Dai：No, I can't.

いろいろな教材、教具の活用法

2. 絵カード

絵カードはさまざまな活動で利用できる。ここでは、絵カードの作成方法、用途とサイズ、および活用方法について紹介する。

❶ 作成方法

絵カードは、テキスト教材などからダウンロードできるものや、市販されているものがたくさんある。しかし、自作教材として、プレゼンテーションソフトを利用して、画像を貼りつけたり、デジカメで撮影したオリジナルの写真を使ったりして簡単に作成することができる。

デジタル教材を自作するメリットは、授業者が意図するイメージに一番近い絵カードが作成でき、その画像に児童になじみのある場所、人物や、物を入れることで、児童の興味を引きつけ、思わず発話したくなるような状況を作ることが可能となることである。教科名の紹介に実際の教科書の画像を示したり、児童が指導を受けている体育や音楽の先生の写真を使って教科名を導入することもできる。また、児童のよく知っているスポーツ選手のイメージを使ってスポーツ名をあてさせるなどの活動もできる。

さらに、写真素材は、イメージが固定的になりがちなイラストと異なり、柔軟にイメージを広げることも可能である。例えば、apple であれば、赤だけでなく、黄色や緑色のリンゴもあるということをビジュアルに示すことができる。

❷ 用途とサイズ

絵カードの大きさは、指導者が児童に提示したり、黒板に掲示したりするには、最低 A4 サイズの大きさが必要である。プレゼンテーションソフトで作成する場合は、そのままファイルを A4 用紙に印刷すればよい。カラー印刷したものをクリアファイルに入れ、シート型のマグネットを貼ることで黒板に掲示するピクチャーカードとして使用することもできる。

使用目的によっては A5 サイズも扱いやすい。授業者が児童に近い距離まで移動するアクティビティに適している。その場合、カードをラミネーターで保護した上、穴をあけリングで 20 ～ 30 枚をまとめるといった工夫をすることで、カードを次々にめくりスピーディに提示できる。

名刺カードサイズ、あるいは葉書サイズのカードは、児童がペアやグループでQ&Aを行いながらカード交換する活動や、小グループに分かれてのカルタ取りゲーム、あるいはアルファベットの文字を順番に並べる活動などに適している。

❸　イラストと綴りからなる絵カードの活用方法
1)　文字への興味を芽生えさせる
　絵カードには、画像とともに単語の綴りも入れ、自然に文字への興味・関心を喚起させたい。表面は絵のみ、裏面は絵＋文字といったカードであれば、新しい単語の導入時には、表面を見せて音声を聞くことに集中させる。次の段階では、What's this?と問いかけ、文字なしの表面を見せた後、裏面を見せる。児童は、その単語の最初の文字や綴り全体の形を目にすることを通して、自然に文字への興味を芽生えさせていく。

カードの例

表

裏

2)　音と文字を結びつけさせる
　ある程度の数の単語を学習した時点で、食べ物、身の回りの物、動物などの名詞や形容詞、動詞をアルファベット順に集めてセットにすれば、音韻認識を自然に高める教材にもなる。このようにAからZまで語頭の音が同じ単語を集め、アルファベットジングルを作成しリズムに合わせて繰り返すことで、音と文字を結びつける活動を行うことができる。

カードの例　生き物ジングル

3) 語順への気づきを促す

　5, 6年の外国語の学習においては、語順への気づきを促す活動が可能である。例えば、主語、動詞、目的語となる絵カード（綴り入り）をバラバラに提示し、英語の文を聞かせてカードを正しい順に並べ替えさせる。さらにそのカードの絵やそこに書かれた英語をヒントにもとの英語の文を全員で言わせる、といった活動である。高学年のリテラシー指導では、それらのカードを並べ替えた後、語順に注意を払いつつ書写させる活動、あるいはそれを読み上げる活動もできる。

カードの例　並び替え　I like apples.

4) ストーリーのあらすじを再生させる

　簡単な絵本を読み聞かせた後、1シーンに1文程度の文字を入れたカードを5〜6枚提示し、あらすじを考えながらそれらを並べ替えるといった活動もできるだろう。

3. マルチメディア教材——CD, DVD, PC, タブレットなど

　児童にできるだけ多くの英語を聞かせるために、CDやDVDはなくてはならない教材である。今後、教室のICT機器設備が整っていくことで、視聴覚教材が外国語指導に果たす役割は非常に大きいものになるだろう。

　OHCなどの実物投影機は、児童の新しい学習内容の理解や発表活動を助けるものとしてとても利便性が高く、ぜひ積極的に使いたい。また、OHCは、児童の発表活動の場、あるいは絵本の提示などにも利用できる。タブレットを使用することで、自作の映像資料を示しながら発表することも、すでに多くの指導現場で実践されている。

　これらに加えて、近年、電子黒板の普及やICT教育機器の開発も目覚ましい。外国語教育におけるICT機器の学習に及ぼす効果に関するさまざまな実践報告がなされ、研究も進んでいる。中でも、電子黒板の使用によっ

て、黒板をクリックするだけで動画や音声が手際よく扱えるのは授業の効率化に大きく寄与している。

以下に、最先端の ICT 機器を使うメリットをあげておく。

1) スカイプによるテレビ会議を実施したり、Google Earth や世界のニュースを見せることなどで、教室にいながらにして、リアルタイムで児童に世界を身近に感じさせられる。

2) ALT など教室には実際にいないバーチャルのなかの相手と、教師や児童がやり取りするといったコミュニケーション場面を作ることができる。

3) 教壇でそれぞれの機器を操作しながら教材、教具を提示するのではなく、タッチペンやリモコンなどを使用することで指導者は自由に机間を移動し、児童の目線で教材を見ることができる。

4) 発表活動を行うさい、タブレット PC などを使って調べ学習を行ったり、英語辞書を利用したり、プレゼンテーションソフトを使ったりして準備することが可能になる。また、自作のプレゼンテーション用資料に児童たちが自ら選んだ画像や写真を取り入れることができ、そのことにより発表活動への取り組みが積極的になる。また、タブレット PC の画面を示しながら show and tell 風に発表活動をすることもできる。

5) 教室の PC と児童の手元にあるタブレット PC をつなげ、そこに書き込ませたり、答えを選ばせたりすることで児童の理解度をその場でモニターすることができる。

これらのメリットをうまく生かしながら、ICT 機器を使いこなそうとする積極的な姿勢と技術が、これからの指導者に求められるだろう。

3節　教材、教具、機器利用上の留意点

以下に、教材、教具あるいは機器を外国語の授業で使う場合に留意しておかなければならない点をあげておきたい。

1) 使用目的を理解している

その教材、教具あるいは機器を使って、語彙や表現を活用できる技能を身につけさせたいのか、自分の考えや気持ちを伝え合うことができる力を養いたいのか、あるいは主体的にコミュニケーションを図ろうとする態度

を養いたいのか、といった使用目的を事前に十分理解した上で教材、教具や機器を使用する。

2）　特徴を理解・熟知している

　教材、教具、機器を使いこなすには、それぞれの特徴を理解・熟知し、活動のねらいに応じて使い分けることが大切である。

3）　使用法を熟知している

　どんなにすばらしい教材、教具、機器でもその使い方を指導者がよく知らないで、扱いに手間取ると、児童の集中力が切れてしまう。とくにマルチメディア教材を使用するさいには、必要なものを必要な時に瞬時に取り出せるように、事前の準備とその手順の確認をしておくことが重要である。

4）　作成した教材、教具をリサイクルし、共有する

　教材研究や作成に時間がかかりすぎ、指導内容や指導手順の検討に手が回らないということにはならないようにしたい。それゆえ、できれば作成した教材、教具は、何度もリサイクルでき、他の教員とも共有できるように外国語学習室や共用 PC 上にストックしておきたい。デジタル教材には、保存に場所を取らないという利点、紙媒体の教材と比べると摩耗耐性があるという特性もある。

5）　その教材、教具がなくても授業ができる指導力をつける

　万が一、電子機器の不備で教材、教具が使えないといったアクシデントがあっても、黒板とチョーク、教室にあるもの、身につけているものなどを使って、その場で自分の授業ができる、教師の心構えと指導力を身につけていることが大切である。　　　　　　　　　　　　　　　　　　（田縁　眞弓）

学 習 課 題

1.　教材、教具の選定における留意点をあげよう。

2.　題材と言語材料を決め、新聞の折り込みチラシ、写真、イラストや自作の絵のどれか 1 つを使った教材を作成し、指導者と児童がやり取りする活動を考えてみよう。

11章 評価のあり方、進め方

　外国語活動は教科ではなく領域扱いであるので、数値による評価はなじまないとされる。しかし、評価が不要であるということではない。一方、外国語科は教科であるため、数値評価、評定が必要になる。指導があるところに評価は欠かせない。評価の観点や評価規準を設定し、児童の学びを支援し、授業改善につながるよりよい評価について考え、実践する必要がある。授業がいかにすばらしくても、やりっ放しではなく、児童も指導者も内省を行い、現状を分析し、新たな目標に向かって課題を設定して取り組むといった PDCA（Plan, Do, Check, Action）サイクルが必要となる。

　本章では、評価のあり方、進め方について、評価の本質、観点別評価、評価方法について考察し、評価をどのように行い活用すべきか、また評価にあたっての留意点について考える。

1節　評価とは

　評価は何のために行うのであろうか。指導を行うさいには指導目標を立て、それを達成するために必要な題材や言語材料、活動などを選定し、授業で指導し、評価を行い、目標が達成できたかどうかを確認する。目標が達成できていればよいし、そうでなければその原因を探る。例えば、難しすぎた、説明が分かりにくかったなど、指導に問題があったのか、あるいは学習者の興味・関心や発達段階等、ニーズや学力に合わなかったのか、などの振り返りを行う。そしてその結果を次時の指導に役立て、再指導を行ったり、授業内容や指導方法を改善したりといった手立てを講じることになろう。そのような過程を「指導と評価の一体化」という。

　学習者、指導者、保護者にとって、評価の機能は次の通りである。
・学習者：どこまで到達できたかといった自己評価につながる。

・指導者：指導内容の確認や授業改善につながる。

・保護者：児童がどのようなことがどの程度できるようになったかを知る手段となる。

いずれにせよ、評価は指導や学習の改善に生かされなければならず、なくてはならないものである。

では、評価にはどのようなものがあるのだろうか。評価の目的や利用法によって次のように大きく分けることができる。

- 到達目標や、基準を決めて到達度を見る絶対評価
- 集団の中での位置づけを見る相対評価

- 学年末、学期末、学期途中などにまとめて行う総括的評価
- 日常の授業において継続的に学習の過程を見取る形成的評価

- 習熟度、進級、卒業などに関する判断に用いる評価
- 授業者の授業に関する決定の情報を得る評価
- 学習者が自己の学習のモニターおよび、自己修正または自己調整に役立てる評価

2節　評価方法

評価の方法としては、以下のようなものが考えられる。

・正しい答えを選ぶ多肢選択やリスニングクイズなどの筆記テスト

・ルーブリックなどを利用して実際にスピーチをしたりスキットで演じたりするパフォーマンスを評価するパフォーマンス評価

・振り返りカードなどを用いた自己評価や相互評価

・児童の作品やワークシートなどを蓄積しておき、それらを見直して評価を行うポートフォリオ評価

・児童の発表や行動の観察による評価

・外国語への慣れ親しみや習熟がどれくらいできているかを見るCAN-DO評価

・学期の終わりなどに実施するアンケート、など

なお、外国語活動、外国語科の評価は、指導者による児童の行動や発表の観察評価、ワークシートやノートの点検、児童による自己評価、課題がど

の程度できたかを段階で判断するCAN-DO評価、ロールプレイ、スピーチ、インタビューなどのパフォーマンス課題による評価、リスニングをはじめ簡単な筆記テストによる評価などで総合的に行うことが多い。また、授業中に教員が用いるGood job. Well done. Great! といった言葉かけも評価であることは言うまでもない。あるいは授業中に振り返りを行い、さらによいパフォーマンスを児童から引き出すことも時には必要となろう。外国語活動、外国語科における評価は、外国語との出会いの科目としてふさわしいものでなければならない。つまり、児童が目標を知り、見通しが持て、自分の進歩・向上が分かり、頑張りが実感できるような、自己肯定感や有能感を育む評価でなければならない。順位づけや優劣をつけるための評価ではなく、指導があってこその評価であり、目標に沿った評価であることが望ましい。

3節　評価の観点と望ましい評価のあり方

　現行の外国語活動の学習評価は、『小学校児童指導要録』に、各学校で評価の観点を定めて、児童の学習状況における顕著な事項や、児童にどのような態度が身についたか、どのような理解が深まったかなど、評価を文章で記述するようにとある。また、評価の観点として、学習指導要領に沿って、観点と趣旨が以下のように示されている。

表 11.1　評価の観点およびその趣旨

観点	コミュニケーションへの関心・意欲・態度 (I)	外国語への慣れ親しみ (II)	言語や文化に関する気づき (III)
趣旨	コミュニケーションに関心を持ち、積極的にコミュニケーションを図ろうとする。	活動で用いている外国語を聞いたり話したりしながら、外国語の音声や基本的な表現に慣れ親しんでいる。	外国語を用いた体験的なコミュニケーション活動を通して、言葉の面白さや豊かさ、多様なものの見方や考え方があることなどに気づいている。

　上記の3つの観点に沿って授業中に評価を行うが、例えば、「コミュニケーションへの関心・意欲・態度」は観察評価で、「外国語への慣れ親し

み」は CAN-DO 評価やパフォーマンス評価で、「言語や文化に関する気づき」は振り返りカードでといったように、それぞれに望ましい評価方法を考える必要がある。また、児童の学びを「動機づけ」「方向づけ」そして「意欲化を図る」ことが大切であり、児童に目標を意識させ達成感を持たせるための評価やよりよいフィードバックの方法を考え、自律した学習者を育てたい。

表 11.2　外国語活動と外国語科の評価規準

	知識・技能 (I)	思考・判断・表現 (II)	主体的に学習に取り組む態度 (III)
外国語活動	・外国語を用いた体験的なコミュニケーション活動を通して、簡単な語句や表現などの外国語を聞いたり言ったりしている。 ・外国語を用いた体験的な活動を通して、日本語と外国語との音声の違いに気づいている。	・簡単な語句や表現を使って、自分のことや身の回りのことについて、友だちに質問したり質問に答えたりして表現している。	・外国語を用いてコミュニケーションを図ることの楽しさや、言語を用いてコミュニケーションを図ることの大切さを知り、相手に配慮しながら外国語を用いてコミュニケーションを図ろうとしている。 ・言語の大切さ、文化の共通点や相違点、さまざまな見方や考え方があることに気づいて、外国語を用いてコミュニケーションを図ろうとしている。
外国語	・外国語で「聞くこと」「話すこと」「読むこと」「書くこと」について、定型表現など実際のコミュニケーションにおいて必要な知識・技能を身につけている。 ・外国語の学習を通じて、言語の仕組み（音、単語、語順など）に気づいている。	・なじみのある定型表現を使って、自分のことや気持ち、身の回りのことなどについて質問したり答えたりするなどして表現している。	・外国語を用いてコミュニケーションを図ることの楽しさや、言語を用いてコミュニケーションを図ることの大切さを知り、他者に配慮しながら外国語を用いてコミュニケーションを図ろうとしている。 ・外国語の学習を通じて、言語や、多様なものの見方や考え方の大切さに気づき、主体的に外国語を用いてコミュニケーションを図ろうとしている。

新学習指導要領においては、各教科を通じて**「知識・技能」「思考・判断・表現」「主体的に学習に取り組む態度（学びに向かう力・人間性等）」**の3観点で評価するとある。語彙、表現や文法などの知識の習得に主眼を置くのではなく、それらを活用して実際にコミュニケーションを図ることができるような知識や自律的・主体的に活用できる技能を評価したり、コミュニケーションを行う目的・場面・状況等に応じて、情報や考えなどを的確に理解したり適切に表現したりするなど、伝え合うことができているかに留意して評価を行うことになる（前頁の表11.2参照）。

　また、「外国語を用いて何ができるようになるか」という観点から単元全体を見通した上で、単元目標と年間指導目標とが有機的につながるよう、単元・年間を通してすべての観点から総合的に評価することが大切である。

　例えば、将来の夢・職業を話す活動であれば、具体的な評価規準はそれぞれ、以下の通りになる。

・知識・技能：職業を表す語彙や、就きたい職業を表す表現が分かる。

・思考・判断・表現：将来の夢や職業について簡単な語句や基本的な表現で話される英語を聞いて、その概要をとらえたり、簡単な語句や基本的な表現を用いて話す。また、簡単な語句や基本的な表現で書かれた英語を読んで、その意味が分かり、自分の考えや気持ちを伝え合ったり、例を参考に簡単な語句や基本的な表現を用いて書く。将来の夢や職業について発表したり、相手のなりたい職業について聞いてその理由についても考えることができる。

・主体的に学習に取り組む態度：将来の夢などについて、伝えようとしたり、書かれたものを読んだり書いたりしようとする。

4節　さまざまな評価方法と進め方

　指導計画を立てるさいに評価計画も立てておく必要がある。例えば、新教材 *We Can! 2* の Unit 8, What do you want to be? の場合、1単元8時間で指導すれば評価は次頁の表11.3のように考えることができる。まずその時間の学習活動のなかで主なものを選び、評価規準と方法を考える。そして最終的に3観点を1つの単元のなかで見取ることができるように配列する。

表11.3　1単元の評価計画（例）

時	評価規準とポイント（＊）	学習活動（◎、○は評価を行う活動、〈 〉は評価方法）	I	II	III
1	・職業を表す語彙や、就きたい職業を表す表現が分かる。 ・職業に関する話を聞いて、就きたい職業やその理由が分かる。 ＊ビデオを見たり、音声を聞いたりして記入している内容を観察したり、内容を点検したりする。	・Small Talk: 行きたい国とその理由 ○映像資料を視聴し、職業名など分かったことを表に記入。〈記述観察〉 ・ジェスチャーゲーム ・ポインティングゲーム ◎音声を聞いて、登場人物と該当するイラストを線で結ぶ。〈記述分析〉 ○音声を聞いて繰り返し言った後、単語を選んで書き写す。〈発表観察・記述分析〉	◎		○
2	・職業を表す語彙や、就きたい職業を表す表現が分かる。 ・職業に関する話を聞いて、就きたい職業やその理由が分かる。 ＊ビデオを見たり、音声を聞いたりして記入している内容を観察する。	・Small Talk: 行きたい国とその理由 ・チャンツ What do you want to be? ◎映像資料を視聴し、分かったことを表に記入。〈記述観察〉 ・ポインティングゲーム ・キーワードゲーム ○チェーンゲーム（職業）〈行動観察〉	◎		○
3	・職業に関する話を聞いて、就きたい職業やその理由が分かり、どんな職業に就きたいかを聞いたり答えたりする。 ＊インタビュー活動を観察する。	・Small Talk: なりたい職業とその理由 ・チャンツ What do you want to be? ・映像資料を視聴し、分かったことを伝え合う。 ◎どんな職業に就きたいかを友だちに尋ねたり答えたりする。〈行動観察〉 ○ What do you want to be? I want to be a vet. など、音声を聞きながら、英文を書き写す。〈ワークシート記述分析〉	◎		○
4	・単語や英文を書き写す。 ・どんな職業に就きたいかを聞いたり、理由を含めて答えたりする。 ＊インタビューの様子を観察したり、結果を書き込ませた表を点検する。	・音声を聞き、分かったことを表に記入。 ・児童にどんな職業に就きたいか、またその理由は何かを尋ねる。 ◎ペアになって、将来どんな職業に就きたいかを尋ね合い、表に記入。〈行動観察・記述観察、振り返りカード点検〉 ○職業名の語彙や、What do you want to be? I want to be a pilot. など、音声を聞いて、英文を書き写す。〈ワークシート記述分析〉		◎	○
8	・将来の夢についての互いのスピーチ原稿を読んだり、働く人たちの考えや気持ちを聞いて分かる。 ・他者に配慮しながら将来の夢について書かれたものをもとに尋ねたり答えたりしようとする。 ＊発表によるパフォーマンス評価を行う。	◎互いのスピーチ原稿を読み、内容についてやり取りした後、全員の前でスピーチを発表する。〈発表観察・パフォーマンス評価〉 ○働く人たちの話を聞いて分かったことや感じたことを発表する。〈振り返りカード点検〉 ・物語を読んでライムを楽しむ。		◎	○

注）◎は主要な評価、○は次に主要な評価。I, II, III は表 11.2 の評価の観点を示す。

また児童には、自分の振り返りで CAN-DO を意識し、表 11.4 のような振り返りカードを作成して本時の目標が達成できたかどうかを自己評価させる。

表 11.4　振り返りカード（第 4 時用）

振り返りカード

組（　　）番号（　　）氏名（　　　　）

1　自分が将来つきたい職業について理由をつけてうまく話せますか。
　　① あまりうまく話せない。
　　② 将来何になりたいか話せるが、理由はうまく言えない。
　　③ つきたい職業と理由が一人でも言える。
　　④ つきたい職業やその理由をはっきりと話せる。

2　友だちが将来つきたい職業について話すのを聞いて理解できますか。
　　① あまりわからない。
　　② ゆっくり話されればわかる。
　　③ 友だちが何になりたいかがわかる。
　　④ 友だちが将来つきたい職業について理由とともにわかる。

3　音声を聞いて、つきたい職業をたずねたり答えたりする英語の文を書き写すことができますか。
　　① まだ書き写すのは難しい。
　　② ゆっくり何度も聞けば、書き写すことができる。
　　③ 音声を一度聞いて、書き写すことができる。
　　④ 音声を聞いて、何も見ないで書くことができる。

4　気づいたことやわかったことなどを書いてみましょう。

次に、評価の方法について主なものをあげてみる。

1.　児童の発表や行動の観察による評価

授業中の学習活動の様子を観察し、児童ができたこと、頑張ったことを取り上げ、励ましのある評価、やる気が起こる評価、次につながるプラス

評価を心がける。例えば、Excellent. Very good. Good try. Close. Emi had a loud voice. など、さまざまなほめ言葉を投げかけ、優れた点を具体的にほめること、個々の児童をほめること、タイミングをずらさないことが大切である。自ら学ぶ意欲や、「声の大きさ」「ジェスチャー」「表情の豊かさ」「アイコンタクト」などの態度面もほめることにより、やる気を引き出し、以後の授業での頑張りにつなげたい。

2. 自己評価

　自己評価は児童の自己肯定感や有能感を高める役割を果たす。また、英語学習が初期段階の学習者は、コミュニケーションの内容に焦点を当てて自己評価を行うことで、言語の習得が促進されるので（Blanche & Merino 1989）、自己評価は有効な方法である。自己評価を実施するにあたり、正確さを高めるための条件として、1) 自己評価の項目が実際の場面に則していること、2) 学習者が授業で実際に体験した内容であることが重要である（Ross 1998）。また、児童はおおむね自分の能力を正確に査定できるが、なかには厳しく査定する傾向もみられることから、自己評価による評価を行うさいは、求める知識や到達の基準やタスクの内容を明確にする必要がある（湯川・高梨・小山 2009）という指摘もある。

　次に、自己評価の進め方と具体例をあげておく。まず評価の3観点を中心に、その時間の指導目標に対する評価規準に基づいて、児童が評価しやすいように4段階程度の具体的な評価項目を用いて評価基準を作成し、それぞれに評価を行わせる。そのさい、児童に CAN-DO 評価を行わせることは、自己の成長を感じさせることができ、より具体的に到達点が示されることで自律した学習者に育てる上でも有効である。例をあげてみよう。*We Can! 1* の Unit 6, "I want to go to Italy." で、Where do you want to go?

表 11.5　CAN-DO 評価表【思考・判断・表現】

1　行ってみたい国についてまだうまく言えない。
2　行ってみたい国について単語でなら言える。
3　行ってみたい国について文ではっきりと言える。
4　行ってみたい国について理由もつけて言える。

と尋ねられて、どこに行きたいかを答える活動を行った場合、自己評価をさせるさいに前頁の表 11.5 のような 4 段階が考えられる。

なお、他の単元等でも共通に活用できる指標は次のようになる。

表 11.6　CAN-DO 評価表【知識・技能】

1　聞いた英語を繰り返すことができる。
2　英語特有のリズム、アクセントに気をつけながら発音できる。
3　習った英語表現を使ってはっきりと話せる。
4　習った英語表現を自分で応用して使える。
5　わからないときは、別の言葉を使って相手に伝える工夫や努力ができる。

とくに、知識・技能や思考・判断・表現に関する評価は、児童のレベルや活動内容に応じて、児童がどこまでできたかが分かるような評価基準を設定するとよい。CAN-DO リストを用いることで、より具体的に到達目標を示すことができ、児童の頑張りを促し、ポートフォリオ評価としても役立てることができる。

3.　パフォーマンス評価

パフォーマンス評価は、「現実の世界で知識・技能を実際に用いることが求められる文脈を設定し、そこでの子どもたちの振る舞いや作品を直接的に評価する方法」である。外国語活動や外国語科の場合は、児童に英語でshow and tell やスピーチ、ロールプレイ、スキット、会話などを行わせ、それらを評価する。たっぷり練習させ、最終的な成果を評価することが大切である。児童に成功体験を積ませ、達成感・充実感を得させた上で、適切な評価を与えることで、児童へ肯定的なフィードバックを行う。

パフォーマンス評価においては、評価規準や項目と、児童の具体的な姿を段階別に文章で記述した細目（ルーブリック）を作成し、それに照らし合わせて評価することが好ましい。具体的には次のような例が考えられる。

❶　態度面
・よく見て集中して聞いている。

・ペア・グループで協力してできている。

・新しいことに挑戦しようとしている。

・自ら手をあげて積極的に発言している。

・笑顔で大きな声で相手の目を見て表現している。

・ジェスチャーを用いて分かりやすく伝えようとしている。

❷ スキル面

・うたやチャンツをはっきりと歌ったり言ったりできる。

・友だちと会話を2往復以上続けられる。

・5文以上のスピーチを言える。

・知っているうたやチャンツの歌詞、絵本を声に出して読むことができる。

・3文字の単語を読むことができる。

・アルファベットの大文字、小文字を言える、書ける。

・自分を紹介する文を（書き写して）発表できる。

　なお、ルーブリックを作成するさいは、内容、理解度、流暢さ、構成、努力なども取り入れると児童の特性を幅広く捉えることができる。それにより、評価の説明責任や成績づけにも生かすことができ、子どものメタ認知を高め、自己評価能力を伸ばすこともできる。具体的なルーブリック例（次頁の表11.7）を見てみよう。

4. ポートフォリオ評価

　ポートフォリオ評価は、これまで「総合的な学習の時間」などで実施されてきた。児童が学習の振り返りができるような各自の作品や成果物、振り返りカードなどの記録を残し、それらに基づき一人ひとりの授業での理解度を確認する。さらに、学習の到達状況を児童に伝えるとともに助言や励ましを与えることで、指導に生かすための評価である。大切な点は、資料を収集し、振り返り、査定し、文書化し、関連したものをつなげ、評価することである（CRADLE: collecting, reflecting, assessing, documenting, linking, evaluating）。また、教員もジャーナルをつけながら授業を振り返るとともに、児童のポートフォリオにコメントを書き、成長の過程を確認することで、自己の授業や指導のあり方を評価することも可能である。

表 11.7　児童配布用ルーブリック例（班発表スピーチ「おすすめの国」）

項目	観点	評価規準	A	B	C
思考・判断・表現	考えの整理	自分の伝えたいことを学んだ英語表現を使いながらまとめられたか。	英語表現を使いながら理由を添えてまとめられた。	英語表現を使いながらまとめたが、十分に整理はできていなかった。	考えはまとめようとしたが、理由は述べられなかった。
主体的に学習に取り組む態度	態度・積極性	アイコンタクトを取りながら自然な表情で話すことができたか。	しっかりと相手を見て自然な表情で話すことができた。	アイコンタクトは取れたが表情がぎこちなかった。	アイコンタクトをうまく取ることができなかった。
	話し方	はっきり聞こえる声と相手に伝わる発音で話すことができたか。	はっきり聞こえる声と相手に伝わる発音で話すことができた。	なんとか相手に伝わる声と発音で話すことができた。	声も発音も不明瞭だった。
	コミュニケーション・ストラテジー	言葉が詰まった時に、ジェスチャーで補うことができたか。	ジェスチャーをふんだんに使った。	ジェスチャーを意識して少し使った。	ジェスチャーは使えなかった。
知識・技能	流暢さ*	つかえることなく、流れを保って話すことができたか。	しっかりと流れを保って話すことができた。	つかえることもあったが、一応話すことができた。	途中で止まってしまった。
	正確さ	内容が通じるように正しい文章で話すことができたか。	内容が通じるように正しい文章で話すことができた。	いくつか間違えたが、何とか話すことができた。	正しく話せなかった。

*流暢さは「思考・判断・表現」として評価も可能。

5. その他の評価方法

1〜4以外の評価方法として、児童にインタビューを行ったり、ワークシートをチェックしたりと日常的に行うさまざまな方法がある。また、児童が現在持っている能力と教員やほかの児童などの助けがあれば到達可能なレベルの間を意味する Vygotsky (1978) の「最近接発達領域 (ZPD)」[☞ 2章1節] に基づき、児童が到達できるレベルを評価する、ダイナミックアセスメントという考え方もある。今後は、そのように形成的評価の中で児童を励まし、成長する過程や可能性を評価することも大切になるであろう。

さらに、外部テストなどによる評価も考えられるが、授業で指導している内容とテストのねらいや内容が合致しているかどうかをよく確認することが大切である。むやみにスキルの習得を前面に出すテストによって、児童や保護者の不安をあおることは避けるべきである。

162

5節　評価の活かし方と留意点

先にも述べたように、外国語活動や外国語科では、ねらいと指導と評価を一体化させることが重要である。それにより、指導・到達目標が明確になり、もっとも適切な活動を設定することができる。その流れは、次の通りである。

1) ねらいの設定
2) ねらいの到達を評価できる「評価規準」の設定
3) 主たる活動とそれにつながる活動の計画
4) 授業の流れ、英語表現の提示、振り返りの計画
5) 授業実施
6) 振り返り

また、児童のやる気を育て、評価を授業改善にも活かす評価の留意点として、以下のような事柄が考えられる。

1) 評価の場面を複数設けるなどして信頼性を高める評価方法を工夫する。
2) 授業中や授業後などさまざまな場面で、中・長期的スパンで子どもの成長と変容を見取るプロセス評価を重視し、授業に還元できるよう、適切な時期に適切な方法で評価を実施する。そのさい、CAN-DO を用い

た評価も有効である。

3) 評価者は、担任、ALT 等の外部講師、児童などが考えられる。それぞれ役割が異なるので、いろいろな場面や活動で、その立場を最大限に利用できるような評価を行う。

4) 指導案、ジャーナル、ビデオ、インタビューなどにより教員の授業の振り返りを行い、授業改善につながるアクション・リサーチに取り組む。

5) 評価により自律した学習者を育てるために、自己発信型コミュニケーション重視の活動を取り入れる。そのさい、児童が、自己決定能力、行動力を培い、互いの気持ちを伝え合い、意味を紡ぎ合い、英語を用いたコミュニケーション能力を養えるように励まし支援する。また、日本と他の国の言語や文化の違いを認識したり、共生や思いやりといった態度が育成されるように努める。

6) 社会的集団における協働の学びにおいて、子ども同士が互いに認め合い、賞賛し合うことも重要である。児童と教師、児童同士のよい人間関係や認められたいという気持ちを大切に、自己肯定感を高める評価を実施する。 （泉　惠美子）

学　習　課　題

1. さまざまな評価の方法について特徴と留意点をまとめてみよう。
2. ある 1 つの単元（例：単元名は「一日の日課を紹介しよう」、言語材料は日課、時間の言い方）の評価計画を立ててみよう。

📖 参考図書

樋口忠彦・髙橋一幸・加賀田哲也・泉惠美子 (2017)『Q&A　小学英語指導法事典――教師の質問 112 に答える』教育出版.

湯川笑子・高梨庸雄・小山哲春 (2009)『小学校英語で身につくコミュニケーション能力』三省堂.

COLUMN

❺ 児童を育てる相互評価と自己評価

外国語活動に取り組むなかで、気になることがあった。それは、「英語は楽しいが、苦手だ」と言う児童がいたことである。あんなにスラスラ言えているのに？　気づきを積極的に発表しているのに？

そこで、相互評価や自己評価としての CAN-DO 評価を取り入れたところ、児童の学習態度に変化が見られるようになった。

1.　児童による相互評価の実際

活動の終わりに、Who has a big smile? Who has a nice reaction? と、指導者が児童に問いかける。「笑顔で聞いてくれるので、話しやすかった」「答えの後に、一言付け加えていた」等、児童は友だちに拍手を送りながら、互いのよさを確認する。指導者は、児童の気づいていないよさを取り上げ、ほめることで、相互評価の視点を児童に伝える。温かい雰囲気の中で、児童が自分の学習を振り返り、学習への自信と意欲を高めていった。

2.　自己評価としての CAN-DO 評価の実際

―行事について聞いて、行われる月のイラストを指さすことができる―
① 　イラストを指さすことはまだ難しい。
② 　友だちといっしょなら、イラストを指さすことができる。
③ 　自信をもってイラストを指さすことができる。
④ 　素早く間違わずにイラストを指さすことができる。

児童は、英語を使ってどのようなことができるようになったかを、習熟度別に振り返る。たとえ思うようにできなくても、できるようになりつつある自分の能力を肯定的にとらえ、評価を繰り返すことで、児童は自己効力感を育んでいく。

うれしいことに、児童は自己評価をすることで、学習に積極的に関わるようになった。「次の学習では、ここをこんなふうにできるようになりたい」と、発言や記述からも、活動のポイントに目を向け、児童が自分の学習に前向きであることがうかがえる。

児童による評価は、指導者に授業づくりや授業改善の視点を与えるだけでなく、児童を自律した学習者に向けて成長させている。

　　　　　　　　　　　　　　　　　　　　　　（河合　摩香）

12章 授業過程と学習指導案の作り方

　学習指導案は、指導者が描く1単位時間の授業の設計図であり、授業をどのように展開するかを簡潔に記述したものである。教材を媒介にして、指導者と学習者の相互作用によってダイナミックに展開される授業を効率よく進めるには、目標、指導内容、指導手順、および目標の達成度を確認する評価規準と評価方法を、明確かつ具体的に示しておくことが大切である。なお、毎時間の授業は数コマによって構成される単元のひとコマであり、授業を充実したものにするには単元における各時間の位置づけを明確にし、学習指導案を作成することが重要である。

　この章では、まず外国語の授業の学習指導案の土台となる授業過程について考える。次に、学習指導案の構成と作成法、および学習指導案の具体例を示し、最後に、学習指導案の活用法を紹介する。

1節　授業過程——各授業過程の役割と必要な活動

　この節では、45分授業を1つの単位とする授業過程と、15分程度の短時間授業の授業内容と授業過程を示し、次に、各授業過程の役割とそれぞれの過程で行うべき活動について考える。

1.　授業過程

❶　45分授業の授業過程

　45分授業の一般的な授業過程は、次のようなものであろう。

> 1. はじめのあいさつ → 2. ウォームアップ → 3. 本時の目標の確認 → 4. 復習 →
> 5. 導入 → 6. 展開 → 7. 発展 → 8. 振り返り → 9. おわりのあいさつ

　これは、新しい学習内容について気づき、理解し、慣れ（導入）、次にコ

ミュニケーション活動で使えるように練習し（展開）、コミュニケーション活動で実際に使ってみる（発展）という学習過程に基づくものである。「2. ウォームアップ」で新しいうたやチャンツを指導したり、「7. 発展」で絵本の読み聞かせや国際理解に関する活動を行ったりすることもよくある。また「5. 導入」は新しい言語材料を導入する場合と、新しい活動の内容や活動の進め方を導入する場合がある。

　なお、1時間の授業で導入 → 展開 → 発展と進むことが時間的に難しい場合は、展開に多くの時間をかけ、発展を次時に行うこともある。

❷　短時間授業の授業内容と授業過程
1)　授業内容
　新教育課程では、高学年の授業は、45分授業と2週間に3回程度実施される15分の短時間授業の組み合わせで時間割が編成される地域や学校が多くなる。この短時間授業の授業内容は、次のパターンが考えられるが、これらを単元計画に適切に位置づけることが大切である。
A.　繰り返し学習型: 45分授業の学習内容について理解を深め、慣れ親しみ、コミュニケーションで使えるように学習する。
B.　補充学習型: 単元のゴールとなるまとめのコミュニケーション活動をより豊かなものにするために必要な表現や語彙の補充学習をする。
C.　発表準備型: 単元のゴールとなるまとめのコミュニケーション活動の発表の準備や練習をする。
　短時間授業では、これら以外に単元の題材に関連した国際理解に関わる活動や絵本の読み聞かせなどもよく行われる。
2)　授業過程
　短時間授業の授業過程は次のようなものが多い。1) で示したいずれのパターンの学習内容であっても、短時間であることもあり、活動は1種類、せいぜい2種類にしぼり、振り返りも振り返りカードなどを使用せず口頭で行うとよい。

---

1. はじめのあいさつ → 2. ウォームアップ → 3. 本時の目標の確認 → 4. 活動 →
5. 振り返り → 6. おわりのあいさつ

---

2. 各授業過程の役割と必要な活動

前節❶で示した授業過程における各過程の役割と、各過程で行うべき活動について考える。

❶ はじめのあいさつ

はじめのあいさつは、児童の緊張をほぐし、外国語の授業にふさわしい雰囲気づくりを行う第一歩である。クラス全体に英語であいさつし、時間の許す限り個々の児童に気分や体調を尋ね、日付、曜日、天候などについて定型的な会話などを行う。

❷ ウォームアップ

ウォームアップは、児童がリラックスした状態で授業に臨めるようにする準備活動である。全員で大きな声を出して歌ったり、チャンツを言ったり、全員が参加できる簡単なゲーム、とくに身体を使うゲームを行ったりするとよい。また本時の題材に関連のある身近な事柄やタイムリーな話題について、指導者が児童とやり取りをしながら話す small talk も行いたい。なお、small talk は新しい語彙や表現を導入したり、これらに慣れ親しませることに加え、指導者と児童のやり取りから児童同士のやり取りに発展させれば、コミュニケーション活動としても活用できる。

❸ 本時の目標の確認

本時の学習に本格的に取り組むにあたり、児童向けの表現に手直しした本時の目標を児童に提示し、理解させる。これにより本時の学習に対する動機づけを図るとともに、授業で取り組むそれぞれの活動のねらいや必要性を理解させる。この後、児童にも本時の目標に沿って各自の目標を考えさせてもよい。

❹ 復　習

復習は、前時や前時以前の学習事項で本時の学習内容と関係の深い項目について児童の慣れ親しみの度合を確認し、不十分な点を補強し、本時の学習にスムーズに取り組めるようにすることが目的である。表現や語彙に慣れ親しませ、定着を促すことは容易ではないので、スパイラル状に繰り返し触れさせることが大切である。復習に適した活動として、復習させたい表現や語彙を含んだうたやチャンツ、クイズ、ゲーム、絵カードの絵の内容を英語で言う活動などがあげられる。

❺ 導　入

　新しく導入する学習内容は2種類に分類できる。1つは新しく学習する表現や語彙、もう1つは新しく取り組む活動内容や進め方である。前者の導入では、絵や写真などの視覚教材を利用し、児童の興味・関心に合った話題について内容的にまとまりのある話や会話を聞かせ、新しい表現や語彙の音声的特徴、形（言語形式）や意味、使い方に気づかせ、理解させる。後者の導入では、どのような表現や語彙を使って、どのようなことを、どのような方法で行うのかを、デモンストレーションで示し、必要があれば簡潔に日本語で説明を加えて理解させる。いずれの導入においても、TTの場合は2人の指導者が、担任単独の場合はパペットを使って1人2役あるいは児童の代表と、上手に見せ、上手に聞かせることが大切である。

❻ 展　開

　新しく導入した表現や語彙について理解を深めさせ、慣れ親しませる活動を行う。そのさい、まず「聞く」活動をしっかり行い、音声に十分に慣れさせてから「話す」活動に進む。展開に適した活動は基本的に復習で行う活動と同じである。楽しく、夢中になって取り組め、飽きずに繰り返せる活動がよい。[☞6章2節、7章]

　新しく導入した活動の場合は、まず全体活動で、次にグループやペアで使用する語彙や表現、活動の進め方に慣れさせた後、語彙を一部置き換えたりしてペアワークなどを行わせるとよい。

❼ 発　展

　新しく学習し、十分に慣れ親しんだ表現や語彙を実際に使う自己表現、コミュニケーション活動である。児童は使うために英語を学習し、使うことによって英語を自分のものにしていく。したがって、目的や場面、状況を意識し、自分の伝えたいことを伝えたり、尋ねたいことを尋ねたりする活動を計画し、取り組ませることが大切である。そのさい、より充実した自己表現、コミュニケーション活動に取り組ませるには、新出事項に加え既習事項も使用する活動を計画したい。

　発展に適した活動として、スピーチ、show and tell, クイズづくりと発表、ロールプレイ、インタビュー活動、スキットや英語劇のオリジナル化と上演、絵本づくりなどがある。[☞6章2節、8章]

❽ 振り返り

　本時の評価規準を、児童が振り返りを行いやすいように平易で具体的な表現に換えて振り返りカードを作成しておき、児童に記入させ、何人かの児童に発表させる。[☞11章4節]　指導者は、児童からの振り返りや児童から出なかった事柄を付け加えてまとめを行う。なお、振り返りカードの利用は単元の最終時間に行い、他の時間は児童に口頭で意見や感想を発表させるという方法もよく行われる。

❾ 次時の予告とおわりのあいさつ

　次時への児童の期待を高め、動機づけを図るために、できるだけ明るい表情で次時の予告を行い、おわりのあいさつをする。

2節　学習指導案の構成と作り方

　学習指導案は、指導者がよりよい授業を展開するために作成するものであるが、外国語の授業はTTが多いので、ALTや特別非常勤講師等の外部講師との授業前後の打ち合わせや振り返りで利用することも多い。また校内研究会や地域の研究会などの研究授業で、参観される先生がたに配布し、目を通してもらうこともある。

　以上のような点を踏まえ、授業者の授業に対するねらいや考え方を反映した学習指導案の構成と作成上の留意点をあげておく。

　ただし、以下の学習指導案の構成は、上記の研究会等で配布する改まった学習指導案で、日常の授業のために作成する学習指導案については簡略化し、冒頭の「本単元の指導にあたって」は箇条書き程度でよい。また、⑤単元の目標〜⑨単元計画は、新しい単元のはじめに設定しておく。したがって、⑩本時の目標と展開以降を作成すればよいだろう。

1.　学習指導案の構成と内容

　授業者の氏名（TTの場合は担任とALT等の氏名）の後に、まず「本単元の指導にあたって」、次に以下の①〜⑭を続ける。

・本単元の指導にあたって：対象クラスの児童の興味・関心や外国語学習に対する取り組み状況を説明する。また本単元で取り上げる教材の意義、

目標達成のための指導内容や活動の工夫、本時の単元指導計画における位置づけなどを書く。また必要に応じて他教科や地域、学校行事などとの関連についても示しておく。

① 日時：授業日の年号、月、日、校時。

② 学年、組：対象クラスの学年、組、人数。

③ 単元名：英語と日本語、英語あるいは日本語のいずれかでもよい。

④ 指導場所 / 教室：授業が実施される教室や場所。（例）外国語特別室、家庭科室、体育館など

⑤ 単元の目標：単元の目標は当該単元の目標を踏まえ、「コミュニケーション能力の素地や基礎」を育成するための3つの柱——「知識及び技能」「思考力、判断力、表現力等」「学びに向かう力、人間性等（主体的に学習に取り組む態度）」に沿って設定し、示す。

⑥ 言語材料：本単元で新しく学習する表現、語彙、および本単元でよく使用する表現、語彙。

⑦ 準備物：授業で使用する教材、教具、機器および授業で配布するワークシート、振り返りカードなどの配付資料。

⑧ 領域別目標：学習指導要領・外国語活動および外国語科の「第2 各言語の目標及び内容等」の「英語 1 目標」に示されている領域別目標に基づき、当該単元の指導内容に応じた領域別目標を設定し、示す。

⑨ 単元計画：単元を構成する各時間の目標と主な活動、指導上の留意点（必要に応じて）と評価規準、評価方法を示す。

⑩ 本時の目標と展開

　1) 本時の目標：⑤単元の目標と⑨単元計画を踏まえて、本時の目標を2, 3項目設定する。あまり欲張りすぎないようにしたい。

　2) 本時の展開：1節1❶で示した45分授業の一般的な授業過程に基づく授業展開は、次のようになる。

| 1. はじめのあいさつ | 2. ウォームアップ | 3. 本時の目標の確認 | → | 4. 復習 | → | 5. 導入 | 6. 展開 | → | 7. 発展 | → | 8. 振り返り | 9. おわりのあいさつ |

　　　＊上の図の1, 2, 3はそれぞれ実線の枠で囲んでもよい。これは、5, 6および8, 9についても同様である。

前頁の図の実線で囲んだ各授業過程の時間配分、各授業過程で行う児童の活動と指導者の活動、授業上の留意点、および評価規準と評価方法を示す。なお、充実した授業を展開するには適切な時間配分が大切である。1, 2, 3 および 8, 9 は短時間で行い、5, 6, 7 に十分な時間をかけるようにする。

⑪ 振り返り欄、ご高評欄: 学習指導案の最後に、指導者自身の授業の振り返り内容を記載する振り返り欄を設けておく。なお、各種の研究会での研究授業の場合は振り返り欄に加えてご高評欄を設けておく。

2. 本時の展開の内容と書き方

次頁の表のように、縦軸に授業過程と時間配分、横軸に児童の活動、指導者の活動および準備物を書く。

児童および指導者の活動については具体的、かつ簡潔に示す。そのさい、活動形態（一斉、グループ、ペア、個人）や TT であれば担任と ALT 等の外部講師の役割を明確にしておくことが大切である。

指導者の活動欄には、各活動の指導にあたってとくに留意したい点があれば記入しておく。また評価は、本時の目標と関連する評価規準に沿って、どの活動で、何を、どのような方法で評価するかを示しておく。ただし、1時間の授業で 3 つの観点について評価を行うことは実際には非常に難しいので、単元を通して 3 観点をバランスよく評価することとし、当該授業では 1 つか 2 つの観点に絞ってもよい。

次頁の授業の展開例は、「夢をかなえる時間割を作ろう」という単元である。自分が就きたい職業に就くという夢を実現するのに必要な時間割を、好きな曜日を 2 日選んで考え、夢の職業の絵を見せながら show and tell 形式で就きたい職業と時間割を発表することを主要な目標とする、8 時間からなる単元の第 8 時の授業の展開例の抜粋である。なお、表で割愛されている「4. 復習」では、就きたい職業を伝える表現や時間割を伝える表現を復習している。また「5. 発展①」では、個人で練習後、小グループで順番に発表し、全員の前で発表する予行演習を行っている。

授業過程 （時間配分）	児童の活動	指導者の活動 評価（☆）と方法〈 〉	準備物
1. あいさつ 2. ウォーム 　アップ 3. 目標の 　確認 　（6分）	・あいさつし、日付、 曜日、天候を答える。 ・曜日のうたを歌う。 ・本時の目標を確認 する。	・あいさつし、日付、曜日、天 候を尋ねる。 ・児童と一緒に歌う。 ・本時の目標を説明する。 *楽しく学習できる雰囲気を作る とともに本時の目標を十分理解 させる。	・日めくり カレンダー ・うたの CD
	将来の夢と夢をかなえる 時間割を発表しよう		
6. 発展② 　（20分）	・自分の描いた絵を 見せ、将来の夢と夢 をかなえる時間割を 友だちの顔を見なが ら大きな声で発表す る。 ・友だちの発表を聞 いて、職業と時間数 の多い教科名など気 づいたことをワーク シートに記入する。	・将来の夢と夢をかなえる時間 割を show and tell 形式で友だち の顔を見ながら大きな声で発表 するように指示する。 ・友だちの発表を職業と時間割 の関係（とくに時間数の多い教 科名）に注意して聞くように指 示する。 ☆自分の夢と夢を実現するための 時間割を友だちに意欲的に伝え ようとしているか。〈発表観察、 パフォーマンス評価〉 ☆友だちのスピーチを聞き分かっ たことをメモしているか。 〈ワークシート記述観察〉	・各児童： 就きたい職 業の絵と作 成した夢の 時間割 ・ワークシー ト（職業名、 曜日名、時間 数の多い教 科名を記入）

注）4. 復習、5. 発展①、7. 振り返り、8. あいさつはスペースの関係で省略。

3節　学習指導案の具体例

　この節では、1節で示した授業過程と2節で示した学習指導案の構成に
基づく学習指導案を2つ紹介する。

　学習指導案①は、文部科学省共通教材 *Let's Try! 2*（第4学年）と同教材の
指導資料に基づいているが、同教材をより効果的に使用するために、活動

の進め方に工夫を加えたり、単元のゴールとなる活動「オリジナル・ピザづくり」に児童により主体的に取り組ませるために、単元の配当時間を1時間増やして新たな活動を加えたりして作成した学習指導案である。

学習指導案②は、積極的にコミュニケーションを図ろうとする態度とコミュニケーション能力の育成を目指した学習指導案である。共通教材 *We Can!*（第5学年）の Unit 2, "When is your birthday?" を基にしている。同教材の活動を活用しながら、「クラスの年間カレンダーを作ろう」という、児童により身近な単元にし、単元の目標を達成するために児童が必要とする表現や語彙を積極的に加え、児童の伝達意欲を喚起している。

●学習指導案①●
Let's Try! 2 を創造的に活用した学習指導案

授業者名：　HRT　加藤拓由

●本単元の指導にあたって

4年生は、なんでも自分でやってみたいという好奇心が旺盛な学年である。*Let's Try! 2* の Unit 7, "What do you want?" の第3時にオリジナル・パフェづくりなどのやり取りをする活動が設定されているが、4年生児童の積極的な好奇心を刺激し、第5時で「オリジナル・ピザづくり」の活動につなげるために、第4時に「理想のコース料理を注文しよう」という活動を新たに加え、英語を使ったやり取りの活動を繰り返し行えるように工夫した。

また、この時期の子どもたちは、自分と他人の考え方の違いに気づき、その違いから、自分の考え方を見つめ、深める力も徐々に芽生えてくる時期でもある。そこで、本単元ではペアで「オリジナル・ピザづくり」をするという協働学習の要素も取り入れた。外国語活動を通して、他人との考え方の違いから、主体的・対話的で深い学びにつなげられるよう、活動設計にも工夫を凝らした。

どの学校でも気軽に使える共通教材をベースにしながら、他教科や領域

で学んだ内容を取り入れたり、プロジェクト学習や協働学習の要素を取り入れたりすることで、外国語活動の幅をより広げたい。

1. 日時：平成○年1月25日（水）、2時間目
2. 学年・組：4年1組（24名）
3. 単元名：Unit 7 「ほしいものは何かな　What do you want?」
4. 教室：4年1組教室
5. 単元目標
   ・外来語を通して英語と日本語の音声やリズムなどの違いに気づき、食材の言い方や欲しいものを尋ねたり要求したりする表現に慣れ親しむ。（知識及び技能）
   ・欲しい食材などを尋ねたり、要求したり、自分の考えたメニューを紹介する。（思考力、判断力、表現力等）
   ・相手に伝わるように工夫しながら、オリジナルメニューを紹介しようとする。（学びに向かう力、人間性等）
6. 言語材料
   【表現】 What do you want?——I want potatoes, please.
   　　　　 How many?——Two, please.
   【語彙】 potato, radish, mushroom, cabbage, lettuce, corn, bean, meat, fish, pork, beef など
7. 準備物
   デジタル教科書、自主作成のワークシート、広告の切り抜き（食品の広告などから、グループで協力して作成する）、振り返りカード、のり、はさみ、色鉛筆などの文房具、「いいね！」シール
8. 領域別目標
   聞くこと：外来語を通して英語と日本語の音声やリズムなどの違いに気づき、食材の言い方や欲しいものを尋ねたり要求したりする表現の意味が分かるようにする。
   話すこと（やり取り）：欲しい食材などを尋ねたり、要求したりする基本的な表現を用いて伝え合うようにする。
   話すこと（発表）：相手に伝わるように工夫しながら、自分のオリジナルメニューを紹介するようにする。

9. 単元計画（5時間）

時	目標（●）と主な活動（・【 】、・） （＊創意工夫した活動・オリジナルな活動）	指導上の留意点 評価（◎）と方法〈 〉
1	●食材の言い方に慣れ親しみ、欲しいものを尋ねたり答えたりする表現を知る。 ・食材からどんな料理ができるかを考える。 ・キーワードゲーム ・【Let's Play 1】おはじきゲーム ・【Let's Watch and Think 1】世界の市場について視聴し、どんな品物があったか児童とやり取りする。	◎食材や料理を表す語を理解しているか。〈行動観察〉 ◎外来語と英語の音の違いに気づいているか。〈行動観察・振り返りカード点検〉
2	●食材の言い方や、欲しいものを尋ねたり答えたりする表現に慣れ親しむ。 ・食材をもとに今日の給食は何かを聞く。 ・【Let's Chant】What do you want? ・【Let's Play 2】BINGO ゲーム ・【Let's Watch and Think 1】世界の市場について視聴し日本の市場との相違点を児童とやり取りする。	◎欲しい食材などを尋ねたり要求したりする言い方を理解して話しているか。〈行動観察〉
3	●欲しいものを尋ねたり、要求したりする表現に慣れ親しむ。 ・【Let's Chant】What do you want? ・【Let's Play 3】フルーツパフェの中身を聞いて線で結ぶ。 ・【Activity 1】フルーツパフェを紹介しよう ・児童は、ペアでお店屋さん役とお客さん役になり、果物カードのやり取りをする。手に入れた果物を自分のパフェ台紙に貼り、オリジナルのフルーツパフェを作り、グループ内で紹介しあう。	・声の大きさや、スピードなど、相手に伝わりやすくするために、どのような工夫をしたらよいか考えさせる。 ◎場面や状況に応じて、相手に伝わるように工夫しながら、自分が考えたメニューを紹介しようとしているか。〈行動観察・振り返りカード点検〉
4	●相手に伝わるように工夫しながら、欲しいものを尋ねたり要求したりする。 ・【Let's Chant】What do you want? ・児童は、映像資料を視聴し、どんなメニューについてのやり取りかを考える。 ＊・理想のコース料理を注文しよう ・児童はペアで、客と店員に分かれてレストランでの注文をする。 ・指導者は、注文する時、料理の合計金額の上限を設定したり、食材に含まれる栄養素を	・メニューに、赤、黄、緑色のうち、どんな栄養素が含まれるか、児童と英語でやり取りして考えさせることもできる。 ◎欲しい食材などを尋ねたり要求したりする言い方を理解して話しているか。〈行動観察・振り返りカード点検〉

	指定したりするなど、他教科や領域の知識などを活用した活動設計の工夫をする。	
5（本時）	●オリジナル・ピザを作るために、相手に伝わるように工夫しながら、欲しいものを尋ねたり、要求したりしようとする。	
	【Let's Chant】What do you want? ＊・オリジナル・ピザを紹介しよう ・児童は、ペアやグループで、食材カードを使い買い物をする。 ・その後、集めた食材を使い、自分たちのオリジナル・ピザを考えて絵に描いて、みんなに紹介する。	◎場面や状況に応じて、相手に伝わるように工夫しながら、自分が考えたメニューを紹介しようとしているか。〈行動観察・振り返りカード点検〉

10. 本時の目標と展開

1) 本時の目標

・相手に伝わるように工夫しながら、欲しいものを尋ねたり答えたりしようとする。

・自分たちが考えたオリジナル・ピザを紹介するポスターづくりを友だちと協力して行い、発表しようとする。

2) 本時の展開

授業過程（時間配分）	児童の活動	指導者の活動 評価（☆）と方法〈　〉	準備物
あいさつ、ウォームアップと目標の確認 （5分）	1　あいさつ ・あいさつをする。 2　ウォームアップ ・先生の small talk を聞く。 《small talk の例》	・児童があいさつするのを支援する。 ・本時のトピックに合わせて、児童とやり取りしながら small talk を行う。	
	T: What's this?　S1: Cabbage. T: Yes. This is a cabbage. Do you like cabbage? Ss: Yes. / No. T: Good. What's this? Is this a cabbage?　S2: No. Carrot. T: Good. This is a carrot. Do you like carrots? Ss: Yes. / No. T: These cabbages and carrots come from Aichi. S3: 知ってる。社会で習ったよ。 T: Wonderful! そうだね。社会の時間のこと、よく覚えているね！		

	3 めあての確認 ・本時のめあてを確認する。	・本時のめあてを板書する。	
	相手にうまく伝わるように工夫して、自分のほしいものを聞いたり、言ったりしよう。		
復習 (5分)	4 復習 Let's Chant ・チャンツ "What do you want?" を練習する。 答えの部分を、いろいろな食べ物や野菜などに置き換えて言う。	・デジタル教材のカラオケ機能を使い、I want〜. の〜部分を、いろいろな食べ物や野菜などに入れ替え、表現に慣れ親しませる。	・デジタル教材
展開 (15分)	5 Activity ① ・ペアでオリジナル・ピザを作るための食材の買い物をする。 ・2人で行動し、分からないことがあれば、相談して英語で買い物をする。 《会話例》S1: お店屋さん、S2, S3: お客さん S1: Hello, what do you want? S2: Hello. S3: I want onions. S1: How many onions? S2: Two onions, please. S1: OK. Here you are. S2, S3: Thank you! S1: See you.	・班をお店屋さんの班と、お客さんの班に分け、前半の活動を行う。 ・指導者と児童代表で買い物の会話の例を見せる。 ・活動前に終了時刻を明示し、活動中も残りの時間を意識させ、活動がスムーズに進行するように支援する。 ・中間振り返りで、前半の活動を振り返らせる。 「今日のめあては守っていますか？」 「ペアで助け合い、買い物をしていますか？」 ・お客さんとお店屋さんの役割を交代し、後半の活動を行う。 ・後半の活動を行う前に、前半の振り返りに出たポイントを再度確認する。 ☆相手に伝わるように工夫しながら、欲しいものを尋ねたり、要求したりしようとしているか。〈行動観察・振り返りカード点検〉	・食材の広告の切り抜き
発展 (15分)	6 Activity ② ・ペアで、オリジナル・ピザのポスターを作る。 ・ペアで購入した食材の切り抜きを画用紙に貼り、真ん中にオリジナル・ピザの絵を描いてポスターを作る。おすすめポイントの詳しい理由は絵の下に日本語で書く。 ・ポスターができたペアから、英語でオリジナル・ピザを紹介しあう。 ・他のペアの発表を聞いてまわり、よいと思ったオリ	・ポスターを作るさいの注意点を話す。 《おすすめポイントと紹介の例》 Hello. This is our original pizza. We have cabbage, carrots and fish. This is very yummy. Thank you! 愛知県産のキャベツやにんじん、魚など、地元のものを使うようにしました。 ・ポスターを相互評価するさいのポイントについてアドバイスする。 《ポイント》食材選びの工夫、理由のユニークさ、全体的な丁寧さなど ・「いいね！」シールをたくさんもらっている何組かのペアに、全体に発表させる。	・ポスター用紙 ・色鉛筆 ・のり ・はさみ ・「いいね！」シール

	ジナル・ピザに「いいね！」シールを貼っていく。	☆相手に伝わるように工夫しながら、自分たちが考えたメニューを紹介しようとしていたか。〈行動観察・振り返りカード点検〉	
振り返りとあいさつ (5分)	**7　振り返りとまとめ** ・振り返りカードに記入し意見を発表する。 《振り返りカードの項目例》 →お客さんの気持ちを考えながら、お店屋さんの役ができたか？ →ペアで協力し、オリジナル・ピザを紹介するポスターを作成することができたか？ **8　あいさつ** ・おわりのあいさつをする。 ・次時の学習へのめあてを持つ。	・よい「気づき」があれば賞賛し、活動の良かった点をクラス全体で共有する。 《予想される気づきの例》 →お客さんの目を見て、はっきりとした英語で答えることができた。 →ポスターづくりの時、おすすめポイントについて、ペアで意見をたくさん言うことができた。 ・本単元の良かった点を共有し、次の単元の学習に意欲を持たせる。	

●学習指導案②●

コミュニケーション能力の育成を目指した学習指導案

授業者名：　HRT　上原明子

●本単元の指導にあたって

　本単元は、誕生日を尋ね合いクラスの年間カレンダーを作るという内容である。誕生日は、児童がお互いに知りたいと思っていることの一つである。友だちと伝え合う楽しさを味わうことでコミュニケーションへの積極性が育つことが期待できる。まず初めに、児童はクラスの年間カレンダーを作るという、単元を通した目標を持つ。そして、日本の行事と月名を結び付ける活動、うたやゲーム、クイズ等を通して月名や日にちを表す単語に慣れ親しむ。また、単語を推測して読んだり、語頭文字を書いたりする活動を行う。次に、ゲームやインフォメーションギャップ、リスニングを通して、誕生日や日付の尋ね方と答え方に慣れ親しむ。最後に、誕生日と誕生日に欲しい物をインタビューし、ワークシートに記録する。そして知

り得た情報を全体で出し合う。教師が "Whose birthday is in June?" と尋ね、知っている児童が "Ryo's birthday is June 19th." と答えていく。教師はそれを聞きながらクラスの年間カレンダーに顔写真を貼り、誕生日を記入していく。クラスの年間カレンダーは、一年間教室に掲示し、月ごとに児童の誕生日を祝ったり学校行事を確認したりして活用することができる。

1. 日時: 平成○年 5 月 22 日（月）、3 時間目
2. 学年・組: 5 年 4 組（37 名）
3. 単元名:「クラスの年間カレンダーを作ろう　When is your birthday?」
4. 教室: 外国語学習室
5. 単元目標
   ・月名や日にちを表す単語や誕生日を尋ねたり答えたりする表現を理解する。（知識及び技能）
   ・誕生日や誕生日に欲しい物を伝え合うとともに、月名を表す単語を推測して読んだり、語頭文字を書いたりする。（思考力、判断力、表現力等）
   ・他者に配慮しながら、誕生日や誕生日に欲しい物を伝え合おうとする。（学びに向かう力、人間性等）
6. 言語材料
   【表現】　When is your birthday?——My birthday is May 4th.
   　　　　　What do you want for your birthday?——I want a bicycle.
   　　　　　Ryo's birthday is June 19th. など
   【語彙】　（月名）January, February, March, April, May, June, July, August, September, October, November, December
   　　　　　（序数詞）first . . . thirty-first
7. 準備物
   単元学習計画表、CD（うた、会話音声）、月名の絵カード（教師用、児童用）、月名の綴りカード（教師用）、日にちカード（教師用）、ワークシート（語頭文字を書く、インフォメーションギャップ、インタビュー）、インタビュー・ビンゴシート、クラスの年間カレンダー、振り返りカード

　*クラスの年間カレンダーおよびインタビューのワークシートは次頁を参照。

クラスの年間カレンダー例

1.　月 Month	2.　誕生日　Birthday	3.　学校行事 School Events
4月　April	□ □ □（児童の顔写真） 6th 9th 21st	始業式（Opening ceremony） 5th
5月　May	□ □ □（児童の顔写真） 4th 15th 22nd	運動会（Sports day） 31st
6月　June	□ □（児童の顔写真） 8th 17th	プール開き（Opening of swimming classes） 23rd

インタビューのワークシート例

1.　名　前	2.　誕生日	3.　ほしい物
Ryo	6/19	自転車
Jun	1/27	グローブ
Aki	8/4	くつ

8.　領域別目標

　聞くこと：月名や日にちを表す単語や、誕生日を尋ねたり答えたりする
　　表現を聞いて理解することができるようにする。

　読むこと：月名を表す単語を、語頭文字等を手がかりに推測しながら読
　　むことができるようにする。

　話すこと（やり取り）：誕生日や誕生日に欲しい物を尋ねたり答えたりす
　　ることができるようにする。

　話すこと（発表）：友だちの誕生日を発表することができるようにする。

　書くこと：月名を表す単語の語頭文字を書くことができるようにする。

9. 単元計画（全 7 時間、短は 15 分間の短時間授業）

時	目標（●）と主な活動（・）	指導上の留意点 評価（◎）と方法〈　〉
1	●クラスの年間カレンダーを作るという単元の目標をつかみ、月名を表す単語を知る。 ・日本の行事と月を線で結び、月名を発音する。 ・月名の絵カードを見ながら歌 "Twelve Months" を聞き、その後ゆっくり歌う。 ・月名キーワードゲームをする。 ・月名ミッシングゲームをする。	・単元のゴールを示し、活動の見通しを持つことができるようにする。 ・教師の発音を聞いたりリピートしたりする活動を十分に行った後にゲームを行う。
短①②③	●月名を表す単語を聞いたり発音したりする。 ・ステレオゲームをする。（短①） 　4, 5 人の児童が一斉に異なる月名を言う。その他の児童は、だれが何月と言ったかを当てる。 ・「何月？」クイズ (1) をする。（短②） 　日にちだけの日本のカレンダーを見て、月の日数や祝日等から何月かを当てる。 ・「何月？」クイズ (2) をする。（短③） 　3 ヒントクイズ（例：spring, cherry blossom, new class）を聞いて月名を当てる。	◎月名を表す単語を聞いて理解することができているか。〈行動観察〉 ・時間に余裕があれば、オーストラリアの写真（日本と季節が逆）を見て何月かを当てたり、漢字（神無月、師走等）を見て月名を言ったりする活動を行うこともできる。
2	●月名を表す単語と日にちを表す単語を聞いたり発音したりする。 ・"Twelve Months" を歌う。 　指示された月は歌う代わりに手をたたく。 　自分の誕生月のところで立って歌う。 ・月名カード並べゲームをする。 ・日にちを表す単語を聞いて発音する。その後、日にちの言い方で気づいたことについて話し合う。	・first, second, third は野球などで使用されること、基数に th をつけて発音すること、fifth, fifteenth の発音に気をつけること、等に気づくことができるようにする。
短④⑤⑥	●月名を表す単語を読んだり、語頭文字を書いたりする。 ・月名を表す単語の語頭文字の音読みをする。（短④⑤） ・綴りカードを見ながら、月名を表す単語を教師のあとについて読んだり、推測して読んだりする。（短④⑤⑥） ・語頭文字を書く。（短⑥） 　□anuary, □ebruary, ...	◎月名を表す単語を推測して読むことができているか。〈行動観察〉 ◎月名を表す単語の語頭文字を書くことができているか。〈ワークシート、記述分析〉
3	●誕生日の尋ね方や答え方を知る。 ・日にちを表す単語を聞いて発音する。 ・誕生日の尋ね方や答え方を練習する。 ・誕生月仲間探しゲームをする。 　誕生日を尋ね合い、誕生月が同じ児童同士集まる。 ・誕生日インタビュー・ビンゴをする。 　3×3 の枠に 1〜12 のうち 9 つの数字を書き込む。インタビューをし、相手の誕生月を表す数字に○をつける。	◎誕生日を尋ねたり答えたりする表現を理解しているか。〈行動観察〉 ◎誕生日を積極的に伝え合っているか。〈行動観察〉

	●日付を尋ねたり答えたりする。 ・誕生日を尋ね合う会話音声を聞いて日付を答える。（短⑦） ・誕生日チェーンゲームをする。（短⑧） 誕生日を尋ね合い、4月から3月まで誕生日の順に並びクラス全体で大きな円を作る。 ・インフォメーションギャップ・アクティビティをする。学校行事の日付をペアで尋ね合いワークシートに書き込む。その後教師は、児童に質問しながらクラスの年間カレンダーに書き込む。（短⑨） When is *ensoku*? It's October 30th.	◎日にちを表す単語を聞いて理解することができているか。〈行動観察〉
4 本 時	●クラスの年間カレンダーを完成させる。 ・誕生日や誕生日に欲しい物についてインタビューをしてワークシートに書き込む。 ・インタビューで得た情報を全体に発表する。教師はそれを聞いてクラスの年間カレンダーに児童の顔写真を貼り誕生日を書き込む。	◎積極的に誕生日や誕生日に欲しい物を尋ね合っているか。〈行動観察〉 ◎進んで友だちの誕生日を発表しているか。〈行動観察〉

10. 本時の目標と展開

1) 本時の目標

・誕生日や誕生日に欲しい物について尋ねたり答えたりする。

・インタビューで得た情報を積極的にクラス全体に発表する。

2) 本時の展開

授業過程 （時間配分）	児童の活動	指導者の活動 評価（☆）と方法〈 〉	準備物
あいさつ、 ウォーム アップと目 標の確認 （10分）	① あいさつをする。 ② 指導者の近況に関するsmall talk を聞き、質問に答える。 ③ 単元学習計画表をもとに、めあてを確認する。 クラスの年間カレンダーを完成させよう。	・あいさつの後、曜日、日付、天気を尋ね、英語を使う雰囲気を作る。 ・児童が意味を推測できる程度の英語で近況に関する small talk を行い、やり取りを行う。 （宮島のポスターを見せながら） Look at this poster. I went to Miyajima with my family last Sunday. I saw a big red *torii*. It was beautiful. I ate *momijimanju*, too. It was good. Where did I go? What did I eat? ・単元学習計画表をもとに、これまでの学習を振り返り、本時のめあてを確認する。	・単元学習計画表

復習 (10分)	④ 復習をする。 1) うた "Twelve Months"* を歌う。 2) 日にちを表す単語を発 音する。	・抜けているカードのところで手 をたたく、自分の誕生日のところ で立つなど、変化を与えて数回歌 わせる。 ・日にちのカードを見せながら発 音させる。	・うたのCD ・月名の 絵カード ・日にち カード
導入と展開 (15分)	⑤ 導入 インタビューの仕方を理解す る。 ⑥ 展開 1) 誕生日と誕生日に欲し い物についてインタビューを する。 S1: When is your birthday? S2: My birthday is May 4th. S1: What do you want for your birthday? S2: I want a bicycle. 2) インタビューで得た情 報を全体で出し合う。 T: Whose birthday is in June? S: Ryo's birthday is June 19th.	・デモンストレーションを行い、 誕生日と誕生日に欲しい物につい て尋ねる表現をとらえることがで きるようにする。 ・インタビューで得た情報をワー クシートに記録させる。 ・まだ誕生日を知らない友だちに インタビューをするように助言を する。 ☆誕生日と誕生日に欲しい物につ いて積極的に伝え合っているか。 〈行動観察〉 ・児童の発表を聞いてクラスの年 間カレンダーに児童の顔写真を貼 り、誕生日を書き込む。 ☆友だちの誕生日を進んで発表し ているか。〈行動観察〉	・ワーク シート ・クラス の年間カ レンダー
発展 (5分)	⑦ 完成したクラスの年間カ レンダーを見て気づいたこと を話し合う。	・気づいたことを発表すること で、誕生日が最も早い（遅い）、誕 生日が同じ（近い）、何月生まれが 最も多い（少ない）などに興味を 持つことができるようにする。 《予想される気づきの例》 私は高木さんと誕生日が同じだと 知って驚きました。	
まとめとあ いさつ (5分)	⑧ 振り返りとおわりのあい さつをする。 ・振り返りカードを記入し意 見を発表する。 《振り返りカードの評価項目》 （4段階） ・友だちの誕生日や誕生日に 欲しい物を伝え合うことがで きた。 ・友だちの誕生日を進んで発 表することができた。	・クラスの年間カレンダーを教室 に掲示し、年間を通して誕生日を 祝ったり学校行事の時期を確認し たりして、仲間づくりや学習に生 かしていくことを伝える。	・振り返 りカード

*阿部フォード（2000）.

4節 学習指導案の活用

　学習指導案を活かすために留意すべき事柄を3つあげておく。

1)　時間が足りなくなった、時間があまった場合に適切に対処するために

　学習指導案を立てるにあたり、教材研究を十分行い、児童の反応を予想しながら活動や手順を検討する。したがって、学習指導案を立てる過程は、いわば授業の「予行演習」を行っているようなものである。しかし、いくら綿密な学習指導案を立てても、授業が期待通りに進むとは限らない。例えば、児童の反応が予想以上に悪く、時間が不足するケースである。このような場合に備えて、学習指導案を立てるさいに、指導内容や活動について「少なくともこれだけは」というラインを設定しておき、無理に先を急がないことである。逆に、時間があまり何をすべきか困っているケースを見かけることがある。多くの場合、無意識のうちに、授業のどこかの段階から教師が一方的に授業を進めてしまい、児童に考える時間や十分な活動の時間を与えなかったことが原因である場合が多い。学習指導案を見直し、どの段階からおかしくなったのかを探り、手当てをすることが大切である。

2)　振り返りの記録に目を通す

　授業後の教師の振り返りは不可欠である。成功例にも失敗例にも理由、原因がある。それらを分析し、学習指導案の下欄に設けた振り返り欄に記録しておき、折りにふれ目を通したい。よりよい明日の授業のためのヒントを見つけることができるだろう。

3)　学習指導案をお互いに参考にし合う

　授業で使った学習指導案を所定の場所に保管し、同僚がお互いの学習指導案を閲覧できるようにしたい。そして学習指導案を作成するさいに、必要に応じそれらを参考にし、創意工夫を加え、よりよい学習指導案づくり、授業づくりに役立てたい。

（樋口忠彦、加藤拓由、上原明子）

学 習 課 題

1.　次の条件で、復習、導入、展開、発展部分の学習指導案を作成しよう。

・本時の目標: 好きな教科と好きでない教科が同じ友だちを見つけよう。

・主な表現および語彙 (*は前時に学習):

・表現　I like math.*

　　　　 Do you like science?――Yes, I do. / No, I don't.

・語彙　Japanese, math, social studies, science, English*などの教科名

2.　次のいずれか 1 つを選び、文化の多様性や新出の表現や語彙について
　　気づきを促す導入会話を作成しよう。

・小学校での給食の有無と昼食場所

　Do you have school lunch?

　Where do you have lunch? と答え方

・外国の小学生が行ってみたい国

　Where do you want to go? と答え方

📖 参考図書

樋口忠彦 (監)、梅本龍多・田邉義隆 (2010b)『学研英語ノートパーフェク
ト 4――英語でディスカバー　文化交流』学研教育出版.

13章 授業づくり
——事前準備から振り返りまで

　外国語活動および外国語科の目標である「コミュニケーションを図る素地や基礎となる資質や能力」は、授業の中でどのように育まれるのであろうか。授業は児童の実態、興味・関心、クラスの人間関係などに即したものであり、そのなかで児童が生き生きと動き、教師と児童、児童同士が関わり合いを持ってこそコミュニケーション能力の素地や基礎が培われる。このような授業づくりには、学級担任の学級運営力をはじめとする授業者の総合的な授業力が試されるところである。

　本章では、よりよい授業づくりのコツを、授業前の準備、授業中、授業後の振り返りのそれぞれの段階で、どのようなことに留意し、どのようなことを行うべきかを通じて考える。

1節　授業前の準備

　授業前に、学習指導案 [☞ 12章2節] を作成して指導内容や指導手順を明確にするだけでなく、指導者が学習のねらいを確認し自信をもって授業に臨むためには、次のような準備が必要である。

1) 単元における本時の位置づけの明確化
2) 教材研究
3) 学習指導案（本時の展開部分）の作成
4) 単元の評価規準に基づき本時に評価を行う活動と評価方法の検討
5) 視聴覚教材、教具、ICT教材の準備
6) （必要に応じて）ワークシート、振り返りカードの作成
7) 教室環境の整備
8) ALTや特別非常勤講師等の外部講師との打ち合わせ

　ここでは、"Meg can play the recorder well. Kazu can play soccer well." (第

5 学年）という単元を想定し、第 4 時の授業づくりを例に、授業に備えて
どのような準備が必要なのかを、具体的に説明する。授業は ALT と学級担
任とのティームティーチング（以下、TT）とする。

1. 単元における本時の位置づけの明確化

　学習指導案を作成するさい、当該単元の指導目標を念頭におき、前時の
指導内容を踏まえ、次時の授業内容を展望し、本時の位置づけを明確にす
ることが大切である。

　以下、単元のゴールの言語活動を「モデル文にならって自分が選んだ人
物の紹介をするスピーチの原稿を作成し、スピーチを行う」という単元の
授業計画の簡略版を示す。

　モデル文： This is my brother, Hiroki.

　　　　　　 He can play soccer very well. He can run fast.

　　　　　　 He can't cook. He is very funny. I like Hiroki very much.

　　*児童は下線部の語を与えられた語群の中から自分にあてはまるものに替え、ス
　　　ピーチの原稿を作成する。

単元計画（簡略版）——本時の位置づけ

時	目標（●）と主な活動
1	●動作を表す語や「できる」「できない」という表現が分かる。【短①②③】
2	●できること、できないことを伝え合うことができる。
3	●できること、できないことについて、尋ねたり答えたりする表現が分かる。
4 (本時)	●できること、できないことについて会話を聞き、具体的な情報を聞き取ることができる。できることやできないことを友だちに尋ねたり答えたりして、伝え合おうとする。できることやできないことは人それぞれ異なり多様であることに気づく。 ・担任や ALT の得意なことや不得意なことについての会話を聞く。（導入） ・インタビュー活動で、できることやできないことを尋ねたり答えたりできるように練習する。（展開） ・友だちにできることやできないことについてインタビューし、分かったことをインタビューシートに記入する。（発展）
5	・第三者について she / he を使ってできることやできないことを伝える表現が分かる。【短⑦⑧⑨】

6	・友だちのできることやできないことを she / he を使って伝えることができる。
7	・ある人物の「できること」「できないこと」を自分の思いも含めて紹介するスピーチの原稿を作成し、発表の準備をする。
8	・ある人物について「できること」「できないこと」を紹介するスピーチを発表し合う。

*「読むこと」「書くこと」については、音声で十分慣れ親しんだ単語や表現を指導者の後について読んだり、手本を見て単語をなぞったり書き写したり、I / He / She can 〜. などの文の空所に与えられた語群の中から必要な語を選択して書き写したりというように、少しずつ「読むこと、書くこと」の指導を積み重ね、人物紹介文の完成につなげていく。

　単元計画 (簡略版) が示すように、本時 (第4時) の目標は、第3時で学習した Can you 〜?—Yes, I can. / No, I can't. の尋ね方と答え方について理解を深め、慣れ親しみ、これらの表現を使って伝達目的を達成することである。これらをしっかり身につけさせておくことによって、次の She / He can 〜. の学習にスムースにつながることになる。また以下に示す導入会話で She / He can 〜. の文が使用されているが、これは次時の3人称単数代名詞導入の伏線である。

2. 教材研究

❶　語彙・表現の検討

　外国語活動で既習のスポーツ名 (basketball, baseball など) や動詞 (play, run, jump など) を can とともに使うことで、既習の語彙に繰り返し触れ、使用させ、語彙の定着を図るとともに表現の幅を広げさせたい。また単元最後のスピーチを充実したものにするために、She / He is 〜. の表現や人物の特徴を表す語彙 (tall, funny, kind など) をいくつか取り上げ、軽く触れさせておく。

❷　導入で聞かせる会話の工夫

　児童が会話の内容に興味をもって聞くように、指導者の個性や ALT の出身国アメリカのスポーツを話題にした担任 (山田先生) と ALT (Emma 先生) の会話の流れの中で本時の目標表現である Can you 〜?—Yes, I can. /

No, I can't. を何度も聞かせ、児童に理解を深めさせる。また会話の流れの中で3人称単数代名詞 she / he に触れさせ、次時での she / he の導入へつながるように工夫している。

　なお、導入で話や会話を聞かせるさいには、目標表現や語彙に対する気づきや理解を促すために、実物、絵、動作、顔の表情、声の調子を活用することが大切である。

HRT: Emma sensei, do you like sports?

ALT: Yes, I do. I like sports very much. （誇らしげに絵カードまたは写真を提示） I can play basketball. （多くの子どもがバスケットボールをしている写真を提示） Basketball is very popular in my country. （動作を示して） I can play baseball. I can play soccer, too.

HRT: That's great. （ALT を指しながら） Emma sensei can play baseball. She can play soccer, too. （動作を示して） Emma sensei, can you play table tennis?

ALT: Table tennis? （残念そうに） No, I can't. I can't play table tennis. Yamada sensei, can you play table tennis?

HRT: （誇らしげに） Yes, I can. I can play table tennis very well. I was a member of table tennis club at Kita Junior High School. Look. （動作を示して） I can serve, hit, and smash!

ALT: Wow! （HRT を示して） Look at Yamada sensei. He can play table tennis very well. He is a very good table tennis player.

---

❸　活動内容の検討

　以下に、活動内容を検討する視点と具体的な方法について紹介する。

1)　導　入

　T or F クイズや Q & A などの方法で目標表現や語彙の気づき、理解度を確認する。児童の理解が十分でない場合は、日本語で確認してもよい。

例．　Emma 先生になったつもりで質問に答えよう。

　　　HRT: Can you play baseball?

　　　S1　: Yes, I can.

2)　展　開

　絵カード等を利用して意味をともなった Q & A や Q に対して自分のこ

とを答えさせ、「発展」のコミュニケーション活動への橋渡し活動になるように工夫する。

例1. 絵カードと絵カードの下の○、×を見て友だちと会話をしよう。答える人は絵の人物になったつもりで答えよう。

S1: Can you play tennis (well)?
S2: Yes, I can. / No, I can't.

例2. 好きな絵カードを選んで友だちにできるかどうか尋ねよう。答える人は自分ができるかどうか答えよう。

S1: Can you ride a unicycle (well)?
S2: Yes, I can. / No, I can't.

3) 発　展

インタビューシートを利用したペア活動では、自分が知りたいことを尋ねたり調べたりするコミュニケーション活動にするために、例えば、次のような工夫が可能である。

例1. ワークシートの調査項目欄に空所を1カ所設けておき、友だちにできるかどうか尋ねてみたい項目を追加してインタビュー活動を行う。

例2. 「友だちと自分のどちらもできること、できないことがいくつあるか」というタスクを与えてインタビュー活動を行う。

3．学習指導案（本時の展開部分）の作成

学習指導案の作成にあたっては以下の点に留意する。
1) 活動の流れを意識し、聞く活動から話す活動へと段階的に進む。
2) 児童が興味・関心をもち、互いの個性に気づく活動を取り入れる。
3) ねらいに合った活動や活動形態を選択する。

4) 担任と児童、ALT と児童、児童同士がやり取りをする場面を設定する。
5) 高学年の「読むこと」「書くこと」については、語句や表現に音声で十分に慣れ親しんだ後、指導者の後について読んだり、手本を見て書き写したりして、少しずつ読んだり書いたりすることに慣れ親しむことができるようにする。
6) 欲張って活動を押し込まずに、次時へ期待をつなぐ程度でとどめる。

4. 単元の評価を行う活動と評価方法の検討 [☞ 11 章 4 節]

単元の評価規準に基づき、本時に評価を行う活動と評価方法を検討する。
・スポーツ名などの外来語の発音やアクセントと、英語の発音とアクセントの違いに気づき、英語を正しく発音しているか。（行動観察）
・担任と ALT の会話を興味をもって聞き、会話の内容を理解しているか。（行動観察）
・できるかどうか尋ねたり答えたりして、できること、できないことを伝え合っているか。また、得た情報をインタビューシートに正しく記入しているか。（行動観察、記述観察）

5. 視聴覚教材、教具、ICT 教材の準備

絵カードに加え、写真、実物、当該レッスンに関する情報を含むポスターやチラシなどを準備し、デジタル教材はあらかじめ使う部分を視聴しておく。

6. 振り返りカード、ワークシートの作成

振り返りカード [☞ 11 章 4 節] を作成する。

7. 教室環境の整備

外国語学習に適した教室環境になるよう整備する。
1) 活動に適した机の配置やスペースの確保
2) 当該レッスンに関する写真や実物などの掲示
3) 世界地図やポスターなどの掲示

本時ではアメリカの児童がバスケットボールをしている写真とアメリカの国旗を掲示する。

8. ALT や特別非常勤講師等の外部講師との打ち合わせ

　ALT や外部講師は来校の時間が限られており、打ち合わせの時間の確保が難しい場合が多いが、少なくとも以下の項目について短時間で効率的に打ち合わせを行いたい。事前のメールやファックスによるやり取りでさらに効率的な打ち合わせが可能になる。

　　1)　本時の目標　　　2)　本時の主な表現、語彙
　　3)　本時の指導手順　　4)　担任と ALT や外部講師の役割

とくに、3) の導入部分での指導者同士の対話や、活動の進め方をデモンストレーションで示すさいの役割分担を明確にしておく。

2節　授業中の留意点

　いよいよ授業が始まる。児童の実態を踏まえて準備万全で臨んだとしても、授業は教師、教材、児童の三者で展開されるダイナミックな活動であり、さまざまな予期せぬ出来事が待ち受けている。目の前の児童の様子や反応から瞬時に判断して指導案を軌道修正し、適切に対処することが求められる。それぞれの授業過程で以下の点に留意したい。

1.　授業過程全体に共通する留意点

❶　雰囲気づくり

　コミュニケーションに積極的に取り組めるように、日頃から児童が他の児童の誤りや失敗を笑ったりせず、児童同士が励まし合い、互いの進歩を喜べるような雰囲気を作りたい。そのためには、教師自身が間違ってもよいから積極的に英語で発話する姿勢を見せることが大切である。ポイントを与えてグループで点数を競う活動は、グループ意識を高める反面、ゲームに勝つことのみが目的になりがちなので十分留意したい [☞9章3節]。

❷　指示や活動の進め方の説明、モデルの示し方

　ゆっくり、はっきりした声で、英語だけでなく表情や動作を交え指示をする。活動の進め方の説明は明瞭、簡潔に行い、複雑な場合は活動の例を演じて見せるとよい。そのさい、TT であれば ALT 等と、そうでない場合

は児童の代表と行い、時にはパペットを効果的に使うのもよい。

❸　児童の反応を読み取る

　児童が「分からない」「つまらない」と反応を口にする場合はもちろん、不安や戸惑い、不満そうな表情や小さな声でのつぶやきには、その場で対応する必要がある。指導者の英語や指示内容が理解できていない場合は、同じことを繰り返し言うのではなく、児童が理解できる英語に言い換えたり、ジェスチャーを加えたりする。場合によっては、日本語で簡潔に説明し、再度英語の指示を聞かせるとよい。また、児童のつぶやきには、児童の思いや授業改善へのアイディアが隠れている場合が多々あるので、しっかり耳を傾け授業に生かしたい。

❹　ほめ方、注意の仕方

　授業のさまざまな場面で、積極的に児童をほめ、励ましたいものだが、高学年には、"Very good!", "Great!" といったほめ言葉だけでなく、"You were a good listener." のように、簡単な英語か日本語でよかった理由を付け加えたい。また、英語で注意ができる範囲を超えている場合は、本人に理由が分かるように日本語で注意することも必要である。

❺　ALT の活用方法

　ALT を英語モデルとして活用するだけでなく、ALT 自身のことや出身国の文化について尋ねたり、児童とともに日本のことを ALT に伝えたりして、児童と ALT の間でやり取りが生まれる工夫をするのが、担任の役割である。ALT が毎回の授業に来られない場合は、導入会話などを事前に録画しておき授業で使うなどの工夫をしたい。

❻　誤りに対するフィードバックの与え方

　母語の習得過程において、幼児は誤りを繰り返しながら母語を身につけていくが、周囲の大人はその誤りをその都度厳しく指摘し訂正させるのではなく、正しい言い方を、気長に、繰り返し聞かせている。同様に、児童に対しても、以下のように正しい単語や表現をそれとなく聞かせること

（recast）を繰り返し、誤りに気づかせ、正しい表現を身につけさせたい。

> T: What do you like?
> S1: I like strawberry.
> T: Oh, you like strawberries. I like strawberries, too. Everyone, do you like strawberries, too?

2. 各授業過程における留意点

❶ はじめのあいさつ、ウォームアップ

"How are you?" と児童に問いかけ、"I'm fine." だけではなく、"I'm sleepy." "I'm happy." などの答えが出れば、"Oh, you are sleepy. You studied hard last night. 遅くまで勉強したんだね。" と日本語を交えてよいので、児童の発話を受け止めて一言返すなど、温かみのある授業のスタートにしたい。

あいさつの後に small talk を続ける場合、その日の学習内容に関連したことやタイムリーな話題などについて、既習の表現や語彙を使ってやり取りを交えながら、ある程度内容的にまとまりのある話をする。児童の興味・関心に合った内容を重視するために未習語を使う場合は、表情やジェスチャー、絵、写真などでその意味を児童が推測できるように工夫する。

❷ 復　習

前時に行った学習内容を思い出し、本時の学習内容や活動につなげる準備の活動であるので、短時間で無理なく児童全員が理解を深めるようにしたい。余裕があれば、単語を少し増やしたり、活動のルールやうたやチャンツのスピードを変えたりするなど、前時より少しステップアップさせることで、復習の活動に興味を持たせ、児童の自信につなげたい。

❸ 導入と展開

導入では、絵カードや写真、ポスターなどの視覚教材に加え、ジェスチャーで示したりして、新しい語彙や表現がどのような場面でどのように使われるのか児童に気づかせることが重要である。児童がうまく気づかないときには、もう一度ゆっくり全体を繰り返して聞かせたり、つまずいて

いる箇所に焦点を当てて聞かせたりして、しっかり理解させたい。また児童にたっぷりと聞かせるために、「聞く活動」は多めに準備しておく。また「口慣らし」や「話す活動」へ移るさい、発話を急がせないことが肝要である。途中、語彙や表現がしっかり発話できていない場合は、「聞く活動」に戻るなど、十分に音声に慣れてから「話す活動」へと移行する。

❹　発　展

　慣れ親しんだ語彙や表現を使って、児童間のやり取りや発表などに取り組む発展活動においては、ペアやグループなど児童が協力し合う活動形態を活用する [☞9章3節]。また児童に活動の目的を明示し、その目的を達成することによって達成感が得られるよう留意する。活動中に活動の進め方や表現が分からず困っている児童には、その原因を探り支援する。また、他の児童の手本となる個人やペア、グループを見かければ、そのよいところをほめることで、他の児童は自分たちの身近なよいモデルから学び、クラス全体が支援し合って学び合うことができる。そのさい、教師は、他者に対する配慮や、ジェスチャー、表情など、コミュニケーションの質や相手との関わり方に注目してほめ、児童にコミュニケーションの大切さが伝わるように心がけたい。

❺　おわりのあいさつとまとめ

　振り返りシートの記入や、何人かの児童の振り返りの発表などを通して、よい振り返りを共有することで、次時の授業への意欲を高めたい。担任は、本時の目標に関連してよいところをほめ、気になったことは児童に気づかせ次時につなげる。また、ALT や外部講師には、国際理解や言語面に関しての振り返りも述べてもらうようにする。

3節　授業後の振り返り

　教師は、授業のなかで学び、成長すると言われるが、授業をやりっ放しの教師と、授業後に振り返り次の実践につなげる教師とでは、教師としてどちらの成長が大きいかは言うまでもない。Plan (計画), Do (実施), Check

(点検), Action（改善）を繰り返す PDCA サイクルのなかで、自らの授業改善を図り、教師として成長していきたい。

表 13.1　授業改善のための PDCA サイクル

以下に、授業の振り返りの方法と振り返りの内容、およびその活用法について述べる。

1. 振り返りの方法

振り返りには、教師自身の振り返りを含め、以下の方法がある。

❶　教師自身による振り返り

授業後、漠然と振り返るのではなく、本時の授業の指導目標に沿って児童の活動状況を思い起こし、「なぜうまくいったのか」「なぜうまくいかなかったのか」、それぞれの理由を項目ごとに特定し、次の授業につなげることが大切である。TT の場合も、たとえ短時間でも両者で話し合って振り返りを共有し、次時の授業に生かしたい。

❷　児童の振り返りカードの利用

授業の振り返りのさいに、「今日の授業は何が楽しかった？」と教師が問いかけ、児童が「○○ゲームが楽しかった」「ゲームで勝ってよかった」などと答えている場面に出会うことがある。これは授業のねらいが児童には伝わっていないからであり、「今日の友だちとのインタビューで友だちや自分のことについて何か発見したことは？」などと、ねらいを含んだ具体的な発問を心がけたい。振り返りは毎時間行うべきものであるが、振り返りカードを利用した振り返りは単元の最後の時間だけでもよい。振り返りカー

ドは回収して分析し、その結果を次時の指導に役立てる。カードに自由記述欄があれば、より広く児童の思いや考えを拾うことができるので、有効に活用したい。

❸ ビデオ録画と視聴

ビデオ録画で自分の授業を客観的に見ると、ふだん気づかないさまざまな面から振り返りができるので、学期に1回は視聴したい。教師自身の動きをチェックするには教室後方に、児童の活動状況を把握したければ、教室の左右どちらかの前方にビデオを設置して録画するとよい。

❹ 研究会での授業公開

自分一人での振り返りや授業改善には限界があるので、自ら進んで校内研究会などで授業を公開し、授業後の研究協議で先輩や同僚からコメントや助言を得て多くのことを学びたい。授業公開には勇気がいるが、さまざまな視点からのコメントや助言は、自らの授業改善に役立つはずである。

2. 振り返りの内容

以下は、毎回の授業の振り返りの項目である。ただし、自分が現在困っていることや改善を図りたい項目にしぼって、振り返りを行うのもよい。

1) 本時の指導目標を十分達成できたか。
2) 学習内容（語彙、表現、活動など）の難易度、分量は適切であったか。
3) 各活動は児童の興味・関心に合っていたか。また、知的好奇心を満たすものであったか。
4) 各活動はそれぞれの授業過程のねらいに合った活動であったか。また、それらは段階的に発展していたか。
5) 活動形態は各活動のねらいに合ったものであったか。
6) 教材、教具、黒板を効果的に使用していたか。
7) 説明や指示は明瞭であったか。また、教室英語を必要に応じて適切に使用していたか。
8) 発問や指名の仕方は適切であったか。
9) 児童は積極的に授業に参加していたか。

10) 児童の反応に適切に対処し、適切なフィードバックを与えていたか。
11) 時間配分は適切であったか。
12) （TT の場合）ALT や外部講師との役割分担は適切であったか。

3. 振り返りの活用

　毎授業後、上記の項目ごとの振り返りの内容を記録し、指導案、教材、ワークシート、児童の振り返りカードなどとともに教師ポートフォリオとして残しておくのも一案である。このような振り返りに基づく授業改善を日常化して明日の授業につなげ、よりよい指導者をめざしたい。

（多田　玲子）

学　習　課　題

1. 授業前の準備、授業中の留意事項、授業後の振り返りでとくに重要だと思ったことを、それぞれ 3 点ずつあげてみよう。
2. 外国語活動または外国語科の授業をビデオ、または友だちの模擬授業を参観し、3 節 2 の視点から、授業参観のレポートをまとめよう。

📖 参考図書
文部科学省（2017c）『小学校外国語活動・外国語　研修ガイドブック』.
村野井仁・渡部良典・尾関直子・冨田祐一（2012）『統合的英語科教育法』成美堂.

COLUMN

❻ 授業づくりのコツ——3つの共有とPDCAサイクル

小学校の担任は、一人で多くの教科を教えなければならない。さらに、校務分掌や各種行事の準備など、多忙な毎日を送っている。そんななか、担任はどのように授業を作っているのだろう？

1. 教材や指導法の共有

小学校教師は同じ学年の教師が使った教材や指導法を上手にシェアする。これは、職員室の会話の中でも日常的に行われている。「この前の英語の授業でやったゲーム、子どもたちノリノリだったわ」「このウェブサイトに出ていた活動、おもしろそうだよ」といった具合に、教師同士の会話の中で、日々教材研究が行われている。

2. 他教科の学びの共有

社会科の地図記号の学習を、外国語の授業の道案内の単元に応用することができる。3年生で使った校区地図を拡大し、4年生で学んださまざまな地図記号を配置させる。ペアで道案内をして、到着地点がどこか当て合う活動が考えられる。また、国語の授業では、よりよいスピーチの条件を学ぶ。話すときの姿勢はどうか？ 聞く側の態度はどうか？ などである。その後に、英語で「自分の将来の夢」についてスピーチを行わせる。言葉は違っても、話すさい、聞くさいの態度面のポイントは共通するものがあるはずである。

3. 子どもの遊びの共有

子どもと一緒に遊ぶ教師は、児童との心理的な距離が近く、授業がうまい。子どもたちの興味や流行の遊びを、上手に授業に取り入れることができるからである。例えば「色おに」という遊びがクラスで流行っているとする。外国語活動で、色をテーマにした活動を行うとき、慣れ親しみのための活動として英語で「色おに」を行うことができる。

上記1〜3のいずれの場合も、教師のコミュニケーション力や柔軟な発想力が問われる。さまざまなアイディアを共有し活動を立案し、授業で実践し、授業を振り返り、問題点を改善して次の授業に生かす。このPDCAサイクルの中で教師の授業は日々成長し、磨かれ、進化していく。 （加藤　拓由）

14章 豊かな小学校外国語教育を めざして──外国語活動の 成果と課題を踏まえて

　　2011 年度から全面実施されている外国語活動の成果と課題が明らかになってきている。この章では、まず外国語活動の成果と課題について整理する。次にこれらの成果と課題を踏まえ、2018 年、2019 年度の移行期を経て、2020 年度から全面実施される新学習指導要領に基づく小学校外国語教育をより充実したものにするために、いくつかの課題を取り上げ、改善策を考える。

1 節　外国語活動の成果と課題

　小学校の外国語活動の指導者や中学校英語科教員をはじめ多くの外国語活動の関係者から、外国語活動の成果や課題に関する報告がなされている。以下に、これらの報告に基づき外国語活動の成果と課題を整理しておきたい。なお、成果と課題としてあげた項目の後に、（小）、（中）、（その他）と記してある項目は、小、中、小・中以外の英語教育関係者のいずれかの意見である。また（　）が記されていない項目は三者に共通の意見である。

1.　外国語活動の成果
1)　外国語活動の授業に積極的に参加し、英語学習を楽しみ、英語学習が好きな児童が多い。
2)　英語学習はまず「聞くこと」「話すこと」から始まるという心がまえが形成されており、英語学習に対する望ましいイメージを持っている。(中)
3)　ALT など外国人指導者に親しみ、外国の生活や文化、考え方に興味・関心が高い。
4)　英語の音声をしっかり聞いて聞こえた通り模倣しようとしたり、内容を推測しながら聞き取ろうとするなど、聞く態度が育っている。

5) 英語でのコミュニケーション・自己表現活動をある程度経験しており、人前で英語を話すことに抵抗感を持つ児童が少ないなど、積極的にコミュニケーションを図る態度が育っている。

6) 英語活動で自分の考えや気持ちを伝え、友だちの考えや気持ちに耳を傾けることによって、児童がこれまで気づいていなかった自分や友だちの「持ち味」に気づき、自尊感情や他者尊重の態度が育ってきている。（小）

7) 小学校の担任は外国語活動の指導経験を積むにつれ、授業に積極的に取り組み、授業力が向上してきた。この傾向は、若い教員にとくに顕著である。（小、その他）

これら以外に、「外国語活動導入以前の中学 1 年生と比べて英語の音声や基本的な表現に慣れ親しんでいる」とする中学校英語科教員が非常に多い（文部科学省 2015）。

2. 外国語活動の課題

1) 中学入学時点で英語学習に対する新鮮な興味を持たない生徒や、英語嫌いの生徒が結構いる。（中）

2) アルファベットの読み書きすらできず、カタカナ式の発音の生徒が増えている。（中）

3) 「聞くこと」から「話すこと」へ、「繰り返し練習」から「自発的に話す活動」へ、そしてコミュニケーション・自己表現活動の楽しさを体験できる授業づくりをめざしているが、そのための指導内容や指導法が分からない。（小）

4) 「中学校の英語の授業が楽しくない」という生徒の声が多い。また、小学校での学びが中学校で生かされていない。これらは小・中の授業スタイルのギャップが主要な原因であり、指導目標、指導内容、指導法および評価方法について、小・中の連携が必要である。（小、その他）

5) 小学校の担任、とくに高学年の担任は多忙なこともあり、外国語活動の教材研究、授業準備、TT の場合はパートナーとの打ち合わせ時間の確保が困難である。（小）

6) 教育委員会と民間の ALT 派遣業者との契約上の関係などの理由によ

り、外国語活動の授業が業者や日本人の外部講師に丸投げになっている場合がある。（小、その他）

7）　小学校の担任の多くは英語力や英語の授業力に不安を感じている。ALT,日本人の外部講師、中学校英語科教員は外国語活動の理念の理解や児童の理解が不十分な場合が多い。また各教育委員会によるこれらの外国語活動の指導者に対する研修計画が貧弱な場合が多い。（小、その他）

これら以外に、外国語活動導入以前の中学1年生と比べ、「英語を聞く力、話す力が高まっている」とする中学校英語科教員が非常に多いが、「英語の文字や単語、文章を読む力、書く力が高まっている」とする中学校英語科教員は非常に少ない（文科省 2015）。

以上のように、小学校と中学校の教員によって相反する意見もあるが、外国語活動の成果を評価する肯定的な意見が多い。しかし、中学校教員の外国語活動についての認識不足による意見も見受けられるとはいえ、課題が多いことも事実である。

2節　小学校外国語教育の課題と改善策

前節で概観した外国語活動の成果と課題を踏まえ、新学習指導要領に基づいて実施される、これからの小学校外国語教育におけるいくつかの重要な課題を取り上げ、改善策を考える。

1．指導者と指導体制

小学校の外国語の指導者や指導体制に関する文科省の方針は、次の通りである。

・中学年（外国語活動）：学級担任が、ALT や外国語が堪能な外部人材との TT を活用しながら指導する。

・高学年（外国語科）：学級担任と ALT や外部人材との TT に加え、専門性を有する中・高英語科教員や、中・高の英語免許を所持する小学校教員が専科指導を行う。

中学年、高学年とも基本的には担任が中心であるが、とくに高学年で外国語を指導する場合、指導者はこれまで以上に外国語や外国語の指導法に

ついて専門性を求められている。

しかし、英語の授業を担当されている多くの担任は、英語力と指導力に自信が持てないのが現状である。以下、より望ましい方向をめざして改善策を考える。

❶ 担任が使う英語——「英語を学ぶ人のモデル」から「英語のモデル」へ

多くの担任は英語の発音や運用力に自信が持てず外国語の授業に不安を感じている。この多くの担任の不安感は、学生時代に、将来、英語の授業を行うための指導を受けておらず、また外国語活動の導入時にも十分な研修の機会が与えられなかったことを考えると、当然であろう。

このような事情に配慮し、『小学校外国語活動研修ガイドブック』（文科省 2009）は、担任に次のようなエールを送っている。

　たとえ英語が流暢に話せなくとも、互いに関わり合って自ら英語に慣れ親しもうとする学級担任の姿勢こそが、児童の外国語学習に対する興味・関心を高める何よりも大切なきっかけとなる。

また、大城・直山（2008）も、おおむね、次のように述べている。

　指導者は英語が不得意であっても、相手の思いを聞き取ろうとし、自分の思いを相手に伝えようとする姿勢が、児童に未知の英語への高い壁を乗り越えさせることになる。したがって、指導者は「英語のモデル」ではなく、「英語を学ぼうとするモデル」であり、英語が苦手であってもそのことを心配しすぎる必要はない。

以上のような担任の使う英語や担任の役割についての考え方は、「国際共通語としての英語」という視点からも理解できる。すなわち、1章4節で見たように、世界にはイギリス英語、オーストラリア英語、インド英語、中国英語、韓国英語などさまざまな種類の英語があり、アメリカ英語も日本英語もこれらの多様な英語の1つである。また次頁の図14.1が示すように、英語母語話者の人数と比べ、非母語話者の人数がはるかに多く、英語

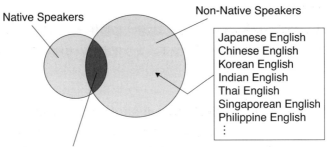

図14.1　英語母語話者と非英語母語話者の関係（本名（2002）から借用）

によるコミュニケーションは多様な英語で行われている。そして、他の非母語話者の英語と同様、日本式の発音で、日本人がよくするような誤りのある英語も立派な日本英語であり、世界の人々と十分コミュニケーションが可能である。したがって、少々下手であっても、自信を持って、堂々と、はっきり英語を話すことが大切である。

しかし、児童の言語習得上の特徴を考えると、デジタル教材や電子黒板等を活用したりALT等の英語に触れさせたりして、英語の標準的な発音やリズムに慣れ親しませることも重要である。また、担任をはじめとする指導者は、現代の標準的な発音を聞かせ、自然な英語で児童に話しかけられることが望ましいことは言うまでもないことである。ゆえに、指導者は「英語を学ぶ人のモデル」だけでなく「英語のモデル」の役割を果たせるよう、少しずつでも研修・研鑽を重ねることが大切であろう [☞3章4節]。

❷　校内推進体制の確立

豊かな外国語教育を実現するためには、自校の外国語の指導目標、領域別目標、年間指導計画、時間割編成、校内研修計画など、学校全体でまた各学年で検討しなければならない事柄が多い。各学校で、校長がリーダーシップを発揮して、学校全体の教育方針を明確にした上で、校長と専門性を有する英語担当の中核教員が中心となり、これらについて全教職員で意見を交換し、共通理解を深め、よりよいものにしていくことが大切である。

また児童が英語学習を思い切り体験できるように、英語の授業に必要な教材や教具、機器を備えた英語特別室を設置したい。そして、この特別室には、授業者の授業準備の効率化と授業の充実化を図るために、授業で使用し児童の反応がよかった学習指導案やワークシート、振り返りカードなどをお互いに閲覧し、参考にしたり利用したりできるように、これらの保管用の本箱を設置しておきたい。

　校内の推進体制づくりでもう一点欠かせないことがある。それは、中核教員や外国語の授業を担当する担任の先生方の学外での研修会等への参加に対して、十分なサポート体制を確立することである。これらの研修会での意欲的な先生方の学びを校内研修会等で報告してもらうと、教職員全員の共通財産になり、全児童に還元されるであろう。

2. 高学年の時間割編成──短時間授業と長時間授業の活用法

　週28コマを限度とする教育課程全体の枠組みの関係上、高学年の外国語の教科化にともなう年間35単位時間（1コマ45分）増を確保するためには、15分程度の短時間授業や60分程度の長時間授業を含めた弾力的な授業時間の設定や時間割編成と、そのために必要な「カリキュラムマネジメント」を、教育課程全体を見渡しながら地域や学校で行わなければならない。

　15分間の短時間授業を2週間に3回実施したり、60分の長時間授業を行い、その中の15分を短時間授業と位置づけたり、夏期、冬季の長期休暇中や土曜日に授業を行ったりなど、また、短時間授業は1時間目開始前の朝の時間や昼休み前後の時間に行うなど、児童や学校、地域の実態を踏まえて決めることになる。

　指導内容は、短時間授業の場合も長時間授業の場合も、外国語学習の特徴を踏まえるとともに、単元の指導計画における位置づけを明確にし、45分授業との関連性を確保しながら、創意工夫する必要がある［☞12章1節］。なお、長時間授業の授業内容は、時間が長いということを生かして、単元のゴールとなるコミュニケーション活動や自己表現活動の発表大会や、個々の児童にインタビューなどを実施し、パフォーマンス評価を行ったりすることもできる。また長期休暇中であれば、外国人ゲストを招いて国際交流

会なども実施できるだろう。

3. 読むこと、書くこと (リテラシー) の指導

新学習指導要領において高学年から「読むこと」「書くこと」を加えた目的は、次の2点である。

・発達段階に応じて「読むこと」「書くこと」に慣れ親しませ、積極的に英語を読もうとしたり書こうとしたりする態度を育成する。

・「読むこと」「書くこと」を含む総合的・系統的な教科学習を行い、中学校への円滑な接続を図る。

この高学年における「読むこと」「書くこと」の導入は、以下に示す文字指導の意義や発達段階を考えると、言語習得上有益であろう (樋口他 2005b, 文科省 2009)。

・「読み書き」の学習は児童の知的欲求に合致している。

・聴覚情報に視覚情報が加わることで内容理解が進み、外国語学習が促進される。

・文字が記憶の手立てとなり、記憶の保持に役立つ。

新学習指導要領・外国語における「読むこと」「書くこと」の領域別目標は、以下の通りであり、授業時数を考えると適切であると考えられる。

・読むこと

　ア　活字体で書かれた文字を識別し、その読み方を発音できるようにする。

　イ　音声で十分に慣れ親しんだ語句や基本的な表現の意味が分かるようにする。

・書くこと

　ア　大文字、小文字を活字体で書くことができるようにする。また、語順を意識しながら音声で十分に慣れ親しんだ簡単な語句や基本的な表現を書き写すことができるようにする。

　イ　自分のことや身近で簡単な事柄について、例文を参考に、音声で十分に慣れ親しんだ簡単な語句や基本的な表現を用いて書くことができるようにする。

ただし、「読むこと」「書くこと」の指導にあたって留意しておきたい点

は、多くの調査報告（例えば、ベネッセ教育総合研究所 2015）に見られるように、中学生、高校生の英語学習におけるつまずきの主要な原因は、学習全般に対する学習意欲や学習習慣に関わる事柄を除けば、次のように「読み・書き」に関係しているということである。

・単語（発音、綴り、意味）を覚えるのが苦手
・文字や文章を書くことが苦手
・文字や文章を読めない（文字から音にうまく変換できない）
・文法事項が理解できない

　また、読み・書きの学習については、学習が速い学習者と学習が遅い学習者が存在することに十分配慮する必要がある。すなわち、耳にしたり口にしたりして音声で十分慣れ親しんだアルファベット、簡単な語句や基本的な表現について、読んだり、書いたりするという手順を踏み、少しずつ、丁寧に、計画的に指導することである。また文字の学習が遅い学習者には、机間指導等で個別指導を行うことも必要である。

4．小・中の接続・連携

　これまで各方面から小・中・高等学校間の接続・連携に問題があることが繰り返し指摘されてきた。中央教育審議会（以下、中教審）外国語ワーキンググループの取りまとめ（2016a）においても、「進級や進学をした後に、それまでの学習内容や指導方法を発展的に生かすことができないといった状況も見られる」としている。

　このような状況に鑑み、今回の学習指導要領の改訂では、領域別目標をはじめ、段階的に発展する一貫した教育目標を設定し、各学校段階の学びの接続にこれまで以上に配慮しているように思われる。

　では、小・中の連携を進めるためには具体的にどうすればよいのだろうか。連携をスムースに進めている地域では、教育委員会が小・中学校に積極的に働きかけ、中学校区内の全小・中学校で小・中英語担当者会議といった組織を設け、定期的に会合を持ち、以下のような事柄をテーマに活動を行っている。

　なお、接続・連携の基本は相互の役割をしっかり理解することであるので、相互の学習指導要領や教科書にしっかり目を通すことが第一歩である

ことは言うまでもない。

1) 小・中英語授業研究会: 小・中教員による小・中学校の授業参観、研究協議、指導主事あるいは研究者等からの指導助言により、指導・学習内容、指導方法等について理解を深める。

2) 小・中教員による TT: 小・中学校で小・中教員がそれぞれ TT を行い、指導・学習内容や指導方法等について体験的に理解を深める。

3) 年間指導計画、教材等の研究会: 小・中の各学年、とくに小6と中1の年間指導計画、教材について理解を深めるとともに、より望ましいものにするために意見交換を行う。

4) 中1入門期のカリキュラムの作成: 3) の延長として、指導目標、指導内容、指導方法等の系統性や継続性について十分配慮し、小学校での学習内容を復習しながらスピーチや show and tell などの発表活動を少しずつ膨らませたり、聞くこと、話すことを読むこと、書くことにつなげたり、音と綴りの関係を少しずつ指導したりすることによって、発展的な学習を可能にする中1入門期のカリキュラムを作成し、授業を行う。

なお、小・中連携を考える上記の研究会等において、次の3点に十分留意したい。

・小・中の連携で大切にすべき点は、小学校で培った英語学習や外国の生活、文化や考え方などへの興味・関心、積極的に聞いたり話したりする態度を、中学校でいっそう伸ばすこと。

・小学校で慣れ親しんだ基本的な語句や表現をコミュニケーション活動や自己表現活動で繰り返し使用させ定着を促すこと。

・小・中学生の発達段階や学習方法の違いに十分配慮すること。[☞2章]

5. 教育予算

大谷他 (2015) は、「国際的に眺めると、わが国の教育に対する GDP 比の政府財政支出の圧倒的な少なさが際立っている。(中略) 特に今世紀に入って、EU28 か国を始めとする諸外国では、軒並みに国の教育関係費を増大しているなかで、わが国は年々確実に教育関係費を削減し続けている稀有の国であることが分かる」と述べている。

教育の成果は教員次第である。小学校外国語教育の充実を図るには、小

学校で担任あるいは専科教員として立派に外国語を指導できる教員養成、国や自治体による現職の小学校教員が希望すれば受講できる充実した研修の計画、実施、そして第 17 期中教審答申通り、小学校次期学習指導要領全面実施の前年にあたる 2019 年までに、すべての小学校に ALT や英語が堪能な地域人材が参画できるよう、国や自治体は十分な予算措置を講ずることである。 (樋口　忠彦)

学　習　課　題

1. 外国語学習が児童にもたらす肯定的な影響についてまとめてみよう。
2. 小学校の外国語教育の課題として、本章で取り上げた課題以外にどのようなものがあるか考えてみよう。次にその課題の改善策について友だちと話し合ってみよう。

📖 参考図書

樋口忠彦・大城賢・國方太司・髙橋一幸 (2010a)『小学校英語教育の展開──よりよい英語活動への提言』研究社.

文部科学省 (2015)「平成 26 年度『小学校外国語活動実施状況調査』の結果について」.

資料 ①
教室英語

次のような授業計画で、授業過程に沿って使用する教室英語の例を示す。
・単元名: クラスで人気のあるスポーツのランキングづくり
・前時の目標表現: I like (soccer).
・本時の目標表現: What sport do you like?—I like (soccer).

1. はじめのあいさつ

T: Good afternoon, everyone.

Ss: Good afternoon, Mr. Yamada.

T: How are you today?

Ss: I'm fine [good, great]. / I don't feel well. I have a cold.

T: Let's start our lesson.

Ss: Yes, let's. / OK.

T: What day is it today?

Ss: It's Monday.

T: What's the date today?

Ss: It's April twenty-third.

T: How's the weather today?

Ss: It's sunny [rainy, cloudy, snowy].

T: Wonderful, everyone.

2. ウォームアップ——例: サイモン・セッズ

T: Let's play the "Simon Says" game.* When I say, "Simon says, jump," everyone, jump. But when I just say, "Jump," don't jump. OK?

Ss: OK.

T: Let's practice. "Simon says, jump."

Ss: (ジャンプする)

T: That's it. Good.

T: "Simon says, turn around."

　*Let's play "Simon Says." でもよい。

Ss: (くるりと回る)

T: Very good. "Clap your hands."

Ss: (手をたたく)

T: No, no. I didn't say, "Simon says." So you don't clap your hands. Do you understand?

Ss: Yes.

T: Let's start the game.

【その他の表現——例: うたを歌う】

· Stand up, please.

· Let's sing the "Hello World" song.*

　*Let's sing "Hello World." でもよい。

· Let's sing with a cheerful voice.

· Sit down, please.

3. 本時の目標の確認——例: 発展の活動でインタビュー "What sport do you like?"

T: Today, we'll learn the expressions "What sport do you like?—I like soccer." And we'll do an interview later. When we interview, please listen to your friends carefully, and make good eye contact. Please enjoy communicating with your friends.

4. 復習——例: I like (soccer).

T: Let's review our last lesson. First, do you remember these words? What sport is this?

Ss: Soccer / baseball ...

T: Yes. Great. I like baseball. How about you?

S1: I like soccer.

T: Oh, you like soccer. Everyone, can you say "I like ...."? (絵カードを1枚ずつ指し示す)

Ss: I like baseball / soccer ...

T: Excellent.

5. 新教材の導入 —— 例: What sport do you like?—I like (soccer).

T: Everyone, listen carefully and guess what I'm talking about. (黒板に貼った本田選手、イチロー選手の写真と♡マークを指しながら) What sport do you like? (本田) I like soccer. What sport do you like? (イチロー) I like baseball.

T: Do you understand? Now, repeat after me. What sport do you like?

Ss: What sport do you like?

T: I like soccer.

Ss: I like soccer.

⋮

⋮

【その他の表現例】

· (Do you have) any questions?

· Once more. / One more time.

6. 展開——例: 伝言ゲーム

T: Let's play the "Relay" game. I'll show you how to do it. I need five volunteers. Please come to the front.

S1, 2, 3, 4, 5: Yes.

T: Everyone, look at us.

T: I have some sport cards. S1, pick one card. Don't show it to anyone.

S1: OK.

T: S2, please ask S1 "What sport do you like?" Then, S1 will tell you the sport name on his [her] card.

S2: What sport do you like?

S1: I like baseball.

S3: What sport do you like?

S2: I like baseball.

⋮

T: Do you understand?

Ss: Yes.

T: Stand up. Let's make four teams. Line up in four lines.

Ss: OK.

T: Are you ready? Let's start!

【その他の表現例】

① チャンツ

- Listen to the CD.
- What words did you hear?
- Let's do the chant.
- Do the chant with gestures.
- Watch me and copy me.
- Let's divide the class into two.
- You're group A, you're group B. Group A, please ask group B. Group B, please answer.
- Change [Switch] roles.

② クイズ

- I'll give you three hints.
- Raise your hand (when you know the answer).
- Who knows the answer?
- Right.
- Close. / Good try.

③ ゲーム

- Make groups of five [two lines, a circle].
- Make pairs. / Get into pairs.
- Does everyone have a partner?
- Change partners.
- Time's up.
- Who won?

④　カードを使うゲーム

・Spread the cards out on the desks.
・Put your cards face up [down].

・Collect the cards.
・Clean up the cards.

⑤　テキストを使用するリスニング（クイズ）

・Open your textbook to page 10.
・Draw a line between the ball and the bat.

・Write the numbers in the squares.
・Close your textbook.

7.　発展──例: インタビュー活動から人気スポーツのランキングづくりへ

T1: Let's interview your friends [each other]. Walk around, and ask "What sport do you like?" to as many friends as possible. I'll give you an interview sheet each. You see the pictures of some sports (on the sheet). Write your friend's name next to the picture. Look at us. We'll show you a demonstration.

T1: Hello!

T2 (もしくはパペットなど): Hello.

T1: What sport do you like?

T2: I like baseball.

T1: Oh, you like baseball. (インタビューシートの野球の絵の横に T2 の名前を書く)

T2: What sport do you like?

T1: I like soccer.

T2: Good. (サッカーの絵の横に T1 の名前を書く) Thank you. See you.

T1: See you.

T1: Do you understand? Now, everybody, it's your turn to interview.

　　　　　　⋮

T1: Time's up. Did you have a good time? Let's make a ranking list. Who likes soccer? How many friends like soccer in your group?

　　　　　　⋮

T1: Please tell me the result. How many friends like soccer in your group, S1?

S1: Five.

T1: (以下、各グループの児童に結果を尋ね、黒板に集計する) Let's count the total number. How many of you like soccer in the class?

Ss: Ten.

T1: How about baseball?

Ss: Eight.

　　　　　　⋮

T1: So, soccer is at the top of the ranking!

【その他の表現例】

① スピーチ

- Please give a speech.
- Speak clearly.
- Look at your friends' faces.

- Let's give a big hand.
- I'll ask you some questions.
- What do you think?

② 絵本

- I will read you "The Carrot Seed."
- Can everybody see?
- What's the story? / Did you get the main idea?

- Who are the people in the story?
- How many people are there in this book?
- What did the boy say?

③ 単語・表現を読む活動

- Let's try to read the word [sentence].

- Please read this word [sentence] aloud.

④ 文字・単語・表現を書く活動

- Please trace [copy, write] the letter [word, sentences].

- Using the models above, make your own sentences.

8. 振り返り

日本語で行う場合が多いが、次の表現も使ってみたい。

- I'll give you a "Lesson Review [Reflection Card]" each.
- Please complete the card.
- Please fill out the form.

- Please write your comments.
- Finished?
- Who can [would like to] share their comments with us?

9. おわりのあいさつ

T: That's all for today. Did you enjoy today's class?
Ss: Yes!

T: See you next time.
Ss: See you. Thank you for the class.

(衣笠　知子)

資料 ②
小学校学習指導要領　「外国語」

外国語活動

第1　目　標

　外国語によるコミュニケーションにおける見方・考え方を働かせ、外国語による聞くこと、話すことの言語活動を通して、コミュニケーションを図る素地となる資質・能力を次のとおり育成することを目指す。

(1)　外国語を通して、言語や文化について体験的に理解を深め、日本語と外国語との音声の違い等に気付くとともに、外国語の音声や基本的な表現に慣れ親しむようにする。

(2)　身近で簡単な事柄について、外国語で聞いたり話したりして自分の考えや気持ちなどを伝え合う力の素地を養う。

(3)　外国語を通して、言語やその背景にある文化に対する理解を深め、相手に配慮しながら、主体的に外国語を用いてコミュニケーションを図ろうとする態度を養う。

第2　各言語の目標及び内容等

英　語

1　目　標

　英語学習の特質を踏まえ、以下に示す、聞くこと、話すこと [やり取り]、話すこと [発表] の三つの領域別に設定する目標の実現を目指した指導を通して、第1の(1) 及び (2) に示す資質・能力を一体的に育成するとともに、その過程を通して、第1の (3) に示す資質・能力を育成する。

(1)　聞くこと

　　ア　ゆっくりはっきりと話された際に、自分のことや身の回りの物を表す簡単な語句を聞き取るようにする。

　　イ　ゆっくりはっきりと話された際に、身近で簡単な事柄に関する基本的な表現の意味が分かるようにする。

　　ウ　文字の読み方が発音されるのを聞いた際に、どの文字であるかが分かるようにする。

(2)　話すこと [やり取り]

　　ア　基本的な表現を用いて挨拶、感謝、簡単な指示をしたり、それらに応じたりするようにする。

イ　自分のことや身の回りの物について、動作を交えながら、自分の考えや気持
　　　ちなどを、簡単な語句や基本的な表現を用いて伝え合うようにする。
　　ウ　サポートを受けて、自分や相手のこと及び身の回りの物に関する事柄につい
　　　て、簡単な語句や基本的な表現を用いて質問をしたり質問に答えたりするよう
　　　にする。
　(3)　話すこと［発表］
　　ア　身の回りの物について、人前で実物などを見せながら、簡単な語句や基本的
　　　な表現を用いて話すようにする。
　　イ　自分のことについて、人前で実物などを見せながら、簡単な語句や基本的な
　　　表現を用いて話すようにする。
　　ウ　日常生活に関する身近で簡単な事柄について、人前で実物などを見せながら、
　　　自分の考えや気持ちなどを、簡単な語句や基本的な表現を用いて話すようにす
　　　る。
２　内　容
〔第３学年及び第４学年〕
〔知識及び技能〕
(1)　英語の特徴等に関する事項
　　実際に英語を用いた言語活動を通して、次の事項を体験的に身に付けることがで
　きるよう指導する。
　　ア　言語を用いて主体的にコミュニケーションを図ることの楽しさや大切さを知
　　　ること。
　　イ　日本と外国の言語や文化について理解すること。
　　　(ア)　英語の音声やリズムなどに慣れ親しむとともに、日本語との違いを知り、
　　　　言葉の面白さや豊かさに気付くこと。
　　　(イ)　日本と外国との生活や習慣、行事などの違いを知り、多様な考え方があ
　　　　ることに気付くこと。
　　　(ウ)　異なる文化をもつ人々との交流などを体験し、文化等に対する理解を深
　　　　めること。
〔思考力、判断力、表現力等〕
(2)　情報を整理しながら考えなどを形成し、英語で表現したり、伝え合ったりする
　　ことに関する事項
　　具体的な課題等を設定し、コミュニケーションを行う目的や場面、状況などに応
　じて、情報や考えなどを表現することを通して、次の事項を身に付けることができ
　るよう指導する。
　　ア　自分のことや身近で簡単な事柄について、簡単な語句や基本的な表現を使っ
　　　て、相手に配慮しながら、伝え合うこと。
　　イ　身近で簡単な事柄について、自分の考えや気持ちなどが伝わるよう、工夫し
　　　て質問をしたり質問に答えたりすること。
　(3)　言語活動及び言語の働きに関する事項
　①　言語活動に関する事項

(2)に示す事項については、(1)に示す事項を活用して、例えば次のような言語活動を通して指導する。

ア　聞くこと
　（ア）　身近で簡単な事柄に関する短い話を聞いておおよその内容を分かったりする活動。
　（イ）　身近な人や身の回りの物に関する簡単な語句や基本的な表現を聞いて、それらを表すイラストや写真などと結び付ける活動。
　（ウ）　文字の読み方が発音されるのを聞いて、活字体で書かれた文字と結び付ける活動。

イ　話すこと［やり取り］
　（ア）　知り合いと簡単な挨拶を交わしたり、感謝や簡単な指示、依頼をして、それらに応じたりする活動。
　（イ）　自分のことや身の回りの物について、動作を交えながら、好みや要求などの自分の気持ちや考えなどを伝え合う活動。
　（ウ）　自分や相手の好み及び欲しい物などについて、簡単な質問をしたり質問に答えたりする活動。

ウ　話すこと［発表］
　（ア）　身の回りの物の数や形状などについて、人前で実物やイラスト、写真などを見せながら話す活動。
　（イ）　自分の好き嫌いや、欲しい物などについて、人前で実物やイラスト、写真などを見せながら話す活動。
　（ウ）　時刻や曜日、場所など、日常生活に関する身近で簡単な事柄について、人前で実物やイラスト、写真などを見せながら、自分の考えや気持ちなどを話す活動。

②　言語の働きに関する事項
　言語活動を行うに当たり、主として次に示すような言語の使用場面や言語の働きを取り上げるようにする。

ア　言語の使用場面の例
　（ア）　児童の身近な暮らしに関わる場面
　　・家庭での生活　・学校での学習や活動
　　・地域の行事　・子供の遊び　など
　（イ）　特有の表現がよく使われる場面
　　・挨拶　・自己紹介　・買物
　　・食事　・道案内　など

イ　言語の働きの例
　（ア）　コミュニケーションを円滑にする
　　・挨拶をする　・相づちを打つ　など
　（イ）　気持ちを伝える
　　・礼を言う　・褒める　など
　（ウ）　事実・情報を伝える

・説明する　・答える　など
　(エ)　考えや意図を伝える
　　　・申し出る　・意見を言う　など
　(オ)　相手の行動を促す
　　　・質問する　・依頼する　・命令する　など

3　指導計画の作成と内容の取扱い
(1)　指導計画の作成に当たっては、第5学年及び第6学年並びに中学校及び高等学校における指導との接続に留意しながら、次の事項に配慮するものとする。
　ア　単元など内容や時間のまとまりを見通して、その中で育む資質・能力の育成に向けて、児童の主体的・対話的で深い学びの実現を図るようにすること。その際、具体的な課題等を設定し、児童が外国語によるコミュニケーションにおける見方・考え方を働かせながら、コミュニケーションの目的や場面、状況などを意識して活動を行い、英語の音声や語彙、表現などの知識を、三つの領域における実際のコミュニケーションにおいて活用する学習の充実を図ること。
　イ　学年ごとの目標を適切に定め、2学年間を通じて外国語活動の目標の実現を図るようにすること。
　ウ　実際に英語を用いて互いの考えや気持ちを伝え合うなどの言語活動を行う際は、2の(1)に示す事項について理解したり練習したりするための指導を必要に応じて行うこと。また、英語を初めて学習することに配慮し、簡単な語句や基本的な表現を用いながら、友達との関わりを大切にした体験的な言語活動を行うこと。
　エ　言語活動で扱う題材は、児童の興味・関心に合ったものとし、国語科や音楽科、図画工作科など、他教科等で児童が学習したことを活用したり、学校行事で扱う内容と関連付けたりするなどの工夫をすること。
　オ　外国語活動を通して、外国語や外国の文化のみならず、国語や我が国の文化についても併せて理解を深めるようにすること。言語活動で扱う題材についても、我が国の文化や、英語の背景にある文化に対する関心を高め、理解を深めようとする態度を養うのに役立つものとすること。
　カ　障害のある児童などについては、学習活動を行う場合に生じる困難さに応じた指導内容や指導方法の工夫を計画的、組織的に行うこと。
　キ　学級担任の教師又は外国語活動を担当する教師が指導計画を作成し、授業を実施するに当たっては、ネイティブ・スピーカーや英語が堪能な地域人材などの協力を得る等、指導体制の充実を図るとともに、指導方法の工夫を行うこと。
(2)　2の内容の取扱いについては、次の事項に配慮するものとする。
　ア　英語でのコミュニケーションを体験させる際は、児童の発達の段階を考慮した表現を用い、児童にとって身近なコミュニケーションの場面を設定すること。
　イ　文字については、児童の学習負担に配慮しつつ、音声によるコミュニケーションを補助するものとして取り扱うこと。
　ウ　言葉によらないコミュニケーションの手段もコミュニケーションを支えるものであることを踏まえ、ジェスチャーなどを取り上げ、その役割を理解させる

ようにすること。

エ　身近で簡単な事柄について、友達に質問をしたり質問に答えたりする力を育成するため、ペア・ワーク、グループ・ワークなどの学習形態について適宜工夫すること。その際、相手とコミュニケーションを行うことに課題がある児童については、個々の児童の特性に応じて指導内容や指導方法を工夫すること。

オ　児童が身に付けるべき資質・能力や児童の実態、教材の内容などに応じて、視聴覚教材やコンピュータ、情報通信ネットワーク、教育機器などを有効活用し、児童の興味・関心をより高め、指導の効率化や言語活動の更なる充実を図るようにすること。

カ　各単元や各時間の指導に当たっては、コミュニケーションを行う目的、場面、状況などを明確に設定し、言語活動を通して育成すべき資質・能力を明確に示すことにより、児童が学習の見通しを立てたり、振り返ったりすることができるようにすること。

第3　指導計画の作成と内容の取扱い

1　外国語活動においては、言語やその背景にある文化に対する理解が深まるよう指導するとともに、外国語による聞くこと、話すことの言語活動を行う際は、英語を取り扱うことを原則とすること。

2　第1章総則の第1の2の(2)に示す道徳教育の目標に基づき、道徳科などとの関連を考慮しながら、第3章特別の教科道徳の第2に示す内容について、外国語活動の特質に応じて適切な指導をすること。

外国語

第1　目　標

　外国語によるコミュニケーションにおける見方・考え方を働かせ、外国語による聞くこと、読むこと、話すこと、書くことの言語活動を通して、コミュニケーションを図る基礎となる資質・能力を次のとおり育成することを目指す。

(1)　外国語の音声や文字、語彙、表現、文構造、言語の働きなどについて、日本語と外国語との違いに気付き、これらの知識を理解するとともに、読むこと、書くことに慣れ親しみ、聞くこと、読むこと、話すこと、書くことによる実際のコミュニケーションにおいて活用できる基礎的な技能を身に付けるようにする。

(2)　コミュニケーションを行う目的や場面、状況などに応じて、身近で簡単な事柄について、聞いたり話したりするとともに、音声で十分に慣れ親しんだ外国語の語彙や基本的な表現を推測しながら読んだり、語順を意識しながら書いたりして、自分の考えや気持ちなどを伝え合うことができる基礎的な力を養う。

(3)　外国語の背景にある文化に対する理解を深め、他者に配慮しながら、主体的に外国語を用いてコミュニケーションを図ろうとする態度を養う。

第2　各言語の目標及び内容等

英　語

1　目　標

　英語学習の特質を踏まえ、以下に示す、聞くこと、読むこと、話すこと［やり取り］、話すこと［発表］、書くことの五つの領域別に設定する目標の実現を目指した指導を通して、第1の (1) 及び (2) に示す資質・能力を一体的に育成するとともに、その過程を通して、第1の (3) に示す資質・能力を育成する。

(1)　聞くこと

　ア　ゆっくりはっきりと話されれば、自分のことや身近で簡単な事柄について、簡単な語句や基本的な表現を聞き取ることができるようにする。

　イ　ゆっくりはっきりと話されれば、日常生活に関する身近で簡単な事柄について、具体的な情報を聞き取ることができるようにする。

　ウ　ゆっくりはっきりと話されれば、日常生活に関する身近で簡単な事柄について、短い話の概要を捉えることができるようにする。

(2)　読むこと

　ア　活字体で書かれた文字を識別し、その読み方を発音することができるようにする。

　イ　音声で十分に慣れ親しんだ簡単な語句や基本的な表現の意味が分かるようにする。

(3)　話すこと［やり取り］

ア　基本的な表現を用いて指示、依頼をしたり、それらに応じたりすることができるようにする。

　　イ　日常生活に関する身近で簡単な事柄について、自分の考えや気持ちなどを、簡単な語句や基本的な表現を用いて伝え合うことができるようにする。

　　ウ　自分や相手のこと及び身の回りの物に関する事柄について、簡単な語句や基本的な表現を用いてその場で質問をしたり質問に答えたりして、伝え合うことができるようにする。

（4）話すこと［発表］

　　ア　日常生活に関する身近で簡単な事柄について、簡単な語句や基本的な表現を用いて話すことができるようにする。

　　イ　自分のことについて、伝えようとする内容を整理した上で、簡単な語句や基本的な表現を用いて話すことができるようにする。

　　ウ　身近で簡単な事柄について、伝えようとする内容を整理した上で、自分の考えや気持ちなどを、簡単な語句や基本的な表現を用いて話すことができるようにする。

（5）書くこと

　　ア　大文字、小文字を活字体で書くことができるようにする。また、語順を意識しながら音声で十分に慣れ親しんだ簡単な語句や基本的な表現を書き写すことができるようにする。

　　イ　自分のことや身近で簡単な事柄について、例文を参考に、音声で十分に慣れ親しんだ簡単な語句や基本的な表現を用いて書くことができるようにする。

2　内　容

〔第5学年及び第6学年〕

〔知識及び技能〕

（1）英語の特徴やきまりに関する事項

　実際に英語を用いた言語活動を通して、次に示す言語材料のうち、1に示す五つの領域別の目標を達成するのにふさわしいものについて理解するとともに、言語材料と言語活動とを効果的に関連付け、実際のコミュニケーションにおいて活用できる技能を身に付けることができるよう指導する。

　　ア　音声

　　　次に示す事項のうち基本的な語や句、文について取り扱うこと。

　　（ア）現代の標準的な発音

　　（イ）語と語の連結による音の変化

　　（ウ）語や句、文における基本的な強勢

　　（エ）文における基本的なイントネーション

　　（オ）文における基本的な区切り

　　イ　文字及び符号

　　（ア）活字体の大文字、小文字

　　（イ）終止符や疑問符、コンマなどの基本的な符号

　　ウ　語、連語及び慣用表現

（ア）　1に示す五つの領域別の目標を達成するために必要となる、第3学年及び第4学年において第4章外国語活動を履修する際に取り扱った語を含む600〜700語程度の語

（イ）　連語のうち、get up, look at などの活用頻度の高い基本的なもの

（ウ）　慣用表現のうち、excuse me, I see, I'm sorry, thank you, you're welcome などの活用頻度の高い基本的なもの

エ　文及び文構造

　次に示す事項について、日本語と英語の語順の違い等に気付かせるとともに、基本的な表現として、意味のある文脈でのコミュニケーションの中で繰り返し触れることを通して活用すること。

（ア）　文

　a　単文

　b　肯定、否定の平叙文

　c　肯定、否定の命令文

　d　疑問文のうち、be動詞で始まるものや助動詞（can, do など）で始まるもの、疑問詞（who, what, when, where, why, how）で始まるもの

　e　代名詞のうち、I, you, he, she などの基本的なものを含むもの

　f　動名詞や過去形のうち、活用頻度の高い基本的なものを含むもの

（イ）　文構造

　a　［主語＋動詞］

　b　［主語＋動詞＋補語］のうち、

　　主語＋be動詞＋$\left\{\begin{array}{l}\text{名詞}\\\text{代名詞}\\\text{形容詞}\end{array}\right\}$

　c　［主語＋動詞＋目的語］のうち、

　　主語＋動詞＋$\left\{\begin{array}{l}\text{名詞}\\\text{代名詞}\end{array}\right\}$

〔思考力、判断力、表現力等〕

(2)　情報を整理しながら考えなどを形成し、英語で表現したり、伝え合ったりすることに関する事項

　具体的な課題等を設定し、コミュニケーションを行う目的や場面、状況などに応じて、情報を整理しながら考えなどを形成し、これらを表現することを通して、次の事項を身に付けることができるよう指導する。

　ア　身近で簡単な事柄について、伝えようとする内容を整理した上で、簡単な語句や基本的な表現を用いて、自分の考えや気持ちなどを伝え合うこと。

　イ　身近で簡単な事柄について、音声で十分に慣れ親しんだ簡単な語句や基本的な表現を推測しながら読んだり、語順を意識しながら書いたりすること。

(3)　言語活動及び言語の働きに関する事項

①　言語活動に関する事項

(2)に示す事項については、(1)に示す事項を活用して、例えば次のような言語活動を通して指導する。

ア　聞くこと

（ア）　自分のことや学校生活など、身近で簡単な事柄について、簡単な語句や基本的な表現を聞いて、それらを表すイラストや写真などと結び付ける活動。

（イ）　日付や時刻、値段などを表す表現など、日常生活に関する身近で簡単な事柄について、具体的な情報を聞き取る活動。

（ウ）　友達や家族、学校生活など、身近で簡単な事柄について、簡単な語句や基本的な表現で話される短い会話や説明を、イラストや写真などを参考にしながら聞いて、必要な情報を得る活動。

イ　読むこと

（ア）　活字体で書かれた文字を見て、どの文字であるかやその文字が大文字であるか小文字であるかを識別する活動。

（イ）　活字体で書かれた文字を見て、その読み方を適切に発音する活動。

（ウ）　日常生活に関する身近で簡単な事柄を内容とする掲示やパンフレットなどから、自分が必要とする情報を得る活動。

（エ）　音声で十分に慣れ親しんだ簡単な語句や基本的な表現を、絵本などの中から識別する活動。

ウ　話すこと［やり取り］

（ア）　初対面の人や知り合いと挨拶を交わしたり、相手に指示や依頼をして、それらに応じたり断ったりする活動。

（イ）　日常生活に関する身近で簡単な事柄について、自分の考えや気持ちなどを伝えたり、簡単な質問をしたり質問に答えたりして伝え合う活動。

（ウ）　自分に関する簡単な質問に対してその場で答えたり、相手に関する簡単な質問をその場でしたりして、短い会話をする活動。

エ　話すこと［発表］

（ア）　時刻や日時、場所など、日常生活に関する身近で簡単な事柄を話す活動。

（イ）　簡単な語句や基本的な表現を用いて、自分の趣味や得意なことなどを含めた自己紹介をする活動。

（ウ）　簡単な語句や基本的な表現を用いて、学校生活や地域に関することなど、身近で簡単な事柄について、自分の考えや気持ちなどを話す活動。

オ　書くこと

（ア）　文字の読み方が発音されるのを聞いて、活字体の大文字、小文字を書く活動。

（イ）　相手に伝えるなどの目的を持って、身近で簡単な事柄について、音声で十分に慣れ親しんだ簡単な語句を書き写す活動。

（ウ）　相手に伝えるなどの目的を持って、語と語の区切りに注意して、身近で簡単な事柄について、音声で十分に慣れ親しんだ基本的な表現を書き写す活動。

（エ）　相手に伝えるなどの目的を持って、名前や年齢、趣味、好き嫌いなど、

自分に関する簡単な事柄について、音声で十分に慣れ親しんだ簡単な語句や
　　　基本的な表現を用いた例の中から言葉を選んで書く活動。
②　言語の働きに関する事項
　　言語活動を行うに当たり、主として次に示すような言語の使用場面や言語の働き
　を取り上げるようにする。
　　ア　言語の使用場面の例
　　　（ア）　児童の身近な暮らしに関わる場面
　　　　・家庭での生活　　・学校での学習や活動
　　　　・地域の行事　　など
　　　（イ）　特有の表現がよく使われる場面
　　　　・挨拶　　・自己紹介　　・買物
　　　　・食事　　・道案内　　　・旅行　　など
　　イ　言語の働きの例
　　　（ア）　コミュニケーションを円滑にする
　　　　・挨拶をする　　・呼び掛ける　　・相づちを打つ
　　　　・聞き直す　　・繰り返す　　など
　　　（イ）　気持ちを伝える
　　　　・礼を言う　　・褒める　　・謝る　　など
　　　（ウ）　事実・情報を伝える
　　　　・説明する　　・報告する　　・発表する　　など
　　　（エ）　考えや意図を伝える
　　　　・申し出る　　・意見を言う　　・賛成する
　　　　・承諾する　　・断る　　など
　　　（オ）　相手の行動を促す
　　　　・質問する　　・依頼する　　・命令する　　など
3　指導計画の作成と内容の取扱い
（1）　指導計画の作成に当たっては、第3学年及び第4学年並びに中学校及び高等学
　校における指導との接続に留意しながら、次の事項に配慮するものとする。
　　ア　単元など内容や時間のまとまりを見通して、その中で育む資質・能力の育成
　　　に向けて、児童の主体的・対話的で深い学びの実現を図るようにすること。そ
　　　の際、具体的な課題等を設定し、児童が外国語によるコミュニケーションにお
　　　ける見方・考え方を働かせながら、コミュニケーションの目的や場面、状況な
　　　どを意識して活動を行い、英語の音声や語彙、表現などの知識を、五つの領域
　　　における実際のコミュニケーションにおいて活用する学習の充実を図ること。
　　イ　学年ごとの目標を適切に定め、2学年間を通じて外国語科の目標の実現を図
　　　るようにすること。
　　ウ　実際に英語を使用して互いの考えや気持ちを伝え合うなどの言語活動を行う
　　　際は、2の(1)に示す言語材料について理解したり練習したりするための指導
　　　を必要に応じて行うこと。また、第3学年及び第4学年において第4章外国語
　　　活動を履修する際に扱った簡単な語句や基本的な表現などの学習内容を繰り返

し指導し定着を図ること。

エ　児童が英語に多く触れることが期待される英語学習の特質を踏まえ、必要に応じて、特定の事項を取り上げて第1章総則の第2の3の(2)のウの(イ)に掲げる指導を行うことにより、指導の効果を高めるよう工夫すること。このような指導を行う場合には、当該指導のねらいやそれを関連付けて指導を行う事項との関係を明確にするとともに、単元など内容や時間のまとまりを見通して資質・能力が偏りなく育成されるよう計画的に指導すること。

オ　言語活動で扱う題材は、児童の興味・関心に合ったものとし、国語科や音楽科、図画工作科など、他の教科等で児童が学習したことを活用したり、学校行事で扱う内容と関連付けたりするなどの工夫をすること。

カ　障害のある児童などについては、学習活動を行う場合に生じる困難さに応じた指導内容や指導方法の工夫を計画的、組織的に行うこと。

キ　学級担任の教師又は外国語を担当する教師が指導計画を作成し、授業を実施するに当たっては、ネイティブ・スピーカーや英語が堪能な地域人材などの協力を得る等、指導体制の充実を図るとともに、指導方法の工夫を行うこと。

(2)　2の内容の取扱いについては、次の事項に配慮するものとする。

ア　2の(1)に示す言語材料については、平易なものから難しいものへと段階的に指導すること。また、児童の発達の段階に応じて、聞いたり読んだりすることを通して意味を理解できるように指導すべき事項と、話したり書いたりして表現できるように指導すべき事項とがあることに留意すること。

イ　音声指導に当たっては、日本語との違いに留意しながら、発音練習などを通して2の(1)のアに示す言語材料を指導すること。また、音声と文字とを関連付けて指導すること。

ウ　文や文構造の指導に当たっては、次の事項に留意すること。

　(ア)　児童が日本語と英語との語順等の違いや、関連のある文や文構造のまとまりを認識できるようにするために、効果的な指導ができるよう工夫すること。

　(イ)　文法の用語や用法の指導に偏ることがないよう配慮して、言語活動と効果的に関連付けて指導すること。

エ　身近で簡単な事柄について、友達に質問をしたり質問に答えたりする力を育成するため、ペア・ワーク、グループ・ワークなどの学習形態について適宜工夫すること。その際、他者とコミュニケーションを行うことに課題がある児童については、個々の児童の特性に応じて指導内容や指導方法を工夫すること。

オ　児童が身に付けるべき資質・能力や児童の実態、教材の内容などに応じて、視聴覚教材やコンピュータ、情報通信ネットワーク、教育機器などを有効活用し、児童の興味・関心をより高め、指導の効率化や言語活動の更なる充実を図るようにすること。

カ　各単元や各時間の指導に当たっては、コミュニケーションを行う目的、場面、状況などを明確に設定し、言語活動を通して育成すべき資質・能力を明確に示すことにより、児童が学習の見通しを立てたり、振り返ったりすることができ

るようにすること。
(3) 教材については、次の事項に留意するものとする。
　ア　教材は、聞くこと、読むこと、話すこと［やり取り］、話すこと［発表］、書
　　くことなどのコミュニケーションを図る基礎となる資質・能力を総合的に育成
　　するため、1に示す五つの領域別の目標と2に示す内容との関係について、単
　　元など内容や時間のまとまりごとに各教材の中で明確に示すとともに、実際の
　　言語の使用場面や言語の働きに十分配慮した題材を取り上げること。
　イ　英語を使用している人々を中心とする世界の人々や日本人の日常生活、風俗
　　習慣、物語、地理、歴史、伝統文化、自然などに関するものの中から、児童の
　　発達の段階や興味・関心に即して適切な題材を変化をもたせて取り上げるもの
　　とし、次の観点に配慮すること。
　　（ア）　多様な考え方に対する理解を深めさせ、公正な判断力を養い豊かな心情
　　　を育てることに役立つこと。
　　（イ）　我が国の文化や、英語の背景にある文化に対する関心を高め、理解を深
　　　めようとする態度を養うことに役立つこと。
　　（ウ）　広い視野から国際理解を深め、国際社会と向き合うことが求められてい
　　　る我が国の一員としての自覚を高めるとともに、国際協調の精神を養うこと
　　　に役立つこと。

その他の外国語
　その他の外国語については、英語の1に示す五つの領域別の目標、2に示す内容
及び3に示す指導計画の作成と内容の取扱いに準じて指導を行うものとする。

第3　指導計画の作成と内容の取扱い

1　外国語科においては、英語を履修させることを原則とすること。
2　第1章総則の第1の2の(2)に示す道徳教育の目標に基づき、道徳科などとの関
　連を考慮しながら、第3章特別の教科道徳の第2に示す内容について、外国語科
　の特質に応じて適切な指導をすること。

参 考 文 献

(和　書)

阿部フォード恵子 (編) (2000) *New Let's Sing Together* (1st edition). アプリコット.

アレン玉井光江 (2010)『小学校英語の教育法──理論と実践』大修館書店.

泉惠美子 (2007)「小学校英語教育における担任の役割と指導者研修」『京都教育大学紀要』No. 110, pp. 131–147.

──. (2010)「外国語活動にふさわしい評価方法とは」『英語教育』11 月号、pp. 16–18.

伊村元道 (2003)『日本の英語教育 200 年』大修館書店.

大城賢・直山木綿子 (編)、安彦忠彦 (監) (2008)『小学校学習指導要領の解説と展開　外国語活動編──Q&A と授業改善のポイント・展開例』教育出版.

大谷泰照・杉谷眞佐子・橋内武・林桂子 (編) (2015)『国際的にみた外国語教員の養成』東信堂.

岡秀夫・金森強 (編) (2009)『小学校英語教育の進め方──「ことばの教育」として (改訂版)』成美堂.

──. (2012)『小学校外国語活動の進め方──「ことばの教育」として』成美堂.

梶田叡一 (責任編集)、人間教育研究協議会 (編) (2015)『アクティブ・ラーニングとは何か』金子書房.

河原俊昭 (編) (2008)『小学生に英語を教えるとは？──アジアと日本の教育現場から』めこん.

小泉仁 (訳) (2012)『英語科教育課程』教育科学技術部告示第 2011-361 号 [別冊 14] 及び『初・中等学校教育課程総論』教育科学技術部告示第 2011-361 号 [別冊 1]、大韓民国教育科学技術部.

サヴィニョン、S. (草野ハベル清子・佐藤一嘉・田中春美訳) (2009)『コミュニケーション能力──理論と実践』法政大学出版局.

酒井英樹・滝沢雄一・亘理陽一 (編) (2017)『小学校で英語を教えるためのミニマム・エッセンシャルズ──小学校外国語科内容論』三省堂.

笹島茂 (編著) (2011)『CLIL　新しい発想の授業──理科や歴史を外国語で教える⁉』三修社.

杉江修治 (2011)『協同学習入門──基本の理解と 51 の工夫』ナカニシヤ出版.

大学英語教育学会 (監)、矢野安剛・本名信行・木村松雄・木下正義 (編) (2011)『英語教育政策──世界の言語教育政策論をめぐって (英語教育学大系 第 2 巻)』大修館書店.

髙橋一幸 (2003)『授業づくりと改善の視点──よりコミュニカティブな授業をめざして』教育出版.

田崎清忠 (責任編集) (1995)『現代英語教授法総覧』大修館書店.

田中武夫・田中知聡 (2003)『「自己表現活動」を取り入れた英語授業』大修館書店.

東京学芸大学 (2017)「英語教員の英語力・指導力強化のための調査研究事業——平成 28 年度報告書」.

Harmer, J. (渡邉時夫・高梨庸雄監訳) (2002)『実践的英語教育の進め方——小学生から一般社会人の指導まで (21 世紀の英語教育を考える)』ピアソン・エデュケーション.

東野裕子・髙島英幸 (2007)『小学校におけるプロジェクト型英語活動の実践と評価』高陵社書店.

樋口忠彦他 (編) (1997)『小学校からの外国語教育——外国語教育改革への提言』研究社.

樋口忠彦・衣笠知子 (編) (2004)『小学校英語活動アイディアバンク——ソング・ゲーム集』教育出版.

樋口忠彦・泉惠美子・衣笠知子・加賀田哲也他 (2005a)「諸外国の言語教育政策と日本の外国語教育への示唆」『近畿大学語学教育部ジャーナル』創刊号、pp. 1–61.

樋口忠彦・金森強・國方太司 (編) (2005b)『これからの小学校英語教育——理論と実践』研究社.

樋口忠彦・大城賢・國方太司・髙橋一幸 (編) (2010a)『小学校英語教育の展開——よりよい英語活動への提言』研究社.

樋口忠彦 (監)、梅本龍多・田邉義隆 (2010b)『学研英語ノートパーフェクト 4——英語でディスカバー！ 文化交流』学研教育出版.

樋口忠彦 (監)、衣笠知子 (2010c)『学研英語ノートパーフェクト 1——英語でエンジョイ！ 歌とチャンツ』学研教育出版.

樋口忠彦・泉惠美子 (編) (2011)『続 小学校英語活動アイディアバンク——チャンツ・ゲーム・コミュニケーション活動・プロジェクト活動』教育出版.

樋口忠彦・並松善秋・泉惠美子 (編) (2012)『英語授業改善への提言——「使える英語」力を育成する授業実践』教育出版.

樋口忠彦・アレン玉井光江・加賀田哲也他 (2013)「JASTEC アピール：小学校外国語活動の教科化への緊急提言について」『日本児童英語教育学会研究紀要』第 32 号、pp. 1–17.

樋口忠彦 (2014)「小学校英語の現実と予測」『英語教育』1 月号、pp. 28-30.

樋口忠彦・髙橋一幸 (2015)『Q&A 中学英語指導法事典——現場の悩み 152 に答える』教育出版.

樋口忠彦・髙橋一幸・加賀田哲也・泉惠美子 (編) (2017)『Q&A 小学英語指導法事典——教師の質問 112 に答える』教育出版.

ブルースター、J. & エリス、G. (佐藤久美子編訳) (2005)『「小学校英語」指導法ハンドブック』玉川大学出版部.

ベネッセ教育総合研究所 (2015)「第 5 回学習基本調査」報告書」.

本名信行 (編) (2002)『事典アジアの最新英語事情』大修館書店.

松川禮子・大城賢 (編) (2008)『小学校外国語活動 実践マニュアル』旺文社.

村野井仁・渡部良典・尾関直子・冨田祐一 (2012)『統合的英語科教育法』成美堂.

湯川笑子・高梨庸雄・小山哲春 (2009)『小学校英語で身につくコミュニケーション

能力』三省堂.

吉島茂・大橋理枝他 (訳編) (2004)『外国語教育 II　外国語の学習、教授、評価のためのヨーロッパ共通参照枠』朝日出版社. (原典: Trim, J., North, B., & Coste, D. (2002). *Common European Framework of Reference for Languages: Learning, teaching, assessment* (3rd printing). Cambridge: Cambridge University Press.)

リチャーズ、J. C. & ロジャーズ、T. S. (アントニー・アルジェイミー、高見澤孟監訳) (2007)『アプローチ & メソッド──世界の言語　教授・指導法』東京書籍.

若林俊輔 (1990)「日本の公立小学校でなぜ外国語教育が行われていないのか」(五島忠久監修、樋口忠彦他編)『Q&A 形式による児童英語指導法ハンドブック』アプリコット.

(洋　書)

Aoyama, K., Guion, S. G., Flege, J. E., Yamada, T., & Akahane-Yamada, R. (2008). The first years in an L2-speaking environment: A comparison of Japanese children and adults learning American English. *International Review of Applied Linguistics in Language Teaching, 46*, 61–90.

Asher, J. (1977). *Learning Another Language through Actions.* Los Gatos, CA: Sky Oaks Productions.

Birdsong, D. & Molis, M. (2001). On the evidence for maturational constraints in second-language acquisition. *Journal of Memory and Language, 44*, 235–249.

Blanche, P. & Merino, B. J. (1989). Self-assessment of foreign-language skills: Implications for teachers and researchers. *Language Learning, 39*(3), 313–340.

Brown, H. D. (2007). *Principles of Language Learning and Teaching.* White Plains, NY: Pearson Longman.

Canale, M. & Swain, M. (1980). Theoretical bases of communicative approaches to second language teaching and testing. *Applied Linguistics, 1*(1), 1–47.

Canale, M. (1983). From communicative competence to communicative language pedagogy. In J. C. Richards & R. W. Schmidt (Eds.), *Language and Communication* (pp. 2–27). Harlow, England: Longman.

Celce-Murcia, M., Dornyei, Z., & Thurrell, S. (1995). Communicative competence: A pedagogically motivated model with content specifications. *Issues in Applied Linguistics, 6*(2), 5–35.

Cenoz, J. (2015). Content-based instruction and content and language integrated learning: The same or different? *Language, Culture and Curriculum, 28*(1), 8–24.

Chomsky, N. (1965). *Aspects of the Theory of Syntax.* Cambridge, MA: MIT Press.

Crystal, D. (1997). *English as a Global Language.* Cambridge: Cambridge University Press.

Cummins, J. (1979). Cognitive / academic language proficiency, linguistic, interdependence, the optimum age question and some other matters. *Working Papers on Bilingualism, 19*, 121–129.

Deci, E. L. & Ryan, R. M. (1985). *Intrinsic Motivation and Self-determination in Human*

Behavior. New York: Plenum Press.

—— (Eds.). (2002). *Handbook of Self-determination Research.* Rochester, NY: University of Rochester Press.

Deutsch, M. (1949). A theory of co-operation and competition. *Human Relations, 2* (2), 129–152.

Ellis, R. (1997). *Second Language Acquisition.* Oxford: Oxford University Press.

——. (2003). *Task-based Language Learning and Teaching.* Oxford: Oxford University Press.

Hughes, A. (2003). *Testing for Language Teachers* (2nd ed.). Cambridge: Cambridge University Press.

Hymes, D. H. (1972). On communicative competence. In J. B. Pride & J. Holmes (Eds.), *Sociolinguistics* (pp. 269–293). Harmondsworth, England: Penguin Books.

Krashen, S. D. (1982). *Principles and Practice in Second Language Acquisition.* Oxford: Pergamon Press.

Krashen, S. D., & Terrell, T. D. (1983). *The Natural Approach: Language Acquisition in the Classroom.* Oxford: Pergamon Press.

Lenneberg, E. H. (1967). *Biological Foundations of Language.* New York: John Wiley.

Long, M. H. (1981). Input, interaction and second-language acquisition. In H. Winitz (Ed.), *Native Language and Foreign Language Acquisition* (pp. 259–278). New York: Annals of the New York Academy of Sciences, 379.

Massler, U., Stotz, D., & Queisser, C. (2014). Assessment instruments for primary CLIL: The conceptualisation and evaluation of test tasks. *The Language Learning Journal, 42,* 137–150.

Nation, I. S. P. (2007). The four strands. *Innovation in Language Learning and Teaching, 1,* 1–12.

Ross, S. (1998). Self-assessment in second language testing: a meta-analysis and analysis of experiential factors. *Language Testing, 15* (1), 1–20.

Somers, T. & Surmont, J. (2012). CLIL and immersion: How clear-cut are they? *ELT Journal, 66* (1), 113–116.

Swain, M. (1985). Communicative competence: Some roles of comprehensible input and comprehensible output in its development. In S. Gass & C. G. Madden (Eds.), *Input in Second Language Acquisition* (pp. 235–253). Rowley, MA: Newbury House.

Tomasello, M. (Ed.) (1998). *The New Psychology of Language: Cognitive and Functional Approaches to Language Structure.* London: Lawrence Erlbaum & Associates, Inc.

——. (2003). *Constructing a Language: A Usage-Based Theory of Language Acquisition.* Cambridge, MA: Harvard University Press.

Vygotsky, L. S. (1962). *Thought and Language.* Cambridge, MA: MIT Press.

——. (1978). *Mind in Society: The Development of Higher Psychological Processes.* Cambridge, MA: Harvard University Press.

(海外テキスト)

Elementary School English 5, 6. (2014). 天才教育社.

Hello Darbie! 7〜10. (*Student Book*) (2008〜2010). 康軒文教事業.

(政府刊行文書)

英語教育の在り方に関する有識者会議 (2014)「今後の英語教育の改善・充実方策について　報告 (概要)〜グローバル化に対応した英語教育改革の五つの提言〜」

外国語能力の向上に関する検討会 (2011)「国際共通語としての英語力向上のための5つの提言と具体的施策」

初等中等教育における国際教育推進検討会 (2005)「初等中等教育における国際教育推進検討会報告──国際社会を生きる人材を育成するために」

中央教育審議会外国語専門部会 (2006)「小学校における英語教育について (外国語専門部会における審議の状況)」

中央教育審議会外国語ワーキンググループ (2016a)「外国語ワーキンググループにおける審議の取りまとめ」

──. (2016b)「外国語活動・外国語科において育成を目指す資質・能力の整理」(「外国語ワーキンググループにおける審議の取りまとめ」資料2)

──. (2016c)「『外国語』等における小・中・高等学校を通じた国の指標形式の目標 (イメージ) たたき台」(「外国語ワーキンググループにおける審議の取りまとめ」))

中央教育審議会答申 (2008)「幼稚園、小学校、中学校、高等学校及び特別支援学校の学習指導要領等の改善について」

──. (2016)「幼稚園、小学校、中学校、高等学校及び特別支援学校の学習指導要領等の改善及び必要な方策等について」

文部科学省 (2008)『小学校学習指導要領解説　外国語活動編』東洋館出版社.

──. (2009)『小学校外国語活動研修ガイドブック』旺文社.

──. (2012a) *Hi, friends! 1, 2.*

──. (2012b)『*Hi, friends! 1, 2* 指導編』.

──. (2013)「グローバル化に対応した英語教育改革実施計画」

──. (2014)「小・中・高を通じた目標及び内容の主なイメージ」

──. (2015)「平成26年度『小学校外国語活動実施状況調査』の結果について」

──. (2017a) 小学校外国語活動 (第3, 4学年) 用共通教材 *Let's Try! 1, 2.*

──. (2017b) 小学校外国語科 (第5, 6学年) 用共通教材 *We Can! 1, 2.*

──. (2017c)『小学校外国語活動・外国語　研修ガイドブック』.

──. (2017d)『小学校学習指導要領』.

──. (2017e)『小学校学習指導要領解説　外国語活動編』、『小学校学習指導要領解説　外国語編』.

──. (2017f)『第3〜6学年外国語活動年間指導計画例〔案・暫定版〕』(平成29年9月21日).

──. (2017g)『中学校学習指導要領』.

──. (2017h)『中学校学習指導要領解説　外国語』.

索　引

あ　行

アイコンタクト　78, 119, 158, 161
アイテム学習　18
アウトプット　19, 20, 126
アウトプット仮説　19
アクション・リサーチ　163
アクティブ・ラーニング　128, 133–134

言い直し（recast）　18, 126, 193
「生きる力」　60
一斉活動　94, 135
異文化間コミュニケーション　25–26, 33
イマージョン教育　127
インターネット　12, 32, 115, 116, 144
インタラクション仮説　19
インテイク（取り込み）　20
インフォメーション・ギャップ　104
インプット　17, 18, 19, 20, 125–127,
　130
インプット仮説　19, 125

ウォームアップ　77, 79, 131, 165–167,
　170, 194
うた　38, 70, 76, 78, 79, 84–88, 102,
　140, 160, 166, 167, 194

英語教育推進リーダー中央研修　36–37
英語教育の在り方に関する有識者会議
　4
「英語教育の抜本的強化のイメージ」　32
英語劇　78, 97, 168
『英語ノート』　4
英語のモデル　31, 203–204
英語を学ぶ人のモデル　203–234
絵カード　36, 77, 79, 81, 86–89, 91–96,
　113, 139, 140, 141, 144, 146–148, 167,
　179, 181, 183, 189, 190, 191, 195

絵本　27, 33, 36, 37, 38, 50–51, 72, 73,
　76–78, 81, 83, 84, 97–101, 102, 114,
　140, 144, 148, 160, 166, 168

おわりのあいさつ　165, 166, 169, 195
音読　34–35, 98, 109, 111

か　行

開始学年　12, 13, 44, 63
概念・機能シラバス　42–43, 54, 56
外部講師　14, 28, 135, 137, 138, 163,
　169, 171, 186, 192, 202
外部テスト　162
「外来語ノートを作ろう」　115–117
書くことの指導　80, 82–83, 206–207
学校裁量の時間　63
家庭科　40, 70, 73, 122
カリキュラムマネジメント　205
カルタ（取り）　81, 131, 135, 136, 140,
　147
韓国　29, 32, 54–56, 203
観察評価　152, 153, 157–158

基本的対人伝達能力（BICS）　22
教育委員会　34, 37, 201, 202
教育再生実行会議　4
教育の機会均等　3
教員養成　29, 32, 37, 209
教科　2–5, 14, 32, 54, 64, 80, 122, 151,
　205–206
協働学習　24, 114, 133–134, 173, 174

クイズ　51, 70, 84, 91–93, 101, 122,
　152, 168, 178, 181, 189
グループ活動　135, 140, 147, 171, 193,
　195
グローバル化　3, 4, 5, 25, 58, 121

訓令式　83

形成的評価　152
ゲーム　38, 70, 77, 79, 81, 84, 93–97,
　140, 147, 156, 167, 175, 178, 181, 193
言語獲得装置　17
言語材料　47, 74–75, 85, 93, 94, 104,
　151, 166, 170, 174, 179
研修　34–39, 203, 204–205, 209

高等学校外国語科　9–10
行動観察　156, 175–176, 177, 181–183,
　191
行動主義的アプローチ　16
校内研修会　35–36
国語（国語力）　3, 6
国語科　122
国際教育　25, 61
国際共通語　11
国際交流（活動）　27, 69, 118–121
国際理解（活動）・国際理解教育　2, 3, 5,
　6, 12, 25, 33, 38, 49, 56, 58, 60, 61, 64,
　69, 70, 104, 112–114, 166
コミュニケーション能力（定義）　24–25,
　123–124
コミュニケーション能力の素地・基礎
　5, 6, 12, 75, 170, 186

さ 行

最近接発達領域（ZPD）　20, 162

ジェスチャー　24, 64, 66, 76, 78, 86, 87,
　91, 108, 110, 119, 120, 156, 158, 160,
　161, 193, 194, 195
自己決定理論　24
自己研修　34–35
自己評価　151, 152, 158–159, 164
自己表現活動　70, 79, 96, 97, 104–112,
　201, 205, 207
自主教材　41, 174
実物　139, 146–147, 148, 189
指導と評価の一体化　151, 162
指名　134–135

社会科　122, 128, 199
社会文化理論　19
授業公開　197
情意フィルター仮説　125
小学校英語教育学会（JES）　38
小・中の連携［接続］　80, 207–208
自律した学習者　24, 128, 154, 158, 163

スウェーデン　29, 86
スキルの習得　3, 5–6, 140, 162
スピーキング指導　78–80
スピーチ　78, 79, 80, 112, 152, 153, 156,
　159, 160, 161, 168, 187, 188, 208

生得主義的アプローチ　17
「世界の小学生たちが就きたい職業は？」
　112–114
積極的にコミュニケーションを図ろうと
　する態度　3, 6, 64, 112, 153, 173, 201
絶対評価　152
専科教員　13, 14, 28, 29, 32, 36, 209
全身反応指導法　→　TPR

総括的評価　152
総合的な学習の時間　2, 3, 160
相互交渉主義的アプローチ　17
相互評価　152, 164, 177
相対評価　152

た 行

題材シラバス　42, 54, 56
第 2 外国語　12, 14
第二言語習得研究　18, 19–21
台湾　13–14, 29, 31, 56–58
他教科　23, 70, 78, 99, 122, 127, 128,
　170, 174
タスク　20, 43, 69, 129–130, 132, 134,
　135, 136, 158, 191
　〜中心の指導法　→　TBLT
タスクシラバス　43, 69
短時間授業　4, 13, 63, 64, 71, 165, 166,
　181, 205
単独授業　14, 28, 30, 137, 145

担任 13–14, 28, 29, 30–31, 32, 33, 35, 64, 68, 69, 79, 102, 135, 137–138, 145, 163, 168, 169, 171, 187, 188, 191, 192, 193, 195, 201–202, 203, 204, 209

チャンク 20, 22
チャンツ 17, 27, 38, 70, 76, 78, 79, 86, 89–90, 102, 140, 156, 160, 166, 194
中央教育審議会（中教審） 3–5, 25, 60, 207
中央教育審議会外国語ワーキンググループ 4, 207
中核教員研修 36–37
中学校外国語科 9, 10
中間言語 18, 19
中国 13, 14, 29, 203
長時間授業 4, 13, 63, 205
沈黙期 130

ティーチャー・トーク 17, 76
ティームティーチング → TT
デジタル教材 89, 146, 150, 177, 191, 204
展開 77, 79, 165–166, 168, 169, 170, 177, 183, 187, 189, 194
伝言ゲーム → Relay Game
電子黒板 148, 204
伝達中心の指導法 → CLT

動機づけ 4, 6, 103, 167, 169
等時性のリズム 75, 86, 90
導入 18, 23, 30, 77, 79, 91, 135, 136, 141, 144, 165–168, 170, 183, 187, 188–189, 192, 194

な 行

内容言語統合型学習 → CLIL
内容中心の指導法 → CBI
ナチュラル・アプローチ 125–126
「なりきり自己紹介」 106

日本児童英語教育学会（JASTEC） 38
認知・学習言語能力（CALP） 22

脳 21–22

は 行

はじめのあいさつ 165, 166, 167, 170, 194
パターン・ブック 98, 99
パターン・プラクティス → 文型練習
発達段階 23, 27, 30, 41, 43, 64, 68, 80, 84, 85, 92, 94, 95, 98, 104, 130, 131–132, 140, 206, 208
発展 77, 80, 165–166, 170, 171, 172, 177, 187, 190
発問 102, 134–135, 197
パフォーマンス評価 152, 154, 159–160, 205
パペット（人形） 27, 109, 144–145, 168, 193
場面シラバス 42, 69, 71

ピクチャーカード → 絵カード
筆記テスト 152–153
必修（化） 3, 4, 28
ビデオ録画 137, 197
評価基準 158–159
評価規準 68, 69, 153–155, 158, 159, 161, 162, 169, 171, 186, 191
評価計画 155–156
評価項目 158, 183
評価の観点 151, 153–155

ファシリテーター 40
フィードバック 19, 71, 154, 159, 193
フォニックス 38, 55, 57
複合型シラバス 43, 54, 56, 69
復習 79, 91, 93, 165, 167, 170, 171, 177, 183, 194, 208
フランス 12–14, 29
振り返り 31, 120, 128, 136, 151–154, 160, 162, 163, 165, 166, 169, 170, 171, 177, 178, 179, 184, 186, 191, 195–198, 205
〜カード 31, 152, 154, 156, 160, 169, 170, 174, 175, 176–178, 179, 183,

186, 191, 196–197, 198, 205
プレゼンテーションソフト　141, 144, 146, 149
プロジェクト学習［活動］　79, 114–117, 174
プロセス評価　162
文型練習（パターン・プラクティス）16–17
文法・構造シラバス　42, 69

ペアワーク　104, 133, 135, 168
ヘボン式　66, 83

母語習得研究　16–18
母語使用　132–133
ポートフォリオ（評価）　152, 159, 160–161, 198
ほめ言葉　158, 193
本時の目標の確認　165, 166, 167, 172

ま　行

文字指導　37, 45, 80–83, 206

や　行

ユネスコ　25

「ようこそ私たちのまちへ」　118–121
用法基盤モデル　18
読み聞かせ　27, 33, 38, 76, 77, 83, 97–98, 101, 102, 144, 148, 166
読むことの指導　80–82, 206–207

ら　行

ライム（rhyme）　76, 85, 90, 100
ライム（rime）　49

理科　70, 128
理解可能なインプット　19, 126
リスニング指導　75–78

リテラシー　80–83, 148, 206
領域、領域別目標　10–11, 31, 36, 62–63, 64–66, 68, 170, 180, 204, 206, 207
臨界期仮説　21–22
臨時教育審議会　3, 5

ローマ字　66, 83
ロールプレイ　79, 124, 153, 159, 168

わ　行

話題シラバス　42, 69

欧　文

ALT　14, 28, 29, 30, 32, 33, 35, 36, 37, 64–65, 68, 69, 71, 76–79, 98, 106, 109, 117, 118, 122, 137, 138, 163, 169, 171, 186, 187–188, 189, 191, 192, 193, 194, 196, 198, 200, 202, 204, 209

BICS　→　基本的対人伝達能力

CALP　→　認知・学習言語能力
'Can You Swim?'　89–90
CAN-DO 評価、CAN-DO リスト　152–154, 157, 158, 159, 162, 164
'Card Game'　96–97
CBI（Content-Based Instruction, 内容中心の指導法）　126–127
CEFR（外国語の学習、教授、評価のためのヨーロッパ共通参照枠）　14
CLIL（Content and Language Integrated Learning, 内容言語統合型学習）　127–129
CLT（Communicative Language Teaching, 伝達中心の指導法）　123–125
CRADLE　160

'Eeny, Meeny, Miny, Mo'　90
EFL（English as a Foreign Language）　54

Focus on Form　20

Google Earth　149

Hi, friends!　4, 43, 44, 45, 72, 89

ICT　33, 36, 76, 137, 140, 148–149, 186

Let's Try!　43, 44, 58, 59, 72, 172, 173–178

OHC　144, 148

PDCA サイクル　151, 196

'Relay Game'　95, 213

'Sally Go Round the Sun'　87–89
show and tell　67, 73, 79, 159, 168, 171, 172, 208

'Simon Says'　77, 131, 210
'Sing a Rainbow'　86–87
small talk　33, 71, 77, 156, 167, 176, 182, 194

TBLT (Task-Based Language Teaching, タスク中心の指導法)　129–130
teacher talk　17, 76
'Three-hint-quiz'　91–92
'Touching Game'　94–95
TPR (全身反応指導法)　23, 77, 130–131
TT (ティームティーチング)　14, 28, 33, 36, 37, 64, 77, 135, 137–138, 168, 169, 171, 187, 193, 196, 201, 202, 208
'Twenty Questions'　92–93

We Can!　46, 55, 57, 59, 73, 102, 155, 158, 173

〈執筆者紹介〉

樋口　忠彦——1章、5章（1節3の**❷**、2節、4節）、12章（3節の学習指導案を除く）、14章

加賀田　哲也——3章、4章

泉　惠美子——2章、6章、11章

衣笠　知子——5章（1節（3の**❷**を除く）、3節）、7章、資料①（教室英語）

*

加藤　拓由（かとう・ひろゆき）　岐阜聖徳学園大学准教授。公立小・中学校や、インドの日本人学校を経て現職。著書に『小学校英語 ゲーム＆アクティビティ 80』（明治図書）、共著書に『小学校英語内容論入門』（研究社）など。第四回国際言語教育賞児童英語教育部門受賞。——3章コラム**❷**，12章3節（学習指導案）、13章コラム**❻**担当。

河合　摩香（かわい・まこ）　奈良県奈良市立佐保小学校教諭。公立小学校において、学級担任として英語指導に携わる。授業づくりや評価のあり方、国際交流活動等について研究・実践。——2章コラム**❶**，8章2節4，11章コラム**❺**担当。

上原　明子（かんばる・あきこ）　都留文科大学教授。博士。国公立小学校、福岡県教育センター、アメリカの公立小学校（文科省派遣・イマージョン教育担当）を経て現職。第56回読売教育賞最優秀賞受賞。共著書に『小学校英語内容論入門』（研究社）など。——7章コラム**❸**，8章コラム**❹**，12章3節（学習指導案）担当。

多田　玲子（ただ・れいこ）　関西学院大学非常勤講師。日本児童英語教育学会（JASTEC）理事。各地の教育委員会主催の研修会などで講師を務める。共著書に『小学校英語教育の展開』『小学校英語内容論入門』（以上、研究社）、『Q&A 小学英語指導法事典』（教育出版）など。——13章担当。

田邉　義隆（たなべ・よしたか）　近畿大学教授。学級担任とのTT等を通して現場に密着した研究に取り組んでいる。共著書に『21世紀のESP』（大修館書店）、『主体的な学びをめざす小学校英語教育』（教育出版）、『小学校英語内容論入門』（研究社）など。——8章（2節4を除く）担当。

田縁　眞弓（たぶち・まゆみ）　ノートルダム学院小学校英語教育アドバイザー。京都教育大学非常勤講師。共著書に『教室英語ハンドブック』『小学校英語内容論入門』（以上、研究社）、『小学校で英語を教えるためのミニマム・エッセンシャルズ』（三省堂）など。——10章担当。

松宮　奈賀子（まつみや・ながこ）　広島大学准教授。博士（教育学）。初等教育教員養成課程で外国語の指導を担当。共著書に『新しい学びを拓く 英語科授業の理論と実践』（ミネルヴァ書房）、『新しい小学校英語科教育法』（協同出版）、『小学校英語内容論入門』（研究社）など。——9章担当。

*

今西　竜也（いまにし・たつや）　京都教育大学附属京都小中学校教諭。公立中学校を経て現職。小中一貫校のカリキュラム編成に携わるほか、英語の歌やオーラル・インタープリテーションを取り入れた授業実践に取り組んでいる。——5章（2節1、4節）執筆協力。

田中　正樹（たなか・まさき）　岐阜県揖斐郡池田町立宮地小学校校長。岐阜県小中学校英語研究部会顧問。岐阜県教育委員会の指導主事として、小学校英語教育指導に従事。文部科学省英語強化地域拠点校区の中学校・小学校の教頭として研究・実践。——5章（2節2）執筆協力。

〈編著者紹介〉

樋口忠彦（代表編者）（ひぐち・ただひこ）――前・近畿大学教授。大阪教育大助教授、近畿大教授を歴任。日本児童英語教育学会（JASTEC）および英語授業研究学会元会長、現在、両学会の特別顧問。編著書に『小学校からの外国語教育』『これからの小学校英語教育』『小学校英語教育の展開』『小学校英語内容論入門』『個性・創造性を引き出す英語授業』（以上、研究社）、『英語授業改善への提言』『Q&A 小学英語指導法事典』『Q&A 中学英語指導法事典』、監修に『Q&A 高校英語指導法事典』（以上、教育出版）など多数。

加賀田哲也（かがた・てつや）――大阪教育大学教授。博士（人間科学）。日本児童英語教育学会（JASTEC）理事、小学校英語教育学会（JES）理事、英語授業研究学会会長。編著書に『Q&A 小学英語指導法事典』『Q&A 高校英語指導法事典』（以上、教育出版）、『小学校英語内容論入門』（研究社）、共著書に『小学校英語教育の展開』（研究社）、『英語授業改善への提言』（教育出版）など。文部科学省検定教科書英語（小・中・高）の著者。

泉恵美子（いずみ・えみこ）――関西学院大学教授。学術博士。日本児童英語教育学会（JASTEC）副会長、関西英語教育学会（KELES）副会長他。編著書に『英語スピーキング指導ハンドブック』（大修館書店）、『Q&A 小学英語指導法事典』『Q&A 高校英語指導法事典』『英語授業改善への提言』『続 小学校英語活動アイディアバンク』（以上、教育出版）、『小学校英語内容論入門』（研究社）など。文部科学省検定教科書英語（小・中・高）の著者。

衣笠知子（きぬがさ・ともこ）――園田学園女子大学教授。日本児童英語教育学会（JASTEC）理事。著書に『英語ではじめよう国際理解 3 ―― 英語で歌おう!』（学習研究社）、『英語ノートパーフェクト 1 ―― 英語でエンジョイ!』（学研教育出版）、共編著に『小学校英語活動アイディアバンク』（教育出版）、共著書に『Q&A 小学英語指導法事典』（教育出版）、『これからの小学校英語教育』『小学校英語教育の展開』『小学校英語内容論入門』（以上、研究社）など。

新編 小学校英語教育法入門

2017 年 11 月 30 日　初版発行　　2019 年 10 月 10 日　4 刷発行

編 著 者　樋口忠彦（代表）・加賀田哲也
　　　　　泉 恵美子・衣笠知子

発 行 者　吉 田 尚 志

KENKYUSHA
〈検印省略〉

印 刷 所　研究社印刷株式会社

発 行 所　株式会社　研 究 社
　　　　　http://www.kenkyusha.co.jp

〒102-8152
東京都千代田区富士見 2-11-3
電話（編集）03（3288）7711（代）
　　（営業）03（3288）7777（代）
振 替　00150-9-26710

© Tadahiko Higuchi, et al., 2017

装丁：清水良洋（Malpu Design）

ISBN 978-4-327-41098-8　C 3082　　Printed in Japan